Evelin Kirkilionis

EIN BABY WILL GETRAGEN SEIN

Alles über das Tragen und seine Vorteile

Psychosozial-Verlag

VORWORT

Das Bild von jungen Eltern, die mit ihren Babys im Tragetuch ihre Einkäufe erledigen, Konzerte besuchen oder bei den Verwandten zu Besuch sind, ist mittlerweile ein normaler Anblick geworden. Dies war nicht immer so!

Es sind jetzt mehr als 40 Jahre vergangen, seit das Buch der amerikanischen Journalistin Jean Liedloff – es hat den deutschen Titel *Auf der Suche nach dem verlorenen Glück* – zu einer Renaissance einer fast vergessenen Form der Frühbetreuung von Säuglingen und Kleinkindern führte (Liedloff, 2020). Liedloff hatte in den 1970er Jahren bei einer Expedition inmitten der Amazonaswälder Brasiliens den traditional lebenden Stamm der Yequaner kennengelernt und danach mehrfach besucht. In ihren Ausführungen berichtet sie über das Leben der Säuglinge und (Klein-)Kinder der Yequaner, die – im Vergleich zu den westlichen Industrienationen – eine gänzlich andere Form der »Erziehung« erfahren. Das Besondere ist, dass bei den Yequaner – wie übrigens auch bei vielen anderen traditional lebenden Kulturen – die Babys in der Anfangszeit ihres Lebens die meiste Zeit am Körper ihrer Eltern oder anderer erwachsener Bezugspersonen verbringen. Direkt am Körper und im kontinuierlichen Hautkontakt mit ihren Begleitpersonen erleben sie eine dauernd bewegte, anregende und immer verfügbare Umwelt. Die Kinder dieser Kultur scheinen mit der Gewissheit aufzuwachsen, dass Körperkontakt und emotionale Nähe ein immer verfügbares Gut darstellen.

Die Erwachsenen dieses Volkes scheinen keinerlei Erwartungen zu haben, dass das Baby schnell lernt, alleine in seinem eigenen Bettchen einzuschlafen, sich von der Brust der Mutter oder dem dauerhaft verfügbaren Körperkontakt mit seinen wichtigsten Bezugspersonen zu entwöhnen. Aufbauend auf diesem stabilen Fundament eines allgegenwärtigen Sicherheitserleben entwickeln sich die Kinder der Yequaner, so Liedloff, deutlich schneller als ihre Altersgenossen aus den Industrienationen zu selbstständigen, reifen und verantwortungsbewussten Mitgliedern ihrer Gemeinschaften.

Liedloffs Buch ist populär geschrieben und in vielerlei Hinsicht entspricht es nicht den wissenschaftlichen Standards. Aber es erreichte die Herzen vieler junger Menschen und wurde zum Ausgangspunkt einer internationalen, bis heute anhaltenden Tragebewegung junger Eltern. Innerhalb kurzer Zeit entstanden in Deutschland und anderen europäischen Ländern Initiativen, Trageschulen und Selbsthilfegruppen, in denen sich Eltern zusammentaten, die sich entschlossen hatten, ihre Kinder mit Tragetüchern am Körper zu tragen. Anders als heute war das Tragen der Babys nicht nur eine bequeme und praktische Form, die Kinder zu bewegen und zu transportieren, vielmehr war es Ausdruck einer allgemeinen Kulturkritik junger Menschen, die nicht mehr einverstanden waren mit dem Trennungsparadigma, das die meisten von ihnen selbst in ihren frühen Biografien erlebt hatten.

In den späten 1980er Jahren lebte und studierte ich in Berlin mit meiner damaligen Partnerin und heutigen Ehefrau, Karin Meyer-Harms. Von der Lektüre Liedloffs fasziniert waren wir überzeugt von dieser körpernahen Form der Kindesbegleitung. Als unser Sohn Tim 1995 in Berlin geboren wurde, war es für uns selbstverständlich, dass er viele Stunden am Tag getragen wurde. Das Tragetuch war unser ständiger Begleiter. Meine Frau und ich suchten und fanden andere Eltern in Berlin, die ebenfalls die Bedeutung des kontinuierlichen Körperkontaktes ihrer Kinder für sich entdeckt hatten. Meine Frau gründete zusammen mit ihrer Kollegin Dagmar Gericke eine deutschlandweit erste »Trageschule« für interessierte Eltern. Es wurde eine Ausstellung und kleine Tagung zum Thema organisiert, in deren Rahmen auch die Autorin des vorliegenden Buches ihre Forschungen vorstellte. Doch obwohl sich vieles subjektiv gut und richtig anfühlte an dieser neuen Form der Kindesbegleitung, mangelte es an profunder akademischer Forschung und an Konzepten, die das unterstützten und nachwiesen, was Mütter und Väter beim Tragen ihrer Kindes spüren und beobachten konnten: Tragen hat eine bindungsfördernde Wirkung und es scheint den Säuglingen gutzutun.

Mit *Ein Baby will getragen sein* wurde 1999 erstmals ein breitenwirksames Buch veröffentlicht, das die entwicklungs- und gesundheitsfördernden Effekte des Tragens der Kinder mit wissenschaftlichen Fakten untermauerte und erklärte. Der Verhaltensforscherin Evelin Kirkilionis gelingt es in diesem Buch in einer einfühlsamen Sprache zu erläutern, warum das Getragen-Sein am Körper der Eltern den evolutionären Voraussetzungen der Säuglinge und jungen Menschenkinder so überaus gut erfüllt. Warum der Säugling in diesem körpernahen Lebensort seine angeborenen Anlagen als Tragling voll ausspielen kann. Hier an diesem Ort erkennt es das Gesicht des Gegenübers, hier hört es die Geräusche des Herzens und spürt das rhythmische Schaukeln, das ihm bereits aus der Zeit der Schwangerschaft vertraut ist. Die Autorin verknüpft das Wissen aus sehr unterschiedlichen Fachdisziplinen, wie der Medizin, Entwicklungspsychologie, Bindungsforschung und der Humanethologie, um die gesundheitsfördernden Effekte des Tragens zu untermauern.

Auch über 20 Jahre nach seiner Erstveröffentlichung ist *Ein Baby will getragen sein* weiterhin aktuell und ein hilfreicher Begleiter für alle jungen Mütter und Väter, die sich für das Tragen ihrer neugeborenen Kinder entschieden haben. Auch wenn die Akzeptanz gegenüber dem Tragen heute gestiegen ist und es in gewisser Weise sogar als modern und fortschrittlich gilt, helfen die Ausführungen der Autorin allen werdenden Eltern, aufkeimende Unsicherheiten und Fragen rund um das Tragen zu beseitigen und zu beantworten: Bekommt mein Kind genügend Luft unter dem Tuch? Besteht die Gefahr späterer Haltungsschäden, wenn ich mein Baby kontinuierlich trage? Oder bleibt mein Kind abhängig und unselbstständig, wenn es ständig am Körper der Eltern getragen wird? Evelin Kirkilionis widmet sich jedem dieser Punkte mit großer Sorgfalt und erklärt eingängig, warum menschliche Säuglinge zu Beginn ihres Lebens einen bewegten Lebensort bevorzugen, warum sie ihre wichtigsten Menschen spüren wollen.

Die Zeiten mögen sich geändert haben, die grundlegenden Bedürfnisse der Babys jedoch nicht. Moderne Babys erwarten nichts anderes als Babys aus der Steinzeit: präsente, verfügbare und fühlbare menschliche Bezugspersonen. Ist dies nicht der Fall und es treten längerfristige Trennung und Vernachlässigung an die Stelle der verlässlichen Nähe, fällt die Antwort nicht anders aus als zu den Anfängen der Menschheitsentwicklung. Das Baby reagiert mit Stress, körperlicher Anspannung und, im Fall eines chronischen Verlustes seiner wichtigsten Begleitpersonen, mit Abschottung und emotionalem Rückzug.

Gerade in dieser Hinsicht ist dieses Buch weit mehr als ein Ratgeber: Es ist ein Appell an die menschliche Vernunft, die kindlichen Ressourcen von Beginn an zu schützen und zu bewahren. Und es zeigt heutigen Eltern einen neuen körperorientierten Weg der Kindesbegleitung auf. In gewisser Weise ist dieser Weg nicht neu, sondern eine Wiederentdeckung von Altbewährtem. Schon heute ist das Buch ein »Klassiker« der internationalen Bewegung des »Attachment Parenting«, der bindungsorientierten Elternschaft. Ich freue mich als Herausgeber, dass es in der Buchreihe »Neue Wege für Eltern und Kind« im Psychosozial-Verlag eine neue Heimat gefunden hat.

THOMAS HARMS
FEBRUAR 2022

EINFÜHRUNG

Die grundlegenden Bedürfnisse eines Babys liegen in unserer Stammesgeschichte begründet. Und von den Eltern getragen zu werden ist eines davon.

Ein Baby eingepackt in ein Tragetuch oder in einer mit Schnallen oder Bändern versehenen Tragehilfe, das ist heute ein recht gewohnter Anblick. Die Vorteile dieser Art des »Kindertransports« sind unbestreitbar. Schwungvoll treppauf, treppab, ungebremste Spaziergänge über Stock und Stein, locker durch das Marktgewühl ohne dieses ewige »Tschuldigung, darf ich mal durch?«, nicht selten begleitet von diesen gewissen Blicken, wenn der Buggy in Stop-and-go-Manier durch die Menge pflügt. Weder fühlt man sich als Hindernis beim Einstieg in den Bus, noch verkeilen sich die Räder auf der überfüllten »Kinderwagenplattform« der Straßenbahn in denen der anderen Wägen. Viele kleinere oder größere Alltagsprobleme sind leichter zu meistern. Die Kleinen tragen, für manche Mütter stellte sich das als wahre Überlebensstrategie heraus, um die täglichen Anforderungen halbwegs in den Griff zu bekommen. Schließlich ist Babybetreuung nicht alles, was in einem Familienalltag zu bewältigen ist – und was so manches mal für eine einzelne Person ja schon ein Fulltimejob ist.

Und zusätzlich das Gefühl der wohligen Nähe – für beide Seiten. Den Nachwuchs so eng am Körper tragen, das bedeutet seine Wärme und jede seiner Bewegungen wahrzunehmen, aber auch sein momentanes Befinden ganz direkt erspüren zu können. Und das Kleine fühlt sich wohl, so nahe an seiner »Sicherheitsbasis«. Kein Muckser, sobald es an die frische Luft geht, höchstens dieses genüssliche Graunzen, kurz bevor es einschlummert.

Sicherlich, Körperkontakt und Nähe sind wichtig für einen Säugling, aber dieses ganze Brimborium um Geborgenheit und Nähe, ist das Ganze nicht etwas übertrieben? Schließlich ist unser Nachwuchs seit Jahrzehnten auch im Kinderwagen groß geworden und ganz ordentlich geraten, oder? Auch wenn die Hebamme derart betonte, wie wichtig Körperkontakt sei, und geradezu von dieser Bindetechnik schwärmte, bei der das Kleine eng angeschmiegt getragen wird. Diese Menge Stoff so kreuz und quer à la Sarong für kühle Breitengrade sieht doch etwas kniffelig aus. Eine kompakte Komforttrage oder so ein flotter Ringsling wäre vielleicht eher etwas, aber da gibt's ja die unterschiedlichsten Modelle und teils widersprüchliche Kommentare. Und dann gleich von Anfang an aufrecht – ist das überhaupt gut? Ab wann kann ich denn mein Baby nun tragen und wie, ohne etwas falsch zu machen?

Widerstreitende Gefühle und Kommentare, Fragen über Fragen – wie, ab wann und warum eigentlich? – begleiten das Thema »Tragen von Babys«, seit diese Methode Einzug in die »moderne« Kinderbetreuung gehalten hat. Auch wenn inzwischen das Tragen seinen Flair des alternativen Gegenprogramms zum konventionellen Kinderwagenschieben abgelegt hat, und auch wenn heute neben Tragetüchern diverse andere Tragemöglichkeiten in fast jedem Kinder-Ausstattungsgeschäft angeboten werden: Diese wiederentdeckte – auch in unserem Kulturkreis eigentlich uralte – Methode der Kinderbetreuung und des Kindertransportes ist noch immer nicht allgemein akzeptiert. Es sind nahezu die gleichen Bedenken wie in den 1980er Jahren, die tragewillige Eltern nach wie vor beschäftigen, beunruhigen oder gar abhalten. Die Fragen, ob die Sauerstoffversorgung des Kleinen wirklich ausreicht und ob die Wirbelsäule vielleicht nicht zu stark belastet wird, haben schon geradezu Tradition. Großeltern warten mit Verwöhnargumenten auf, die Skepsis mancher – glücklicherweise immer weniger – Kinderärzte und Physiotherapeuten scheint ungebrochen. Die Frage völlig fremder Leute, zu welcher Glaubensgemeinschaft man gehöre, mag ja noch amüsieren, auch der Geldschein, der verschämt mit dem Kommentar »für das Kind« ins Tragetuch geschoben wird.[1] Wohl kaum aber aggressive Fragen wie: »Wissen Sie eigentlich, was Sie Ihrem Kind da antun?!«

Natürlich erhalten Eltern auch positive Resonanz. Doch selbst wenn Tragetücher den Touch des Exotischen abgelegt haben, die Vorteile zunehmend in den Vordergrund rücken und immer mehr junge Mütter mit dieser Art der Betreuung liebäugeln, so bestimmen keineswegs selten erst einmal Vorbehalte das Thema. Gegen derartige Verunsicherungen hilft nur fundiertes Hintergrundwissen. Auch wenn praktische Tipps zum Tragen und zu den diversen Bindetechniken wichtig sind, sie stehen nicht im Mittelpunkt dieses Buches. Schließlich gibt es inzwischen fast überall kompetente Beratung rund um Binde- und Tragemöglichkeiten, es werden Tragekurse und Beratungen von ausgebildeten Beraterinnen, Hebammen, kompetenten Tragetuchexpertinnen oder ganzen Trageschulen angeboten. Zum Teil bieten Tuchhersteller selbst Kurse an und üblicherweise werden bebilderte Beschreibungen für die verschiedenen Bindetechniken mit jedem Produkt mitgeliefert oder können als Erinnerungshilfe im Internet abgerufen werden. Man kann sich tagelang durch Hunderte von Webseiten wühlen und sich anhand von mehr oder weniger professionell eingestellten Videos sämtliche Bindeweisen vorführen lassen. Die Experimentierfreude der Tragebegeisterten brachte eine Flut von Bindeversionen – leider auch ungeeigneten –, die, sollten sie alle erwähnt werden, den Rahmen dieses Buches sprengen würden. Dennoch sollen zumindest die grundlegenden Bindeweisen kurz vorgestellt, auf wichtige Punkte hingewiesen und vor allem kritische Punkte aufgezeigt werden, um Ihren Blick für bedenkliche oder untaugliche Tragemöglichkeiten zu schärfen.

Ein besonderes Anliegen dieses Buches ist es, über das Thema Babytransport Ihr Verständnis für die grundlegenden kindlichen Bedürfnisse zu wecken, die in unserer Stammesgeschichte begründet sind. Ich werde Sie also ein klein wenig in die Gedankenwelt der Evolution einführen und auch anatomische Besonderheiten von biologischer und medizinischer Seite her beleuchten. Hier werden Sie ebenfalls Argumentationshilfen für sich und andere finden und feststellen, wie zeitgemäß und – hoffentlich – interessant Stammesgeschichte und sogar trockene Anatomie sein können. Denn beides bildet den Hintergrund für das Verständnis der Grundbedürfnisse und der Verhaltensweisen eines Säuglings. Dieses Verständnis, das viele Eltern unbewusst oder intuitiv umsetzen, spielt eine gewichtige Rolle für eine gelungene emotionale Beziehung zwischen den großen und kleinen Beteiligten. Für den Start in eine gute Eltern-Kind-Bindung sind zunächst vor allem die Eltern gefordert und ihr Feingespür für den anfangs noch eingeschränkten Handlungsrahmen eines Babys. Auch wenn der Säugling heute den Ruf des hilflosen Reflexbündels abgelegt hat und seine Kompetenzen auch wissenschaftlich hinreichend unter Beweis stellen konnte, so wird er von Gegebenheiten oder Interaktionsangeboten, die nicht seinen Entwicklungsstand entsprechen, verunsichert oder überfordert. Hier sind die Eltern gefragt. Sie befriedigen nicht nur seine Bedürfnisse und helfen ihm, seine innere Sicherheit aufzubauen, die so wichtig für den weiteren Verlauf seiner Entwicklung ist. Sondern sie sind es auch, die den Rahmen vorgeben, in dem ein Baby seine Fähigkeiten zur Geltung bringen und entfalten kann. Eltern sind also zunächst dafür zuständig, für diese geeignete Umwelt zu sorgen – und sie können das im Prinzip auch. Doch die ersten Lebensmonate mit einem neuen Erdenbürger sind meist ausgesprochen anstrengend und so manches Mal sind Eltern über die Maßen beansprucht. Jedwede Hilfestellung und Erleichterung im Babyalltag ist dann mehr als willkommen. All diese Themenbereiche sind mit dem Babytragen verbunden. Tragen ist also weit mehr als nur eine praktische Transportmethode.

Teil 1

TRAGEN: WARUM, WESHALB UND WIESO EIGENTLICH?

NÄHE UND GEBORGENHEIT

Die Frage, ob man sein Baby durch zu viel Aufmerksamkeit verwöhne, umtreibt viele Eltern. Dabei ist ein Baby gerade in der ersten Zeit seines Lebens vollkommen auf die Fürsorge seiner Eltern angewiesen. Ausreichende Nähe und Körperkontakt geben dem Kind ein Gefühl von Sicherheit und Geborgenheit. Ein Zuviel ist praktisch unmöglich.

Das Bedürfnis nach Nähe versus die Angst vor dem verwöhnten Kind

»Ich weiß nicht warum, aber seit einiger Zeit schläft er einfach nicht mehr ein. Dabei haben wir doch endlich ein eigenes, ruhiges Zimmer für Nikolas.« In den Worten der Eltern klingen Überraschung, Enttäuschung und Unverständnis mit. Die frühere Wohnsituation erlaubte kein separates Kinderzimmer. Zum Mittagsschlaf wurde die Tragetasche auf die Eckbank neben dem Küchentisch platziert und da war es oft nicht gerade leise. Dennoch: Der Kleine schlief meist sofort ein. Und heute gibt es Schwierigkeiten, wenn er in seinem eigenen, ruhigen, so liebevoll eingerichteten Kinderzimmer einschlummern soll. Es liegt nahe, dahinter kapriziöse Ansprüche zu vermuten. Schließlich ist ein ruhiger, separater Raum für einen Erwachsenen die richtige Einschlafumgebung. Aber: Ein Säugling hat andere Bedürfnisse. Absolute Ruhe ist für ihn keineswegs die beste Voraussetzung, um den Weg in den Schlaf zu finden. Denken Sie an das Baby, das auf Papas Schoß entspannt ein Nickerchen macht, während sich der gesamte Familienkreis am Küchentisch lautstark miteinander unterhält, oder an die Szene, bei der das Kleine im Tragetuch angekuschelt an seine Mutter friedlich schlummert, während die Geschwister mit gesamter Freundesschar um beide herum toben. Nicht Ruhe, sondern die beruhigende Wahrnehmung der ihm Geborgenheit vermittelnden Menschen ist für ein Baby wichtig, das gilt natürlich nicht nur, um einschlafen zu können.

»Du kannst ja nicht einmal eine Minute aus dem Raum gehen, ohne dass sie unruhig wird oder zu weinen beginnt. Anouk ist ganz schön verwöhnt!« Wie viele Mütter bekamen wohl schon diesen oder einen ähnlichen Kommentar zu hören? Die Vorstellung vom egoistischen Säugling, dem man möglichst frühzeitig beibringen sollte, dass man sich nicht »auf der Nase herumtanzen« lässt, scheint einfach unausrottbar zu sein.

Derartige Bemerkungen *verhindern* zum einen, dass Eltern ihrem ersten Impuls folgen und ihr Baby hochnehmen, also ihren »intuitiven Elternfähigkeiten« nachgeben. Zum anderen *verhindern* sie ebenso, dass Eltern ihrem Kind beruhigende Nähe gewähren, sie ihm also eines seiner Grundbedürfnisse *nicht* zugestehen.

Die Nähe seiner Eltern vermittelt einem Baby Geborgenheit, Sicherheit und Ruhe – und das hat weit über das Säuglingsalter hinaus Gültigkeit. Der Kontakt zu einem seiner vertrauten Menschen ist für ein Kind über Jahre hinweg die wichtigste Voraussetzung, um ausgeglichen und neugierig seine Umgebung erkunden zu können. Natürlich erweitert sich mit der Zeit der Verhaltensspielraum eines Kindes. Irgendwann genügt es, die Eltern im Nebenraum zu wissen, sie lediglich zu hören, und hin und wieder zu ihnen laufen, um kurz Nähe zu

INFOBOX 1: DAS INTUITIVE ELTERNPROGRAMM

Jeder für die kindlichen Signale offene Erwachsene, also nicht nur die Eltern, erfasst unbewusst die Befindlichkeiten eines Säuglings und reagiert intuitiv auf seine Signale – weitgehend situationsgerecht und den kindlichen Fähigkeiten angepasst. Auch ohne Erfahrung kann aufgrund dieses Programms jeder innerlich einem Baby zugewandte Mensch einen ganz akzeptablen Versorger und Interaktionspartner abgeben. Voraussetzung ist jedoch, dass nichts Verunsicherndes, Beunruhigendes und Stressendes diese intuitiven Fähigkeiten überdeckt. Denn das intuitive Elternprogramm ist zwar biologisch angelegt, jedoch störanfällig. Es ist eine »Disposition« und kann sich daher gegebenenfalls nicht gegen momentan ungünstige Gegebenheiten durchsetzen und wird schnell – vor allem durch Stress – unterdrückt.

Das intuitive Elternverhalten zeigt sich beispielsweise in der »Ammensprache« (»Baby Talk«). Unbewusst sprechen Eltern dabei langsam und überbetont in erhöhter Stimmlage mit ihrem Baby, durch Wiederholungen und Sprechrhythmus passen sie sich an seine Fähigkeiten an, gleichzeitig ist auch ihre Mimik verlangsamt und überbetont. Auch ihre Reaktionen auf die kindlichen Signale sind zeitlich passgenau auf die Wahrnehmungsmöglichkeiten eines Babys abgestimmt, genauso wie sie sich auf einen für ihr Kind geeigneten Abstand während einer Face-to-Face-Interaktion einstellen. Denn Babys sind anfangs kurzsichtig, ihr optimaler Sehbereich liegt etwa bei 22 bis 25 cm. Eltern nehmen dies unbewusst wahr und bringen sich immer wieder in die richtige Position, um den Blick ihres Kindes einzufangen und so Kontakt aufzunehmen bzw. aufrechtzuerhalten.[2]

»tanken«. In verunsichernden Situationen ist jedoch wieder direkter Körperkontakt vonnöten, genauso wie abends die schützende Gewissheit der elterlichen Nähe und ihrer Umsorgung, um überhaupt einschlummern zu können. Auch uns Erwachsene halten beunruhigende Gedanken und Sorgen vom Einschlafen ab. Und für die Kleinsten ist Alleinsein nun einmal beängstigend, wie sollte da ein Kind im Säuglingsalter in einem separaten, ruhigen Raum in den Schlaf finden können?

Der gerade erwähnte Begriff »Grundbedürfnis« legt es bereits nahe: Beim Einfordern der Nähe eines vertrauten Menschen spielt die Biologie eine gewichtige Rolle. Die Verhaltensausstattung eines Säuglings ist zunächst darauf angelegt, zumindest einen der ihn umsorgenden Menschen in der Nähe zu haben. Schließlich weiß ein Baby nicht, dass es heute in einer derart geschützten Umgebung aufwächst, dass ihm eigentlich keinerlei Gefahr droht und es schon lange nicht mehr auf dem Speiseplan von Höhlenbären und sonstigen Ungetieren steht. Wir können es drehen und wenden, wie wir wollen: Unsere genetische Verhaltensausstattung entspricht nach wie vor weitgehend derjenigen während unserer Jäger-und-Sammler-Phase, also einer sehr langen Zeitspanne in unserer Stammesgeschichte, die erst mit dem Sesshaftwerden der Menschen vermutlich etwa vor 10.000 bis 15.000 Jahren – einzelne Funde wurden auf höchstens 20.000 Jahren datiert – nur ganz allmählich ausklang.[3] Natürlich lernen wir in unserer individuellen Entwicklung, dass wir heute in einer teils gänzlich veränderten Umwelt leben mit weitgehend anderen Anforderungen. Auch diese Lernfähigkeit ist in unserer genetischen Ausstattung verankert und machte den Menschen zu dem »evolutionären Erfolgsmodell«, als das er sich bis heute insgesamt erwiesen hat. Denn seine geistige Kreativität ermöglichte dem Menschen schließlich, so variabel auf die sich ändernden Lebensbedingungen reagieren zu können. Doch je kleiner und unerfahrener ein Individuum ist, desto stärker ist es – mangels erlernter Alternativen – darauf angewiesen, sich an den Rahmenbedingungen zu orientieren, die die angeborenen Komponenten seiner Verhaltensausstattung vorgeben. Diese ursprüngliche Verhaltensausstattung »sagt« einem Baby zunächst einmal: »Sieh zu, dass die Leute permanent um dich sind, die dich vor all dem Unbill der Welt und all ihren Gefahren schützen! Nur die versorgen dich mit allem Nötigen, nur die bedeuten Sicherheit, nur die garantieren dein Überleben und halten Wolf und Konsorten in Schach!«

Wenn wir uns ganz allgemein die Lebensweisen der Mitglieder unserer menschlichen Ahnengalerie vor Augen halten, so ist die Menschheitsgeschichte von Beginn an von einer permanenten Mobilität der gesamten Gruppe geprägt, die das Sammeln von Nahrung und das Jagen zwangsläufig mit sich brachte. Das macht einen Zeitraum von rund fünf Millionen Jahren aus – abzüglich der letzten, recht kurzen Zeitspanne von etwa 15.000 Jahren, in der die Menschen zunehmend sesshaft wurden.[4] Die gesamte Nachkommenschaft war durch die nomadische Lebensweise im Verlauf der menschlichen Stammesgeschichte fast die ganze Zeit darauf angewiesen, permanent mitgenommen und überdies hinaus auch in kurzen Zeitabständen gestillt zu werden. Unsere nächsten Verwandten, wie Schimpansen- und Gorillamütter, führen uns dies stellvertretend heute noch vor Augen. Entsprechend »programmiert« sind unsere Babys noch immer, denn eine Zeitspanne von sicherlich weit weniger als 15.000 Jahre, in der ein Kind üblicherweise ohne Gefahr an einem geeigneten Ort vorübergehend zurückgelassen werden konnte, reicht nicht aus, dass sich Anpassungen auf einer so grundlegenden Ebene genetisch etablieren konnten. Irgendwo alleine zurückbleiben heißt für ein Baby gemäß seines biologischen Programms nichts anderes, als von den es umsorgenden Menschen nicht nur *zurückgelassen*, sondern auch *verlassen* worden zu sein, sich also in höchster Lebensgefahr zu fühlen.

Vor diesem stammesgeschichtlichen Hintergrund ist es also nur folgerichtig, dass ein in seinem Bettchen alleine zum Schlaf niedergelegtes oder ein nur kurzzeitig alleine in einem Zimmer zurückbleibendes Baby sofort unruhig wird. Es wird deshalb – werden seine anfänglichen Kontaktsignale nicht beantwortet – mit aller Kraft versuchen, einen seiner ihm Schutz gebenden Menschen herbeizurufen.[5] Hierfür stehen ihm zunächst nur wenige Mittel zur Verfügung. Ein heftiges Aufweinen ist die wirksamste Methode, die normalerweise ihren Zweck auch vollkommen erfüllt. Selbst gänzlich fremde Menschen schrecken durch dieses dramatische Verlassenheitsweinen eines Babys auf und haben nicht selten das Bedürfnis, sich um das »arme Kleine« zu kümmern, es hochzunehmen und zu trösten. Hier kommt die Verhaltensbiologie auch bei eigentlich unbeteiligten Erwachsenen »voll zum Zuge«, denn schließlich ist das intuitive Elternprogramm eben nicht auf Eltern beschränkt.

Unsere Stammesgeschichte setzt also eigentlich schon das Argument »Verwöhnen« außer Kraft – wohlgemerkt, wir reden hier vom Säuglingsalter. Aber wer sich mit unserer Evolution an dieser Stelle nicht weiter auseinandersetzen mag, den sollte ein anderes gewichtiges Argument zum Nachdenken darüber anregen, inwieweit hier wirklich Verwöhnen im Spiel sein kann: die Grenzen der kognitiven Möglichkeiten eines Kindes in diesem Alter.

Ein Säugling lebt zunächst im Hier und Jetzt und erst einmal sind für ihn Gegenstände – natürlich auch Personen – nur vorhanden, wenn sie direkt wahrnehmbar sind. Erst mit etwa neun Monaten existieren für ein Kind Dinge und somit auch seine umsorgenden Menschen weiterhin, wenn sie nicht unmittelbar zu sehen, zu hören oder zu spüren sind. Über Ansätze dieser sogenannten »Objektpermanenz« verfügen Babys zwar schon etwa um den fünften bis sechsten Lebensmonat, jedoch erst drei bis vier Monate später suchen sie auch aktiv nach einem aus dem Blickfeld verschwundenen Gegenstand.[6] Somit kann sich ein Säugling in den ersten Monaten nicht der Weiterexistenz seiner Eltern und folglich ihrer Fürsorge sicher sein, sobald sie aus seinem Gesichtsfeld entschwunden sind. Es ist daher vor dem Hintergrund der kindlichen Fähigkeiten absolut folgerichtig, dass ein Baby, wird es in einem separaten Zimmer niedergelegt und alleine gelassen, genau das nicht kann, was es soll, nämlich einschlafen. Auch wir Erwachsene können üblicherweise nur dann gut in den Schlaf finden, wenn uns nichts bekümmert und unsere Welt in Ordnung ist. Die Babywelt ist aber keineswegs in Ordnung, wenn seine ihm Schutz und somit Ruhe spendenden Eltern nicht zugegen oder nicht irgendwie wahrnehmbar sind. In einer solchen Situation regiert purer, aus Angst geborener Stress. Selbstständig in den Schlaf zu finden ist allgemein auch für ein etwas älteres Kind keine einfache Sache. Das will gelernt, besser gesagt, geübt sein. Und ausgerechnet von einem wenige Monate alten Baby verlangen wir manchmal schon in seinem separaten Zimmer etwas, was selbst uns Erwachsenen recht schwer fällt: in einer angespannten Situation zur Ruhe zu kommen.

Dass gerade in der Einschlafsituation das Bedürfnis nach Geborgenheit besonders ausgeprägt ist, kann daher kaum verwundern. Und umgekehrt ebenfalls nicht, nämlich dass ein Baby im Tragetuch sofort in den Schlaf hinübergleitet, wie so manche Mutter schon beim ersten Trageerlebnis überrascht feststellt: »Um diese Zeit hat sie eigentlich noch nie geschlafen.« Es gibt eben kaum eine bessere Voraussetzung, um zur Ruhe zu kommen und ein Nickerchen zu starten, als so angeschmiegt auf Tuchfühlung mit Mama oder Papa, besonders wenn zusätzlich die Wiegebewegungen durch jeden Schritt hinzukommen.

Der Tragling – Ein Schnellkursus

Sein Kind mittels irgendeines Behelfs zu wiegen heißt eigentlich nichts anderes als Simulation der Eltern in Bewegung. Dass dies ein wirkungsvolles Beruhigungsmittel ist, lässt sich aus den Lebensbedingungen während unserer Stammesgeschichte erschließen. Der Nachwuchs musste, wie schon erwähnt, auf den Wanderungen mitgenommen werden. Während der langen Streifzüge verbrachte er also die erste Zeit seines Lebens weitgehend am Körper seiner Mutter oder einer sie begleitenden, vertrauten Person.

Doch eine Beschränkung auf die Jäger-und-Sammler-Zeit während unserer Evolu-

»Der Wunsch nach beständiger Nähe und Körperkontakt ist ein Grundbedürfnis im Säuglingsalter. Erst mit etwa neun Monaten sind für ein Baby Gegenstände und natürlich auch Personen weiterhin existent, wenn sie nicht zu sehen, zu hören oder zu spüren sind. Erst dann ist die Voraussetzung geschaffen, dass ein Kind das Weiterbestehen der elterlichen Fürsorge auch bei deren Abwesenheit erfassen kann.«

tion wird der Bedeutung dieser Anpassung nicht gerecht. Nicht nur, dass auch heute noch – wenn auch wenige – traditionale Kulturen existieren, die ein entsprechendes Jäger-und-Sammler-Dasein führen und uns so eine Vorstellung von der Lebensweise unserer Vorfahren vermitteln können, auch unsere bereits aufrecht gehenden »vormenschlichen« Vorfahren – *Australopithecus* ist Ihnen vielleicht ein Begriff – können in die Betrachtung mit einbezogen werden. Denn in unserer stammesgeschichtlichen Vorzeit musste der Nachwuchs von den Müttern zwangsläufig beständig mitgenommen werden. Wir können in diesem Zusammenhang ohne Weiteres von einer stammesgeschichtlich bedingten »Tragetradition« von etwa vier Millionen Jahren ausgehen – über das genaue Alter dieser zu unseren Vorfahren zählenden Funde streiten sich nach wie vor die wissenschaftlichen Geister. Doch gleich ob man zwei, vier oder sechs Millionen Jahre ansetzt, es geht um eine sehr lange Zeit in unserer Evolution, aufgrund der ein

Abb. 1: Ein Fenster in die Vergangenheit – auf Nahrungssuche in der Kalahari-Wüste: Auf ihren Wanderungen tragen Mütter der !Kung San ihre Kinder auf dem Rücken oder im Hüftsitz.

INFOBOX 2: TRADITIONALE KULTUREN – EIN FENSTER IN DIE VERGANGENHEIT

»Traditionale Kulturen« – dies ist ein in der Verhaltensbiologie verwendeter Begriff (nicht zu verwechseln mit »traditionell«) für meist in Kleingruppen lebende Gesellschaften, die von den Einflüssen der technisch-zivilisierten Welt kaum oder nicht beeinflusst sind, also weitgehend naturnah leben. »Altsteinzeitliche« Jäger und Sammler bzw. Wildbeuter oder »neusteinzeitliche« Gartenbauer, die ursprünglich für die Herstellung von Geräten nur Stein, Knochen, Holz etc. nutzten, können als »Vorstellungsmodell« für die verschiedenen frühen Stufen der menschlichen Kulturentwicklung herangezogen werden.

Beispiele für traditionale Jäger-und-Sammler-Gesellschaften sind die in der nördlichen Kalahariwüste lebenden !Kung San oder die ostafrikanischen Hadza. Sie vermitteln uns eine Vorstellung von der Lebensweise und den sozialen Beziehungen in stammesgeschichtlicher Zeit, aus der wir die meisten genetisch angepassten Verhaltensweisen besitzen. Der Mensch begann vor ca. 15.000 gegebenenfalls 20.000 Jahren, das Wildbeuterleben aufzugeben und sesshaft zu werden. Eine insgesamt zu kurze Zeitspanne, als dass sich grundlegende Anpassungen an veränderte Lebensbedingungen hätten genetisch manifestieren können. Somit ist auch der heutige Mensch an ein Zusammenleben in kleinen, überschaubaren Gruppen angepasst, die 40 bis maximal 150 Personen umfassen und in kleinere Familienverbände strukturiert sind. Erst vor 6.000 Jahren verschoben sich die Gemeinschaften mehr und mehr zu großen, komplexen Gesellschaften hin.[7]

Menschenkind heute daran angepasst ist, in seiner ersten Lebensphase ständig bei einer seiner Betreuungspersonen zu sein. Mangels anderer Möglichkeiten bedeutete dies in unserer frühen stammesgeschichtlichen Zeit konkret: getragen zu werden. Ziehen wir unsere frühen nicht-menschlichen Vorfahren mit in diese Betrachtung ein, scheuen wir weiterhin nicht den Blick auf die uns nahestehenden Tierarten wie die verschiedenen Affen- und Menschenaffenarten, so können wir sicherlich auf eine Anpassung an das Getragenwerden von flotten 50 Millionen Jahren zurückblicken (→ **Infobox 4: *Australopithecus* aktuell: Klein-Lucy ging bereits aufrecht, S. 29**).[8] Dem gegenüber steht ungefähr eine Zeitspanne von recht kargen 15.000 Jahren, innerhalb der die Menschheit nach und nach sesshaft wurde, und in der der Nachwuchs gefahrlos an einem sicheren Ort hätte niedergelegt werden können. Diese Zeitspanne ist, wie gesagt, für die genetischen Gegebenheiten des Menschen zu kurz, als dass sich die Verhaltensausstattung eines Säuglings an diese veränderte Situation hätte anpassen können.

Neben diesen stammesgeschichtlichen Erkenntnissen belegen verschiedene verhaltensbiologische, anatomische und physiologische Gegebenheiten die Anpassungen eines Babys an das Getragenwerden. Angefangen beim Greifreflex der Hände und Füße, über die Spreiz-Anhock-Reaktion bis hin zur Prophylaxe gegen Hüftdysplasie (**Kapitel → Hüftdysplasie und Tragen**). Wer sich mit diesen Argumentationen näher befassen möchte, dem stehen die nächsten Kapitel ausführlich Rede und Antwort. An dieser Stelle möchte ich nochmals hervorheben: Ein Menschenjunges heute ist nach wie vor, wie einer seiner kleinen *Australopithecus*-Vorfahren, an das Getragenwerden angepasst, nach wie vor richten sich seine Bedürfnisse hieran aus und nach wie vor zählt er zu den sogenannten »Traglingen«, eine Bezeichnung, die den biologischen Besonderheiten im ersten Lebensjahr Rechnung trägt. Dieser Begriff steht sozusagen stellvertretend für verschiedene Komponenten der Verhaltensausstattung im Säuglingsalter, einschließlich seiner emotionalen Bedürfnisse, die als wichtige Anpassungsleistungen zu sehen sind. Nicht zu vergessen sind diverse physiologische wie anatomische Eigenheiten. In stammesgeschichtlicher Vorzeit garantierten sie sein Überleben und somit auch das Überleben der Gattung Mensch.

Dieser stammesgeschichtliche Exkurs verdeutlicht, warum das Tragen bis heute derart beruhigend auf unseren Nachwuchs wirkt. Stammesgeschichte kann also sehr aktuell sein, und Erkenntnisse über die Lebensgepflogenheiten unserer frühen Vorfahren können so manches rätselhaft anmutende Verhalten der Kleinen erklären und verstehen helfen. Sie tragen dazu bei, die Umwelt eines Kindes seinen Bedürfnissen entsprechend oder – wie heute oft zu lesen ist – »art«-gerecht zu gestalten.

»Der menschliche Säugling gehört zum biologischen Jungentyp des Traglings. Seine gesamte Entwicklung und seine Verhaltensausstattung ist seit Anbeginn der menschlichen Stammesgeschichte hieran angepasst – und auch heute nach wie vor gültig.«

➔ INFOBOX 3: DIE JUNGENTYPEN: NESTHOCKER, NESTFLÜCHTER UND TRAGLINGE

Der Nachwuchs der verschiedenen Säugetierarten wird in der Biologie entsprechend des Entwicklungsstandes bei seiner Geburt und seiner Verhaltensausstattung in drei verschiedene grundlegende Jungentypen eingeteilt: in Nesthocker, Nestflüchter und Traglinge.

Nesthocker: Hierzu zählen typischerweise junge Mäuse und Kaninchen. Sie werden recht unfertig geboren. Ihre Augen und Gehörgänge sind noch nicht voll entwickelt und zum Schutz zunächst noch verschlossen, die typischeren ursprünglicheren Arten sind unbehaart. Zudem sind sie auf ein Nest angewiesen. Blind und kaum zur Fortbewegung fähig verbringen sie die erste Zeit im Schutz und der Wärme des Nests, darüber hinaus werden sie dort von der Mutter oft lange Zeit alleine gelassen, manchmal kehrt sie nur einmal am Tag zum Nest zurück. Entsprechend ist der Fettgehalt der Muttermilch ausgerichtet. Später, wenn die Jungen sich selbstständig fortbewegen können und die Umgebung erkunden, flüchten sie bei Gefahr nicht zum Muttertier, sondern zurück zum schutzgebenden Nest.

Nestflüchter: Pferdefohlen oder Elefantenkälber kommen nahezu perfekt auf die Welt. Um kurz nach der Geburt der Mutter nachfolgen zu können, muss ihr Körper physiologisch entsprechend weit entwickelt sein. Die Bewegungssteuerung, die Sinnessysteme, die Temperaturregelung etc. »funktionieren« sofort. Sie sind folglich artgemäß behaart und zeigen kurz nach der Geburt ein weit gefächertes Verhaltensrepertoire. Und: Mutter und Junges halten beständig engen Kontakt zueinander.

Markant ist, dass das Ungeborene im Mutterleib eine Art »Nesthockerstadium« durchläuft. Das bedeutet, dass sich Augen und Gehörgänge während der fetalen Entwicklung verschließen, sich aber vor der Geburt wieder öffnen, um sofort einsatzfähig zu sein. Der Jungentyp des Nestflüchters leitet sich somit von dem des Nesthockers ab, der folglich bei Säugetieren – im Gegensatz zu den Vögeln – der ursprünglichere Typ ist.

Traglinge: Bei dem dritten Jungentyp unterscheidet man aktive und passive Traglinge. *Passive Traglinge* wie die Känguru- oder Koalajungen kommen ähnlich den Nesthockern wenig weit entwickelt zur Welt, verbringen aber ihre erste Lebenszeit in einem Hautsack oder -beutel des Muttertiers. In diesem Buch interessieren uns aber die *aktiven Traglinge* wie diverse Affenarten, Ameisenbären oder Faultiere, die im Vergleich zu den passiven Traglingen deutlich reifer auf die Welt kommen. Ihre Augen und Gehörgänge sind nach der Geburt funktionsfähig, sie verschließen und öffnen sich jedoch – wie bei den Nestflüchtern – während der Fetalentwicklung. Und wie die Nestflüchter stammen sie von den Nesthockern ab, da sie die »Nesthockerphase« im Uterus gemäß der stammesgeschichtlichen Entwicklung durchlaufen. Sie sind physiologisch derart weit entwickelt, dass sie sich bereits bald nach der Geburt zwar nicht artgemäß fortbewegen, doch eigenständig im Fell der Mutter festhalten können. Ihr erster Lebensraum ist sozusagen der Körper der Mutter. Artgemäß behaart sind sie im Körperkontakt mit der Mutter zur Temperaturregelung fähig. Sie weisen ebenfalls ein breitgefächertes Verhaltensrepertoire auf. Während der Jugendentwicklung bleibt der »schutzgebende Ort« die Mutter. Die Jungen flüchten also auch später, wenn sie zur artgemäßen Fortbewegung fähig sind, bei Gefahr zur Mutter hin.

Abb. 2a und b: Javaneraffenmutter mit ihrem Jungen, das sich zunächst mit Händen und Füßen im Bauchfell der Mutter festhält (links), später, wenn es älter wird, hält es sich häufig wie das Berberaffenjunge (rechts) auf dem Rücken fest.

DER MENSCHLICHE SÄUGLING, EIN GANZ BESONDERER TYP

Die Spreiz-Anhock-Haltung ist eine bei einem Säugling häufig zu beobachtende Körperhaltung, die sich stammesgeschichtlich begründen lässt.

Der Tragling und seine spezielle Geschichte

Wer sich nach dem stammesgeschichtlichen Kurzprogramm (**Kapitel → Der Tragling – Ein Schnellkursus**) mehr in die Hintergründe vertiefen möchte, um Argumentationshilfe für sich und »Einwänder« zu haben, findet diese nun hier. Es geht nochmals um den Tragling und die Bedeutung unserer Stammesgeschichte, jedoch etwas ausführlicher.

Der »Tragling« wurde neben dem »Nesthocker« und »Nestflüchter« als letzter Jungentyp definiert (**→ Infobox 3: Die Jungentypen: Nesthocker, Nestflüchter und Traglinge, S. 24**). Diese drei Begriffe sind sozusagen Kurzformeln – heute würde man vielleicht App dazu sagen – für die jeweiligen Anpassungen des Nachwuchses einer Tierart an die unterschiedlichen Lebens- und Betreuungsbedingungen, natürlich einschließlich des Menschen. Die Kurzformeln entspringen somit nicht einfach nur der Kategorisierungsbegeisterung der Biologen. Die Begriffe sind verbunden mit ganz eigenen Betreuungsanforderungen einer Tierart und den artspezifischen Bedürfnissen des Nachwuchses in seiner ersten Lebensphase, einschließlich charakteristischer anatomischer und physiologischer Eigenschaften und der dazugehörigen angeborenen Verhaltenskomplexe.

Die Verhaltensdispositionen, unsere Stammesgeschichte und Vergleiche mit unseren nächsten Verwandten – den Menschenaffen – deuten schon darauf hin, dass das menschliche Neugeborene zum biologischen Jungentyp des Traglings zu zählen ist. Die Jungen der verschiedenen Affenarten und natürlich die der Menschenaffen halten sich in der ersten Zeit mit Händen und Füßen vorwiegend im Bauchfell der Mutter fest, später wechseln sie oft zum Reitsitz (**→ Abb. 2a und b**). Doch aktiv mit Händen und Füßen am Körper anklammern kann sich der menschliche Säugling nicht. Gut, wir haben kein Fell mehr, Klein-Anton hätte deswegen sowieso keine Chance, sich an Mama festzuhalten. Außerdem besitzen

Abb. 3: Auch neugeborene Gorillakinder benötigen anfangs beim Anklammern Unterstützung, später sind die Trageweisen recht variabel.[9]

wir inzwischen ausgeprägte »Lauffüße«, deren Greiffähigkeit kein sicheres Anklammern mehr erlaubt. Die Kraft der Händchen alleine würde für einen sicheren Halt nicht ausreichen, obwohl der in den ersten Lebenswochen noch vorhandene Greifreflex der Hände und Füße an diese Fähigkeit aus stammesgeschichtlicher Frühzeit erinnert. Es gibt zwar Fotos, auf denen sich Babys an einer Wäscheleine festklammern, dies sind jedoch Momentaufnahmen bald nach der Geburt. Es sind meistens ziemliche Leichtgewichte, oft sogar zu früh geborene Kinder. Die Kraft der Kleinen reicht nur kurz für eine solche Akrobatik. Obwohl sich also ein menschliches Baby weder mit Füßen noch mit Händen sicher festhalten kann, soll es auch heute noch immer ein Tragling sein und dann auch noch ein aktiver?

Zur Klärung dieser Frage müssen wir uns etwas mehr mit unserer Stammesgeschichte beschäftigen. Ein effektives aufrechtes Gehen ist zwangsläufig mit der Umbildung der hinteren Extremitäten zu einem Lauffuß mit stark eingeschränkter Greiffähigkeit verbunden. Schon Klein-*Australopithecus* ganz zu Beginn der menschlichen Evolutionsgeschichte hatte sozusagen mit diesem »Problem« zu kämpfen. Er konnte sich nicht mehr so effektiv mit den hinteren Extremitäten im Haarkleid der Mutter festhalten, wie es seine damaligen und unsere heute lebenden nächsten Verwandten konnten bzw. können.

Klein-*Australopithecus* verlor also in unserer stammesgeschichtlichen Frühzeit bereits zwei seiner vormaligen vier Festhalte- bzw. Stabilisierungspunkte am Körper seiner Mutter. Doch er musste genauso wie seine affenähnlicheren Verwandten aufgrund der unverändert mobilen Lebensweise ständig mitgenommen werden und gehörte somit unbestreitbar zu den Traglingen. Das Problem tauchte, salopp formuliert, demnach bereits sehr früh in der Menschheitsgeschichte auf und musste genauso früh gelöst worden sein. Bei den heutigen Menschenaffen wird der Nachwuchs in den ersten Tagen von der Mutter mit einer Hand unterstützt, was ihre allgemeinen Bewegungsmöglichkeiten sehr einschränkt. In kritischen Situationen kann dies zu einer lebensgefährdenden Situation für Mutter und vor allem Kind führen. Denkbar ist zwar, dass die *Australopithecus*-Mutter den Nachwuchs stärker unterstützte, letztendlich hätte mit der bedeutend später einsetzenden Rückbildung des Haarkleides aber die Menschen-Mutter die ganze Tragearbeit übernehmen müssen, wodurch der Säugling zum passiven Tragling geworden wäre. Das hätte aber eine extreme Einschränkung der Handlungsmöglichkeiten und der Bewegungsfreiheit einer Mutter bedeutet, eine ausgesprochen heikle Entwicklung unter den damaligen Lebensbedingungen.

Tatsächlich galt der menschliche Säugling in der Verhaltensbiologie längere Zeit als passiver Tragling, ohne dabei die daraus resultierenden Konsequenzen für unsere Ururahnen zu Beginn der menschli-

INFOBOX 4: *AUSTRALOPITHECUS* AKTUELL: KLEIN-LUCY GING BEREITS AUFRECHT

Auch wenn viele Fakten und zeitliche Abläufe unklar sind, nach heutigem Kenntnisstand ging wahrscheinlich aus einer der *Australopithecus*-Arten der erste Vertreter der Gattung *Homo* hervor. Der Gattung also, zu der der heutige Mensch und unsere nächsten, inzwischen ausgestorbenen Verwandten gehören, wie Neandertaler, also *Homo neanderthalensis*, oder *Homo habilis*, *Homo erectus* usw. Für verschiedene Arten von *Australopithecus* ist belegt, dass sie aufrecht gingen und so die ostafrikanischen Savannen durchstreiften, wenn auch der Bewegungsablauf von dem unserer direkten Vorfahren abgewichen sein dürfte. Berühmt wurden Lucy *(Australopithecus afarensis)* und das Kind von Taung *(Australopithecus africanus)*. Aber auch fossile Fußspuren waren aufregende und überzeugende Funde, welche die bipede Fortbewegungsweise (das heißt das aufrechte »zweibeinige« Laufen) dieser frühen »Vormenschenarten« belegten. Die Alterseinschätzung der verschiedenen *Australopithecus*- und *Homo*-Arten geriet in den letzten Jahrzehnten mehrfach in Umbruch, heute tendiert eine Reihe von Wissenschaftlern zu immer jüngeren Datierungen. Die Stammesgeschichte des Menschen beginnt mit der Population, die Mensch und Schimpanse gemeinsam hatten. Die Einschätzung, wann sich die Vorfahren der Menschen von den Schimpansenvorfahren trennten, variiert und wird je nach Literaturstelle mit 7,5 Millionen Jahren angegeben bzw. mit 6,3 bis 5,4 Millionen Jahren oder 6,3 bis 4,1 Millionen. Gleichwohl können wir heute für Klein-Anton guten Gewissens eine Anpassung an das Tragen von 6 Millionen Jahren ansetzen. Beziehen wir unsere Menschenaffenvorfahren mit ein, kommen wir auf rund 20 Millionen Jahre, und wenn wir die Arten mit hinzurechnen, die man allgemein als Affen bezeichnet wie Paviane oder Rhesusaffen, kommen wir, wie bereits erwähnt, auf eine »Traglingstradition« in unserer gesamten Ahnenreihe von gut 50 Millionen Jahren.[10]

chen Stammesgeschichte zu bedenken. Bei genauem Hinsehen gibt es jedoch Verhaltensweisen und anatomische Besonderheiten, die die aktive Beteiligung auch des heutigen Neugeborenen am Getragenwerden belegen. Etwas unwissenschaftlich ausgedrückt, Klein-*Australopithecus* oder einer seiner kleinen Nachfahren leitete wahrscheinlich schon eine ganz eigene Trage-Strategie ein, bevor wir vom eigentlichen Menschen, also *Homo* oder *Homo sapiens* sprechen: Er suchte sich einen anderen Platz am Körper der Mutter, und zwar auf der Hüfte. So konnte er mit all den allmählichen Veränderungen im Verlaufe der Evolution des Menschen, die mit dem aufrechten Gang einhergingen, Schritt halten, ohne seinen aktiven Traglingsstatus aufgeben zu müssen.

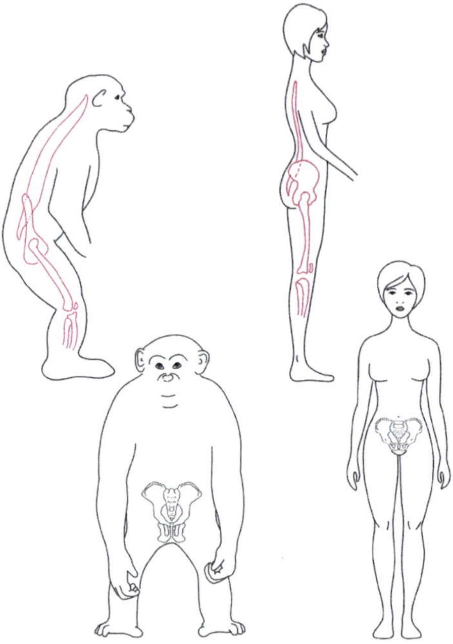

Abb. 4: Die aufgerichtete Körpersilhouette eines Menschen und die eines Schimpansen im Vergleich. Die Form des Beckens und der Wirbelsäule sind charakteristisch für die jeweilige Fortbewegungsart: Der Mensch geht aufrecht auf zwei Beinen, der Schimpanse bewegt sich üblicherweise auf Händen und Füßen fort.[11]

Diese besondere Entwicklung ist es wert, etwas näher in Augenschein genommen zu werden, denn sie hat, wie sich letztendlich zeigte, aktuelle Konsequenzen. Zum besseren Verständnis möchte ich ein paar vergleichende Beobachtungen einfügen, aber – um Missverständnissen vorzubeugen – gleich betonen, dass es sich bei der vergleichenden Betrachtungsweise nur um Vorstellungshilfen handelt. Niemals dürfen Beobachtungen, die an einer Tierart gemacht wurden, einfach auf andere Tierarten übertragen werden, somit auch nicht auf den Menschen – und umgekehrt natürlich auch nicht. Stets sind arteigene Untersuchungen erforderlich.

Verschiedenste Komponenten kamen diesem »evolutiven Rutsch« von Klein-*Australopithecus* nebst Nachfahren zur Seite hin auf die Hüfte der Mutter entgegen. Da sind einmal die anatomischen Gegebenheiten des Säuglings selbst. Aber auch die der tragenden Mutter spielen eine wichtige Rolle.

Die Umgestaltungen, die der aufrechte Gang mit sich brachte, betrafen – neben dem Fußbereich – unter anderem den gesamten Beckengürtel und die Wirbelsäule. Selbst in der recht großzügigen Zeichnung (→ **Abb. 4**) sind die damit verbundenen grundlegenden Veränderungen gut zu erkennen. Es bildete sich zudem bei den Frauen ein ausgeprägter Hüft-Taillen-Bereich heraus, der dem Sitz des Kindes auf der Hüfte - exakter ausgedrückt: in der Taille - entgegenkam. Ein breites Becken mit nach außen gewölbter ausladender Darmbeinschaufel, verbunden mit einer vergleichsweise schmalen Taille, bedeutete einen besseren Halt am Körper der Mutter als im Falle unserer nächsten Verwandten, denen eine derartige Taille fehlt. Allein die Körpersilhouetten verdeutlichen das bereits.

Genauso wichtig ist, dass es in unserer Frühgeschichte aufseiten des Kindes Vorbedingungen gab, die der neuen Position am Körper der Mutter entgegenkamen. Hierzu als Vorstellungshilfe das Bild eines Menschenkindes im Vergleich zu einem Gorillakind (→ **Abb. 5a und b**).

Die gespreizte, angehockte Beinhaltung und die angewinkelte Armstellung ist eine günstige Ausgangsposition, um sich als kleiner urzeitlicher, aber auch moderner Gorilla effektiv im Bauchhaar der Mutter anklammern zu können, sobald sich die Gelegenheit dazu ergibt. Die Fußflächen sind dabei mehr nach vorne orientiert, da Gorillakinder zunächst frontal an der breiten Brust der Mutter getragen werden. Diese Haltung ist bei allen Menschaffenjungen zu beobachten, sobald sie abgelegt werden, und sehr wahrscheinlich entspricht dies auch dem Verhalten unserer frühen menschenaffenähnlicheren Vorfahren.

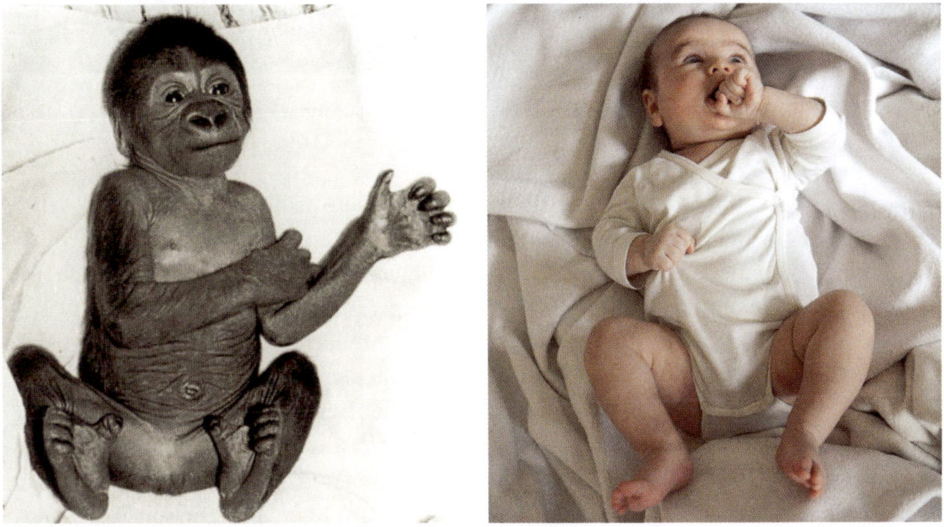

Abb. 5a und b: Das Basler Gorillababy Goma[12] in der typischen Körperhaltung eines Menschenaffenjungen, wenn es abgelegt wird (links), und ein elf Wochen alter Junge in einer entsprechenden charakteristischen Spreiz-Anhock-Haltung (rechts).

Abb. 6a und b: Ein sechs Monate alter Junge im Hüftsitz (links) im Vergleich mit einem Bonobokind in seitlicher Sitzposition (rechts).

Diese gespreizte und angehockte Beinhaltung ist auch eine geeignete Ausgangsstellung, um sich als Menschenjunges am Körper der Mutter im seitlichen Hüftsitz festzuhalten, und zwar mit den gesamten Beinchen. Ein Baby umklammert dabei mit angezogenen Beinen in der sogenannten Spreiz-Anhock-Haltung die Schmalseite der Mutter und stabilisiert seinen Sitz durch das Anpressen der Ober- und Unterschenkel (→ **Abb. 6a**). Zum Vergleich: Ein junger Bonobo hat bei entsprechender seitlicher Sitzposition in der Leistengegend seiner Mutter einen ausgsprochen unsicheren Halt, vor allem wenn seine Mutter sich fortbewegt (→ **Abb. 6b**).

Bei Menschenbabys ist auffällig, dass in Rückenlage die Fußsohlen oft zueinander orientiert sind, sinnvoll im Hüftsitz, wenn die Füßchen noch ihre Greiffähigkeit hätten und Mama noch etwas Fell zum Festhalten. Manchmal fassen Babys auch heute mit den Zehen lose Pulloverfalten und erinnern so ebenfalls als Reminiszenz daran, dass dieser plantare Greifreflex ursprünglich zum Festhalten im Fell diente, genauso wie der palmare Greifreflex der Hände.

Diese Spreiz-Anhock-Haltung und vergleichende Beobachtungen zeigen, dass kaum Veränderungen bzw. Anpassungen seitens des Säuglings erforderlich waren, um die Position am Körper der Mutter von der frontalen Trageweise zur Seite hin zu verlagern. In der Biologie bezeichnet man dies als *präadaptiert*, also vorangepasst sein. Das ist ein fast magisches Wort in der Evolutionsbiologie, denn Präadaptationen gelten als Voraussetzung dafür, dass im Laufe einer Stammesgeschichte Veränderungen stattfinden können. Der menschliche Säugling ist folglich nach wie vor ein Tragling, wenn auch mit einer ganz speziellen Entwicklung: Er klammert sich im seitlichen Hüftsitz in der Spreiz-Anhock-Haltung an der Mutter an. Eine Haltung, die aus verschiedenen Gründen Beachtung finden sollte.

Abb. 7: Ein Kind in Spreiz-Anhock-Haltung, während es in ein Spiel konzentriert ist, in das die Beinchen nicht involviert sind.

»Der menschliche Säugling ist aufgrund stammesgeschichtlicher wie auch artvergleichender Erkenntnisse ein aktiver Tragling, wenn auch mit einer ganz speziellen Entwicklung. Er hält sich nicht mehr mit Händen und Füßen im Fell der Mutter fest, wie die verwandtschaftlich nahestehenden Menschenaffen, sondern klammert sich mit dem gesamten Bein im seitlichen Hüftsitz an.«

Die angeborenen Verhaltensweisen des heutigen Menschenjungen

Nach diesem Schnelldurchgang durch die Stammesgeschichte nun wieder zurück zu Ihrem Baby mit seinen vielen kleinen Besonderheiten und vor allem zur bereits angesprochenen Spreiz-Anhock-Haltung, die nicht nur verhaltensbiologisch interessant ist, sondern letztendlich auch medizinisch. Eine Haltung, die für Sie, selbst wenn Sie bequem auf dem Boden liegen, ausgesprochen anstrengend sein dürfte und viel Willenskraft erfordern würde, wollten Sie sie zehn oder 20 Minuten aufrechthalten. Ihr Baby zieht dagegen gerne und recht lang anhaltend seine Beinchen an, spreizt sie dabei leicht, die Füße sind oft zueinander orientiert, berühren sich gegebenenfalls, ohne dass sie in die momentanen Aktivitäten einbezogen sind. Setzte diese Körperhaltung einen bewussten Kraftaufwand voraus, könnte ein Baby während eines Erkundungsspiels, bei dem es sich ganz auf einen Gegenstand konzentriert, oder wenn es in die Betrachtung eines Gegenstands versunken ist, wie in den **→ Abbildungen 5b und 7**, kaum etwas derart Anstrengendes längerfristig beibehalten. Vor allem nicht 20 bis 30 Minuten lang, wie es bei älteren Babys von vier bis sechs Monaten manch-

Abb. 8a–c: Die Erwartung, getragen zu werden, regt zur Spreiz-Anhock-Reaktion an.

mal zu messen ist. Einige Babys schlafen sogar in dieser Haltung ein. Diese Beinstellung muss also den anatomischen und physiologischen Gegebenheiten eines Säuglings entgegenkommen.[13] Der Bewegungsablauf des sechs Monate alten Kindes in der Bilderserie (→ **Abb. 8a–c**), das vom Boden hochgenommen wird, unterstreicht zusätzlich den Zusammenhang dieser Körperhaltung mit dem Getragenwerden. Sobald ein Säugling den Bodenkontakt verliert und getragen werden soll, zieht er die Beine in ganz typischer Weise an. In dieser stark angehockten und leicht gespreizten Beinstellung kann er problemlos auf die Hüfte gesetzt werden. Diese

Spreiz-Anhock-Reaktion zeigen Babys in den ersten Lebenswochen regelmäßig. Ältere oft nur, wenn sie gewohnt sind, getragen zu werden – und wenn sie dies momentan *erwarten* und auch *wollen*. Es ist also keineswegs eine reflexartige Reaktion, sondern von verschiedenen Faktoren abhängig. Allein die Tatsache, dass ein Baby durch etwas Interessantes abgelenkt ist, kann diesen Bewegungsablauf verhindern. Auch Frühchen zeigen diesen Bewegungsablauf oft nicht oder nur in Ansätzen. Er ist also nicht zu jedem beliebigen Augenblick auslösbar (daher auch die Begriffserweiterung Reaktion und nicht Reflex). Vor allem selten getragene Babys, die gut gepolstert sind und diese knuddeligen Speckbeinchen haben, zeigen diese Reaktion nur andeutungsweise, hier siegt die Erdanziehungskraft.

Dennoch gilt: Mit dieser spontan beim Hochheben eingenommenen Beinhaltung bereitet ein Säugling den seitlichen Hüftsitz aktiv vor. Getragenwerden ist für ein Baby also keineswegs eine passive Angelegenheit. Auch während des Hüftsitzes wirkt es aktiv mit. Das können Sie besonders gut spüren, wenn Sie sich unerwartet und heftig bewegen. Dann presst Ihr Kind die Beinchen verstärkt an. Es klammert sich so fester an und stabilisiert den Sitz aktiv, was vor allem etwas ältere, motorisch weiter entwickelte Kinder tun. Derartige Reaktionen sind natürlich vom körperlichen Entwicklungsstand des Säuglings abhängig. Nur wenige Wochen alte Babys lehnen ihre Beinchen eher an den Körper der Mutter an, als dass sie ihn umfassen. Doch mit fortschreitender Körperbeherrschung können sie sich richtiggehend festklammern, auch wenn sie auf die Unterstützung der tragenden Person angewiesen sind.

Säuglinge haben also keineswegs einen rein passiven Part beim Getragenwerden. Sie bereiten den Hüftsitz durch die Spreiz-Anhock-Reaktion vor und beteiligen sich an der Stabilisierung des Sitzes selbst! Das heißt im alltäglichen Leben aber keineswegs, dass sich die lieben Kleinen nicht vertrauensvoll auf Mama oder Papa verlassen. Sie überlassen ihnen manchmal getrost fast die ganze Haltearbeit, während sie lässig die Beinchen hin und her schlenkern und kleine Turnübungen absolvieren, um gegebenenfalls die Kraft und Reaktionsfähigkeit seiner hier im wahrsten Sinne des Wortes elterlichen Sicherheitsbasis unbekümmert bis an die Grenze auszutesten.

Der menschliche Säugling zeichnet sich also durch seine Verhaltensweisen als aktueller und aktiver Tragling aus, aber auch seine anatomische Ausstattung unterstreicht dies, ja selbst Krankheitserscheinungen belegen seinen heute noch gültigen Traglingsstatus. Damit sind wir zum Thema Hüftdysplasie gelangt, zuvor aber erst einmal die Besonderheiten der kindlichen Anatomie, vor allem der Wirbelsäule.

»Ein Säugling ist anatomisch und physiologisch an den Sitz auf der Hüfte in gespreizter und angehockter Beinstellung angepasst. Er bereitet durch die Spreiz-Anhock-Reaktion aktiv den Hüftsitz vor und beteiligt sich ebenfalls an der Stabilisierung des Hüftsitzes: Er ist auch heute ein aktiver Tragling.«

Die besondere Physiologie und Anatomie im Säuglingsalter

Die Wirbelsäule

Die anatomischen und physiologischen Eigenheiten des Säuglings sind Anpassungen an die gegebenen Bedingungen und speziellen Anforderungen in seiner ersten Lebensphase. Sie unterscheiden sich deutlich von denen des Erwachsenen. Die Anatomie eines Babys ist zunächst nicht für das aufrechte Gehen ausgelegt. Wirbelsäule, Becken und Beinchen sind vielmehr in ihrer Ausprägung und Funktion an das Getragenwerden angepasst.

Die so markante Doppel-S-Krümmung der Wirbelsäule puffert bei Erwachsenen alleine schon aufgrund ihrer Form einen Großteil der Stöße durch das Gehen und Laufen ab. Sie alleine schützt bereits weitgehend die verschiedenen Körperteile und vor allem das empfindliche Gehirn vor Erschütterungen. Bei einem Säugling sind diese Schwünge in der Wirbelsäule noch nicht derart stark ausgebildet, auch wenn sie schon angedeutet sind. Noch sind sie nicht notwendig, noch dient der Körper des Tragenden indirekt als »Pufferzone«.

Im Babyalter ist die Wirbelsäule gerader, die Silhouette des kindlichen Rückens wirkt zwar insgesamt leicht gerundet (kyphotisch), nichtsdestotrotz bedeutet das nicht, dass die Wirbelsäule eines Babys selbst ein Halbrund ist. Vielmehr liegen bestimmte formgebende Krümmungen, die für die Doppel-S-Form des Erwachsenen verantwortlich sind, nur in geringerer Ausprägung vor. Zusätzlich ist die markante, für das Laufen notwendige Gesäßmuskulatur anfänglich noch nicht stark ausgebildet. Beides wird noch nicht gebraucht und entwickelt sich, sobald es tatsächlich notwendig ist.

INFOBOX 5: DIE KINDLICHE WIRBELSÄULE – LEICHT GERUNDET

Die Hals- und Lendenlordose, die der Wirbelsäule eines Erwachsenen ihren typischen Doppel-S-Schwung verleiht, sind beim Neugeborenen kaum ausgeprägt. Der insgesamt leicht gerundete Eindruck der kindlichen Rückensilhouette entsteht einmal durch die bereits vorhandene Kyphose (Krümmung) im Brustwirbelbereich und zum anderen durch das weitgehende Fehlen der typischen Lordose im Halsbereich. Hierdurch fallen Kopf und Schulterbereich des Babys scheinbar nach vorne. Der runde Eindruck wird verstärkt durch einen recht geringen Knick im Übergangsbereich zwischen Lendenwirbelbereich und den miteinander verschmolzenen, in den Beckengürtel integrierten Wirbeln des Kreuzbeins.

Beim Erwachsenen sorgt dieser mit für den zweiten S-Schwung, die Lendenlordose. Um sich die Bedeutung dieser Situation besser vorstellen zu können, helfen vielleicht die folgenden Zahlen: Der sogenannte Promontoriumswinkel, der mit diesem Knick in Beziehung steht, beträgt bei Erwachsenen 60°, bei Neugeborenen jedoch nur 20° (als Vorstellungshilfe nur zum Vergleich: beim Schimpansen liegt der Wert bei 35°).[14] Die Wirbelsäule eines Neugeborenen ist also keineswegs ein Halbrund oder ein rundes C, auch wenn der Rücken insgesamt kyphotisch erscheint.

Der Begriff Totalkyphose, der in diesem Zusammenhang immer wieder zu finden ist, trifft keineswegs zu. Diese Bezeichnung ist nicht nur aus medizinischer Sicht negativ belegt, da er eigentlich Krankheitserscheinungen beschreibt. Er suggeriert auch, dass die Wirbelsäule eines Neugeborenen bei Geburt durchgängig konvex gebogen sei, wie es auf verschiedenen Webseiten dargestellt wurde. Insbesondere im Lendenwirbelbereich wird hierbei von einer anatomisch falschen Vorstellung ausgegangen, die leider auch in manchen gängigen medizinischen Lehrbüchern gefunden werden konnte. Die Wirbelsäule ist bereits nach der neunten Schwangerschaftswoche nicht mehr durchgängig kyphotisch, wie Ultraschallaufnahmen und sonografische Darstellungen belegen. Neben der typischen Brustkyphose sind bereits im Verlauf der 16. bis 23. Schwangerschaftswoche leichte Schwünge sowohl zur Hals- als auch zur Lendenlordose zu finden.[15]

Sobald ein Baby seinen Kopf hebt und schließlich zu krabbeln beginnt, krümmt sich die Halswirbelsäule zunehmend, eine deutliche Halslordose entsteht allmählich durch die kindlichen

Aktivitäten. Mit Beginn des Laufens bildet sich auch der zweite S-Schwung der Wirbelsäule immer deutlicher heraus, die Lendenlordose. Anfangs unterscheidet sich der Gang eines Kindes von dem des Erwachsenen, da Wirbelsäule und Becken noch anders zueinander orientiert sind, was auch die Bewegungsfreiheit der Oberschenkel eingeschränkt. Will ein Kind schnell vorwärtskommen, setzt es nicht die Fersen auf, sondern läuft zunächst auf Zehen und Fußballen, da der Oberschenkel noch nicht weit über die Körpersenkrechte hinaus nach hinten bewegt werden kann. Die endgültige Ausformung der Wirbelsäule stellt sich schließlich erst mit der Pubertät ein.

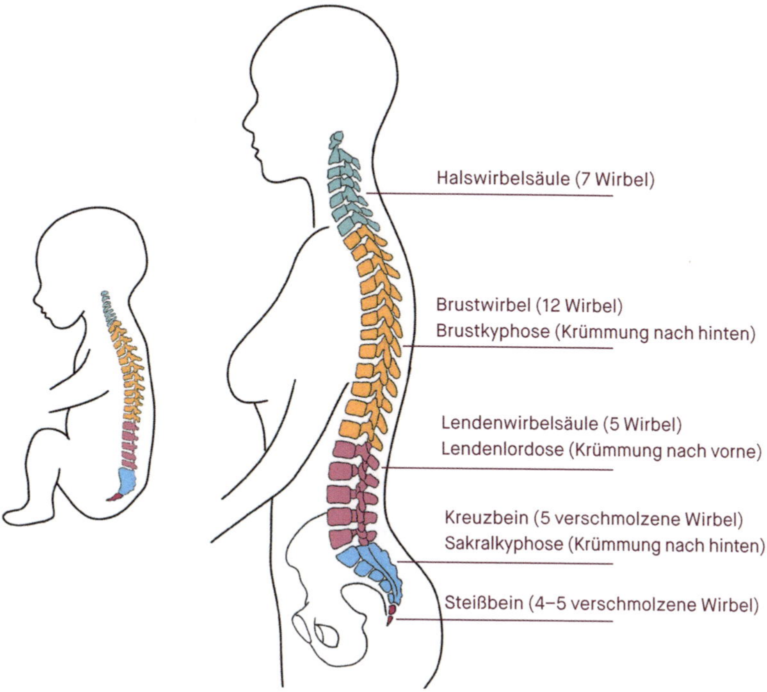

Abb. 9: Die Wirbelsäule eines neugeborenen Kindes und eines Erwachsenen im Vergleich.[16]

Wirbelsäule und Becken haben demzufolge in der Säuglingszeit eine andere Form und Stellung zueinander als im Erwachsenenalter. Zieht man eine Gerade durch den Rumpf und das Becken, ist der Winkel zwischen beiden Linien beim Säugling geringer als beim Erwachsenen. Als Konsequenz hieraus haben auch die in das Becken integrierten Hüftgelenke eine mehr nach vorn verlagerte Orientierung. Erwachsene können ihre Beine zwar anhocken, aber auch – wie für einen raumgreifenden Schritt erforderlich – weit nach hinten über die Körpersenkrechte hinaus führen. Beim Säugling ist der Bewegungsspielraum der Beinchen durch die stärker nach vorn orientierten Hüftgelenke folglich auf den Bereich vor dem Körper beschränkt, angepasst an die Lebenswelt eines Traglings.[17] So fallen bei einem Baby in entspannter Rückenlage auch die etwas angewinkelten Beinchen nach außen, gleichzeitig sind sie im Hüftgelenk- und Kniebereich ebenfalls leicht angewinkelt. Man müsste einem Säugling schon Gewalt antun und die Oberschenkel und Knie regelrecht auf die Unterlage pressen, sollte ein Baby ähnlich wie ein Erwachsener mit gestreckten Beinchen gerade auf dem Boden liegen. Dabei würde man das arme Kind zu einer Ausweichbewegung zwingen: Das Becken müsste dazu stärker »nach vorn/unten« gekippt werden, die Wirbelsäule würde sich aufwölben und das Kind zu einem Hohlkreuz zwingen, was für dieses Alter völlig unphysiologisch ist.

»Aufgrund der kaum ausgeprägten lordotischen Bereiche der kindlichen Wirbelsäule ist der Bewegungsspielraum der Beinchen eines Säuglings zum einen auf den Bereich vor dem Rumpf beschränkt – ein an das Tragen angepasster Bewegungsspielraum. Zum anderen wirkt die Silhouette des Rumpfs im Gesamten leicht gerundet, da die vor allem auffällige Lordose im Halswirbelbereich noch nicht ausgeprägt ist.«

Das Becken und die Hüftgelenke

Die – verglichen mit Erwachsenen – insgesamt gebeugt wirkende Körper- und Extremitätenhaltung von Säuglingen veranlasste in früheren Jahrhunderten Ärzte, Ammen und Mütter verschiedener Kulturkreise, Säuglinge eng einzubinden, man verwendete Begriffe wie fatschen, wickeln, pucken oder einbinden. Körper und Glieder wurden bei der extremen alten Form des Fatschens – angefangen bei den Fingerspitzen und den Zehen – mit Bändern in einer möglichst gestreckten, aufrechten Haltung umwickelt, damit sie in Zukunft »gerade« wachsen würden und als Erwachsene nicht so »krumm« blieben wie als Baby. Auch bei der vergleichsweise gemäßigteren Art des traditionellen Puckens wird ein Kind aufrecht in gestreckter Arm- und Beinhaltung eng eingebunden (→ **Abb. 10**). Doch diese Maßnahmen förderten und fördern (da diese Variante des Puckens teils auch heute noch in verschiedenen Ländern gängig ist) keineswegs eine gute, aufrechte Körperhaltung oder insgesamt gesehen eine gesunde Entwicklung der Kinder. Dies leistete und leistet vielmehr der sogenannten angeborenen Hüftdysplasie Vorschub oder gar der Hüftluxation, falls man die Fehlentwicklung nicht erkennt und ihr entgegenwirkt.

Vor dem Hintergrund dieser früher häufigen Hüftgelenkerkrankung kam der deutsche Orthopäde Johannes Büschelberger bereits 1961 auf die Idee, anhand von Hüftgelenkpräparaten Neugeborener die anatomisch günstigste Stellung von Oberschenkelknochen bzw. Oberschenkelkopf zur Hüftgelenkpfanne zu untersuchen.[18] Er zeigte, dass sich der Oberschenkelkopf dann gut in das Hüftgelenk einfügt, wenn die Beinchen stark angehockt und leicht gespreizt sind, das heißt konkret, wenn die Oberschenkel einen Winkel von etwa 80° zueinander haben und die Beinchen um 100° oder mehr angehockt sind (→ **Tabelle 1**). In der Medizin ist es üblich, die Spreizstellung mit

Abb. 10: Beim traditionellen Pucken wird das Baby so eingewickelt, dass seine Ärmchen dicht am Körper liegen und die Beinchen gestreckt sind.

dem halben Winkel anzugeben, Sie werden in der medizinischen Literatur nicht den Wert 80°, sondern 40° finden.

Nun zu den interessanten Werten während des Hüftsitzes. Sitzen Babys ohne Hilfsmittel auf der Hüfte ihrer Mutter, lediglich im Rückenbereich durch ihren Arm unterstützt, so liegt die Spreizstellung der Oberschenkel durchschnittlich bei 45°! Gleichzeitig werden die Beinchen mindestens zu einem rechten Winkel, meist sogar stärker angezogen, insbesondere von jüngeren Babys. Die gemessenen Abspreizwinkel schwankten bei den Untersuchungen zwischen minimal 36° und maximal 56°, wobei höhere Werte vereinzelt bei älteren Babys gemessen wurden. Vorzugsweise lag der Spreizwinkel aber um 45° (→ **Tabelle 1**).

Die Spannbreite der Werte wird von verschiedenen Faktoren beeinflusst. Sitzen die Kinder mehr seitlich auf der Hüfte, sind die Werte niedriger, werden sie etwas weiter vorn getragen, erhöhen sie sich, wie im Falle des größten gemessenen Wertes von 56°, und natürlich spielt die Körperstatur der Mutter eine Rolle. Angehockt wurden die Beinchen vorzugsweise zu 90° bis 110°, maximal bis 120°, wobei die älteren Kinder insgesamt etwas weniger stark anhockten, während bei den ganz Kleinen die größeren Werte gemessen wurden. Eine 90°-Stellung wurde vor allem dann bei älteren Kindern beobachtet, wenn sie sich wenig am Getragenwerden beteiligten, abgelenkt waren und die Eltern sich kaum bewegten.[19]

Der Vergleich der Beinstellung, die ein Säugling während des normalen Hüftsitzes spontan einnimmt, mit den Messungen Büschelbergers verdeutlicht, dass die Anatomie der Hüftgelenke im Säuglingsalter auf das Getragenwerden abgestimmt ist. Während des Hüftsitzes nimmt ein Baby eine Haltung ein, bei der der Oberschenkelkopf ideal (!) zur Hüftgelenkpfanne orientiert ist und sich optimal in dessen Struktur einfügt.

INFOBOX 6: ABDUKTIONSWINKEL UND FLEXIONSGRAD DES OBERSCHENKELS – DIE GÄNGIGEN ANGABEN IN DER MEDIZIN

In der Medizin wird im Falle der Spreiz-Anhock-Haltung

- der Spreizwinkel der Oberschenkel als *Abduktionswinkel* bezeichnet. Er gibt den halben Winkel zwischen den beiden mehr oder weniger gespreizten Oberschenkeln an. Das heißt, dass der Wert bei zusammengepressten Oberschenkeln 0° beträgt. Je weiter die Beine gespreizt werden, desto größer ist die Zahlenangabe.
- der Anhockwinkel als *Flexionsgrad* bezeichnet. Ein Wert von 0° bedeutet ein gestrecktes Bein, je stärker die Oberschenkel angezogen werden, desto größer wird der Winkel.

»Ein Säugling, im Hüftsitz getragen, nimmt spontan eine für die Entwicklung des Hüftgelenks ideale Beinhaltung ein: Während die Oberschenkel mindestens bis zu einem rechten Winkel, überwiegend sogar stärker angezogen werden, liegt der Abspreizwinkel bei durchschnittlich 45°. Eine Haltung also, die die gesunde Entwicklung der noch knorpeligen Hüftgelenkstrukturen in vielfältiger Weise fördert.«

HÜFTDYSPLASIE UND TRAGEN

Wer sein Kind trägt, unterstützt damit eine gesunde Entwicklung der Hüftgelenke.

Grundlegendes zum Thema Dysplasie

Das Thema Hüftdysplasie und deren kindgerechte Behandlung verdient eine sorgfältige Erörterung. Denn sie ist zum einen die häufigste orthopädische Erkrankung bei Säuglingen, wobei die in der Literatur genannten Zahlen je nach Autor erheblich variiert: Sie wird mit 0,57 bis 3 % oder gar 1 bis 5 % angegeben.[20] Zum anderen ist die Behandlung einer ausgeprägten Dysplasie, die die Anwendung von Spreizhosen oder anderer, in der Medizin gängiger Hilfsmittel (gegebenenfalls sogar ein Eingipsen der Beinchen) erfordert, eine Belastung für Kind und Eltern. Nicht nur, dass die Kleinen die ungehinderten altersgemäßen, eigenständigen motorischen Aktivitäten missen müssen. Ein Baby »mutiert« durch diese medizinischen Hilfsmittel geradezu zu einem schweren, unhandlichen Paket. Situationsbedingt wird einem Kind neben der motorischen Einschränkung durch die Behandlungsmethode somit auch noch ein großer Teil der körperlichen Zuwendung seiner Eltern entzogen. Je nach Methode ist es mehr oder weniger schwierig, dieses verquere Bündel schnell einmal hoch zu heben oder liebevoll in den Arm zu nehmen, herumzutragen oder auf den Schoß zu setzen. Sich dessen oft nicht bewusst nehmen Eltern die Kleinen insgesamt seltener hoch, da es eben recht mühevoll ist.

Sicherlich, die motorische oder emotionale Entwicklung ist nicht auf einen bestimmten Zeitraum oder auf das erste Lebensjahr beschränkt. Und es überrascht auf den verschiedensten Gebieten immer wieder, wie groß die Nachholmöglichkeit von Kindern ist, wenn ihnen Erfahrungen, aus welchen Gründen auch immer, in den normalerweise hierfür vorgesehenen Zeiträumen vorenthalten werden. Doch das sollte nicht dazu verführen, derartige Belastungen zu vernachlässigen und die Suche nach kindgerechteren Alternativen aufzugeben.

Auch wenn Dysplasien in einzelnen Familien gehäuft auftreten, so spielt die genetische Veranlagung nicht die alleinige Rolle. Schon eine Beckenendlage erhöhte das Risiko und selbst bei eineiigen Zwillingen hatten lediglich in 43 % der Fälle beide Geschwister eine Luxation, in 57 % der Fälle eben *nicht*. Auch wenn man heute weiß, dass die genetische Ausstattung bei eineiigen Zwillingen nicht absolut identische ist, sollten eigentlich beide Geschwister eher diese Erkrankung aufweisen, wenn sie rein genetisch bedingte wäre. Zudem sollte dann auch die Art der Säuglingsbetreuung kaum eine Rolle spielen, dem widersprechen jedoch vergleichende Beobachtungen in Kulturen, die ihre Kinder eher tragen bzw. die ihre Kinder eher traditionell pucken.[21] Somit ist die Hüftdysplasie für jede Familie ein Thema, denn die Art und Weise, wie man mit einem Säugling umgeht, hat einen erheblichen Einfluss darauf, ob eine eventuell vorhandene Veranlagung tatsächlich zu einer Krankheitserscheinung führt oder nicht. Auf die Diskussion, ob hierzu eine genetische Disposition tatsächlich vonnöten ist oder ob man eine Dysplasie oder Luxation allein durch äußerliche Einwirkung erzeugen kann, möchte ich mich hier nicht einlassen. Für eine gesteigerte Aufmerksamkeit sollte ausreichen, dass, wird eine in den Hüftgelenken weitgehend gestreckte Beinhaltung forciert, eine gegebenenfalls vorbelastete Hüftgelenkpfanne mechanisch geschädigt werden kann. Denn in diesem Alter veranlasst eine Streckung der Beinchen eine ungünstige Orientierung des Oberschenkelkopfs zur Hüftgelenkpfanne. Auf diese Weise wird ein unphysiologischer Druck auf einzelne Bereiche der Gelenkpfanne ausgeübt. Durch derartige Belastungen können sich die noch knorpeligen Strukturen der Hüftgelenkpfanne gegebenenfalls nicht normal weiterentwickeln. Das bereits erwähnte Fatschen oder traditionelle Pucken hatte bzw. hat durch die damit verbundene Streckung im Hüftgelenkbereich entsprechende, teils katastrophale Wirkung, da sie in früheren Zeiten häufig zu Hüftluxationen führte. Doch auch in aktuelleren Zeiten kreisen die Diskussionen beim Thema Pucken oft darum, dass die gesunde Entwicklung der Hüftgelenke gefährdet und Dysplasien gefördert werden. Auch heute wird im osteuropäischen Raum, selbst auf Geburtsstationen, nicht selten auf traditionelle Weise gepuckt. Auch wenn Pucken nicht automatisch eine Behinderung der Beinfreiheit bedeutet, so wurde doch mit Aufleben des Puckens in den letzten Jahren beispielsweise in England und Australien zunehmend Dysplasien festgestellt, die auf ein zu enges Einbinden der Beinchen zurückzuführen waren.[22]

Tabelle 1: Ein Vergleich – Spreiz-Anhock-Haltung während des Hüftsitzes versus medizinische Angaben

	Spreizstellung	**Anhockwinkel**
Die Beinstellung während des Hüftsitzes[23]	durchschnittlich 45°	90°* bzw. 100° bis 120°
Messungen an anatomischen Präparaten Neugeborener (Büschelberger)[24]	40°	größer als 100°
Medizinische Vorgaben im Falle einer Hüftdysplasie**[25]	30 bis 45°, ggf. 50°	90° bis 110°/120°

* Eine 90°-Stellung nehmen meist nur ältere Kinder ein (Kapitel → Die besondere Physiologie und Anatomie im Säuglingsalter: Das Becken und die Hüftgelenke)

** Die Angaben variieren je nach Behandlungsnotwendigkeit und -möglichkeit

INFOBOX 7: DIE SOGENANNTE ANGEBORENE HÜFTDYSPLASIE IM SÄUGLINGSALTER

Man verwendet auch die Ausdrücke angeborene Hüftdysplasie oder Hüftgelenkdysplasie bzw. kongenitale Dislokation der Hüfte. Die ebenso üblichen Abkürzungen CDH oder DDH gehen auf die englischen Bezeichnungen *congenital dysplasia of the hip* oder *developmental dysplasia of the hip* zurück. Zunächst wurde mit der sogenannten angeborenen Dysplasie die Fehlstellung der Hüftgelenkpartie eines Säuglings beschrieben, bei der die ungenügend ausgeformte Hüftgelenkpfanne zu stark abgeflacht ist und gegebenenfalls zu steil steht. Heute schließt der Begriff Dysplasie auch Reifungsverzögerungen oder -störungen mit ein bzw. eine allgemein unreife Hüftpfanne.

Da die Hüftgelenke eines Säuglings anfänglich noch weitgehend knorpelige Strukturen sind, die nach und nach zwischen dem dritten und neunten Lebensmonat durch Knochensubstanz ersetzt werden, kann sich eine Dysplasie ebenfalls aus einer verzögerten oder gestörten Verknöcherung heraus entwickeln. Blieben fehlgebildete Knorpelstrukturen unentdeckt und unbehandelt, würden diese in ihrer Fehlform verknöchern. Auch wenn der früher geläufige Zusatz »angeboren« dies anders suggeriert, kann eine Dysplasie erst weit nach der Geburt in Erscheinung treten. Unbehandelt kann sich die Hüftpfanne bei einem beständigen ungünstigen Druck des Oberschenkelkopfes auf die noch knorpeligen Strukturen immer stärker abflachen. Die dann teils erst im Erwachsenenalter auftretenden Beschwerden können operative Eingriffe erforderlich machen. Im schlimmsten Fall, der Hüftluxation, rutscht letztendlich der Oberschenkelkopf aus dem Gelenk heraus. Ein normales Gehen ist dann durch die fehlende Gelenkfunktion nicht mehr möglich. Die Bewegung ähnelt dann einem Entengang, da das gesamte Becken mitschwingen muss.

Hüftluxationen sind im zentraleuropäischen Raum heute zum Glück kaum mehr zu finden, da die Anfangsstadien der Hüftdysplasien heute dank der Aufmerksamkeit von medizinischer Seite und der Möglichkeit zur Ultraschalluntersuchung sehr früh erkannt werden können. Um die gesunde Ausreifung der in der Entwicklung gestörten Hüftgelenk zu unterstützen, beschränkt man sich zumeist auf die Anwendung diverser Bandagen, Spreizhöschen etc., durch die die Oberschenkel in einer leicht gespreizt und stark angehockten Stellung gehalten werden. Meist sind die Beinchen hierdurch nicht völlig in der Bewegungsfreiheit eingeschränkt. Entsprechend des Krankheitsbildes kann unter Umständen jedoch ein Eingipsen notwendig sein, die Beine werden dabei in einer geeigneten Position fixiert.

Therapeutische Maßnahmen sehen heute überwiegend eine Spreiz-Anhock-Stellung (auch als »Sitz-Hock-Stellung« bezeichnet) mit einem Abspreizwinkel von 30° bis 45° oder 50° vor, während die Beugung mindestens 90° betragen sollte, besser 100° oder gar 120°.[26] Erinnern Sie sich noch an den Sachverhalt, wenn ein Baby getragen wird? Die von der medizinischen Seite bei Dysplasie empfohlenen Einstellungen entsprechen der Haltung der Oberschenkel, die ein Baby automatisch einnimmt, sitzt es auf der Hüfte eines Erwachsenen! Der Abspreizwinkel liegt etwa bei 45°, die Oberschenkel sind bei halbjährigen oder älteren Kindern mindestens zu einem rechten Winkel angezogen, meist werden sie stärker angehockt, bis etwa 120°, vor allem von den ganz Kleinen. Auch wenn ich mich wiederholen sollte: Ihr Baby nimmt während des Hüftsitzes eine Beinhaltung ein, die seinen anatomischen Gegebenheiten entspricht – und erfüllt dabei gleichzeitig auf eine ungezwungene, den kindlichen Bedürfnissen angepasste Weise die Erfordernisse, die bei therapeutischen Maßnahmen im Falle einer Hüftdysplasie notwendig werden!

»Die sogenannte angeborene Hüftdysplasie ist eine der häufigsten orthopädischen Erkrankungen im Säuglingsalter. Ihre medizinische Behandlung erfordert eine Einstellung der Beinchen, die genau der Beinhaltung eines Babys während des Hüftsitzes entspricht. Tragen ist somit eine kindgerechte Art der Prophylaxe gegen Hüftdysplasie.«

Von guten und schlechten Traditionen – Ein kleiner Kulturvergleich

Dass sich das Tragen der Kinder günstig auf die Entwicklung der Hüftgelenkpfanne auswirken muss, war verschiedenen Autoren schon weit vor Mitte des letzten Jahrhunderts aufgrund kulturvergleichender Beobachtungen aufgefallen.[27] Heute überrascht es kaum, dass bei Völkern, deren Säuglinge durch das übliche Handling vorwiegend eine gestreckte Beinhaltung innehaben oder -hatten und zusätzlich noch wenig Bewegungsmöglichkeiten gewährt wurde, Dysplasien oder Luxationen gehäuft auftraten. In einigen nordamerikanischen Indianerstämmen gehört es zur traditionellen Lebensweise, Babys auf sogenannte »Cradleboards«, also Trage- oder Wiegebretter, zu binden. In kanadischen Stämmen, in denen dies 1964 nach wie vor üblich war, erkrankten 12,3 % der Kinder an Dysplasie. Bei Stämmen, die ihre Säuglinge in dieser Zeit nicht mehr derart traditionell auf Cradleboards fixierten, lag der Wert bei nur 1,2 % – also ganze 10 % niedriger![28] In vielen anderen Kulturkreisen im asiatischen oder afrikanischen Raum wurden – und werden auch heute noch – die Kinder hingegen vornehmlich in stark angehockter und gespreizter Beinhaltung getragen. Außerdem gewährt man ihnen viele Bewegungsmöglichkeiten.[29] Hier waren und sind diese Fehlentwicklungen des Hüftgelenks nahezu unbekannt.

Abb. 11: Himbarfrau mit Kind im Hüftsitz.

Genauso beeindruckend wie dieser Zahlenvergleich sind die Beobachtungen des japanischen Arztes Shigeo Nagura. Er wies bereits 1940 auf den Zusammenhang zwischen Betreuungsmethode und Dysplasie hin.[30] Bedingt durch den traditionellen Umgang, bei dem die Kinder häufig in gespreizter und angehockter Beinhaltung auf dem Rücken getragen wurden, diagnostizierte man in Japan bis zu Beginn des letzten Jahrhunderts kaum Luxationen. Als man in den darauf folgenden Jahren allmählich die Betreuung der Säuglinge den europäischen Gepflogenheiten anglich, wurden nun auch hier derartige Erkrankungen immer häufiger. Über Jahrzehnte hinweg war Japan letztendlich eines der Länder mit den meisten Fällen von Hüftdysplasien. Aufgrund seiner Beobachtungen behandelte Nagura Kinder mit luxierten Hüften zunächst nicht – wie zu dieser Zeit im europäischen Raume üblich – stationär und durch eine Operation, bei der der Oberschenkelkopf wieder in die Pfanne eingefügt wurde. Er beauftragte stattdessen die Eltern, ihre zum Teil bereits sechs Monate alten Kinder zunächst der japanischen Tradition gemäß zu tragen. Mittels monatlicher Röntgenaufnahmen – heute kaum mehr vorstellbar, zu dieser Zeit aber durchaus üblich – dokumentierte er die Entwicklung der Hüftgelenke. Er erreichte so bei den Kindern eine erfolgreiche Behandlung von bereits luxierten Hüften ohne vorangegangenen blutigen operativen Eingriff. Auch wenn bei diesen Fallbeispielen keine genauen Angaben über die Schwere der Hüftgelenkerkrankung zu finden sind, zeigen die Ausführungen Naguras nicht nur eine vorbeugende Wirkung des Tragens, sondern auch eine therapeutische bei bereits ausgebildeter Dysplasie.[31]

»Der Vergleich von Kulturen, die traditionsgemäß ihre Babys in angehockter Beinhaltung tragen, mit Gesellschaften, die ihre Kinder im ersten Lebensjahr weitgehend in eine gestreckte Körper- und Beinhaltung bringen, zeigt auffällig, dass das Tragen in der Spreiz-Anhock-Haltung prophylaktisch oder gar, je nach Art der Ausprägung, therapeutisch gegen Hüftdysplasie wirkt.«

Tragen – Ein Plädoyer für eine kindgerechte Prophylaxe gegen Hüftdysplasie

So wie sich die Untersuchungsergebnisse heute darstellen, ist das Tragen sowohl eine Prophylaxe als auch in bestimmten Fällen eine kindgerechte Behandlungsalternative im Falle einer Hüftdysplasie, die zunehmend auch von medizinischer Seite aufgegriffen wird. Mit gutem Grund, wenn man die heutige Definition des Krankheitsbildes der Dysplasie und die Entwicklung der kindlichen Hüftgelenke etwas genauer aufschlüsselt. Die bei der Geburt noch größtenteils knorpeligen Strukturen der Hüftgelenkpfanne und des Hüftkopfes werden allmählich durch Knochensubstanz ersetzt, sie »reifen« erst zwischen dem dritten und neunten Monat kontinuierlich heran. Eine korrekte Stellung von Hüftgelenkkopf zu Hüftgelenkpfanne ist daher in dieser Zeit für eine gesunde Entwicklung wichtig. Eltern sollten daran denken, dass bereits unreife Hüftpfannen als dysplastisch bezeichnet werden, die lediglich zeitlich verzögert heranreifen. Auch eine verzögerte Verknöcherung der in ihrer knorpeligen Struktur normal angelegten Hüftgelenkpfanne wird derart bezeichnet. Man kann davon ausgehen, dass »die meisten unreifen Hüftgelenke (besonders bei geringeren Ausprägungen) sich auch unbehandelt zu normalen Gelenken entwickeln« und »die Mehrzahl der Kinder ja eigentlich gar keiner Behandlung bedürfen«, so der renommierte deutsche Orthopäde Ewald Fettweis.[32] Natürlich sollte einer normalen Entwicklung nicht gegengearbeitet werden, wie durch enges Pucken, das auch die Beine mit einbezieht. Und natürlich sollten die eine gesunde Entwicklung unterstützenden Maßnahmen eingehalten werden. Das klingt an sich recht ermutigend. Die Krux an der Geschichte ist nur, man weiß im Vorhinein nicht sicher, welches der kindlichen Hüftgelenke sich auch ohne Behandlung tatsächlich weiterhin normal entwickeln wird. So behandelt man eben vorsichtshalber auch Kinder, bei denen es gegebenenfalls nicht notwendig wäre.[33]

Die Spontanheilungsrate, das heißt die Heilung ohne therapeutische Maßnahmen, liegt bei der Dysplasie relativ hoch, abhängig vom Alter bei der Diagnose. So reichen die Angaben in der medizinischen Literatur bis zu 60 oder gar 80 %.[34] Vorausgesetzt natürlich, dass die Betreuungsmethode der Fehlentwicklung nicht Vorschub leistet. Auch unter derartigen Gegebenheiten werden Spreizhöschen, Hüftbeugeschiene, Hüftrolle, Pavlik-Bandagen etc. eingesetzt, zum Teil auch heute noch recht massiv. Derart eingeschränkt berichteten Eltern von teils extremen Verhaltensänderungen ihrer Kinder. Gerade in Grenzbereichen akzeptierten Eltern das Tragen ihrer Babys sicherlich gerne als kindgemäße Alternative zu Spreizhöschen oder Beugeschienen, würde ihnen die positive Wirkung des Tragens entsprechend erläutert und nahegelegt, zusätzlich zu der heute üblichen Aufforderung breit zu wickeln. Selbst wenn die Kleinen nur für einige Stunden am Tag den körperlich einschränkenden Hilfsmitteln entkommen könnten, wäre dies für ihre allgemeine Entwicklung bereits wichtig. Denn man gewährt ihnen dann zumindest zeitweise den für dieses Alter so bedeutenden Körperkontakt und motorische Anregungen, die je nach medizinischer Behandlungsmethode mehr oder weniger stark eingeschränkt sind. So manches Mal wurden Eltern jedoch mit den Worten entlassen: »Ihren Entschluss bezahlt Ihr Kind dann später mit seiner Gesundheit!«, wenn sie das Tragen im Spreiz-Anhock-Sitz im Behandlungszimmer ansprachen. Nur wenige Eltern haben dann noch den Mut, nach Alternativen zu suchen, auch wenn ich einige kenne, die sich dennoch beherzt und erfolgreich zum Tragen als zeitweilige oder gar alleinige Behandlungsmethode entschlossen. In solchen Fällen kann man nur empfehlen, stets mehrere Ärzte zu Rate zu ziehen, um so ein umfassendes Bild über alternative *und* adäquate Möglichkeiten zu erhalten.

Besonders hervorheben möchte ich an dieser Stelle, dass während des Tragens im Hüftsitz die Hüftgelenke des Säuglings nicht einfach nur in eine ausgesprochen günstige Stellung gebracht werden, bei jedem Schritt des Tragenden und jeder Drehung und Wendung des Kindes übertragen sich auch beständig Bewegungsreize auf die Hüftgelenke des Kindes. Diese fördern zusätzlich deren gesunde Entwicklung, da durch Bewegung eine bessere Durchblutung der noch knorpeligen Strukturen des Hüftgelenks erreicht wird. Zudem unterstützen Bewegungen und die dabei entstehenden Kräfte und funktionellen Belastungen – vorausgesetzt eine korrekte Stellung von Oberschenkelkopf zu Hüftpfanne ist gegeben – die normale Verknöcherung des gesamten Hüftgelenkkomplexes. Wenn auch der Hüftsitz bei einer Dysplasie aus diesem Grund besonders günstig ist, so nehmen Säuglinge auch bei einem frontalen Tragen die ideale Beinhaltung ein, wie verschiedene Messungen im Tragetuch belegten.[35] Vorausgesetzt, das Tuch ist korrekt gebunden bzw. es handelt sich um eine geeignete Tragehilfe. Das heißt, die Beinchen sollten derart stark angehockt sein, dass die Kniekehlen höher als das Windelpaket sind. Heute wird immer wieder hervorgehoben, dass die ausgeprägte Hockstellung gegenüber der Spreizstellung der wichtigere Faktor für die gesunde Heranreifung der Gelenkstrukturen ist. Einer ausreichenden Hockstellung gilt also die besondere Aufmerksamkeit.[36]

Allgemein wird Eltern heute empfohlen, ihr Baby breit zu wickeln und das nicht nur, wenn sich eine leichte Dysplasie andeutet. Doch gerade im letzten Fall wäre – wie bereits erwähnt – durchaus ein Hinweis angebracht, dass das Tragen eine ausgesprochen positive Wirkung auf die Hüftentwicklung des Kindes hat. Sind sich Eltern sicher, dass Tragen eine kindgerechte – und elterngerechte – Betreuungsvariante ist, bei der der Oberschenkelkopf optimal zur Hüftgelenkpfanne orientiert ist, werden manche auch ohne einen aktuellen Anlass bereit sein, ihre Babys zu tragen, um einer auffälligen Entwicklung prinzipiell vorzubeugen, die sich manches Mal erst später als bei der ersten Untersuchung durch den Kinderarzt zeigt. Heute weiß man, dass eine familiäre Häufung dieser Krankheitserscheinung ein erhöhtes Risiko für jedes Baby in der jeweiligen Familie darstellt, vor allem bei Mädchen, die vier- bis sechsmal häufiger betroffen sind als Jungen (es wird teilweise sogar von einem zwölfmal höheren Risiko gesprochen), und dass diese auffällige Entwicklung nun einmal eine der häufigsten kinderorthopädischen Erkrankungen ist. All dies wird Eltern auch aus prophylaktischen Gründen zu dieser »alternativen Betreuungsmethode« greifen lassen, sofern sie sich ihrer »Bedenkenlosigkeit« sicher sein können. Es wird nun Zeit, die allgemeinen Vorbehalte und Ängste bezüglich des Tragens von Säuglingen anzusprechen.

»Die Spontanheilungsrate liegt bei der sogenannten angeborenen Hüftdysplasie relativ hoch. Tragen in der Spreiz-Anhock-Haltung bietet mehr als eine ideale Orientierung von Oberschenkelkopf zu Hüftgelenkpfanne. Besonders im Hüftsitz erfahren die noch knorpeligen Strukturen der Hüftgelenke mit jedem Schritt der Eltern und jeder Bewegung des Kindes permanent leichte Bewegungsreize, die die Durchblutung dieser Bereiche fördern und somit auch deren gesunde Ausreifung.«

RUND UMS TRAGEN – MÄRCHEN, MYTHEN UND KONKRETE FAKTEN

Studien belegen, dass es keinen Zusammenhang zwischen aufrecht getragenen Babys und vermehrt in Erscheinung tretenden Haltungsschäden gibt.

Das Märchen von den Wirbelsäulenschäden

Lange Jahre fand das Tragen von Kindern im Babyalter, trotz der Untersuchungen Naguras, Büschelbergers und der kulturvergleichenden Betrachtungen, im europäischen Raum kaum Beachtung, obwohl es bekannte Orthopäden als geeignete prophylaktische Maßnahme empfahlen.[37] Aufrechtes Tragen wurde meist erst dann akzeptiert, wenn ein Baby selbstständig sitzen konnte, also frühestens mit einem halben Jahr. Man war der Meinung, dass ansonsten die Wirbelsäule zu stark belastet und deshalb geschädigt würde. Therapeutische Maßnahmen gegen Dysplasie müssen aber möglichst frühzeitig beginnen, oft im Alter von wenigen Wochen. Diese zeitliche Diskrepanz zwischen Befürchtungen bezüglich Wirbelsäulenschädigungen und therapeutischer Notwendigkeit war wahrscheinlich der wichtigste Grund für die geringe Resonanz auf die beschriebenen Erkenntnisse.

Kinderärzte, Orthopäden, Physiotherapeuten oder Ostheopathen fürchteten, ein frühzeitiges Tragen von Säuglingen in aufrechter Körperhaltung belaste die Wirbelsäule zu sehr und führe zu Skoliosen, Kyphosen oder sonstigen Haltungsauffälligkeiten.[38] Großeltern und andere Anverwandte waren und sind – neben sonstigen Einwänden wie verwöhnen (**Kapitel → Das Bedürfnis nach Nähe versus die Angst vor dem verwöhnten Kind**) – zum Teil auch heute noch dieser Ansicht und verteufeln dieses »neumodische Zeugs«. Soll das Tragen als prophylaktische Maßnahme bei einer Hüftdysplasie bzw. auch allgemein als günstige Betreuungsmaßnahme akzeptiert werden, müssen diese Einwände ernst genommen und widerlegt werden. Inwieweit der Rücken eines Babys möglicherweise geschädigt werden kann, ist auch heute noch eine der ersten Fragen, die sich Eltern stellen, wenn sie sich für das Tragen interessieren – meist im Zusammenhang, ab welchem Alter man denn sein Kleines gefahrlos aufrecht tragen kann.

Um es gleich vorweg klarzustellen: Es besteht kein Zusammenhang zwischen Tragen von Babys in aufrechter Körperhaltung und vermehrt auftretenden Haltungsauffälligkeiten oder gar Wirbelsäulenschädigungen. In einer Langzeit-Tragestudie wurden die Tragegewohnheiten von über 800 Eltern im deutschsprachigen Raum erfasst.[39] Von mehr als einem Drittel der Kinder liegen Informationen bis zum Schuleintrittsalter vor. Die Fragebögen zeigten, dass bis Ende der 1990er Jahre fast ein Drittel der Mütter aufgrund der vielen warnenden Stimmen die Kleinen zunächst in die Tragetücher oder andere Tragehilfen *legten*. Doch ein Drittel dieser Eltern wechselten bereits innerhalb der ersten vier Wochen zur aufrechten Trageweise, mit zwei Monaten waren es bereits etwa 80 %. Oder sie starteten eben gleich von Anfang an mit dem aufrechten Sitz. Insgesamt saßen die Hälfte der Kinder bereits im Verlauf der ersten vier

Wochen täglich eine bis zweieinhalb Stunden, oft sogar bedeutend länger, im Tragetuch oder einer anderen Hilfe. Manche wurden sogar täglich sechs Stunden und mehr derart getragen. Selbst wenn diese Kinder bereits innerhalb der ersten Lebenswoche aufrecht auf Spazier- oder Einkaufsgängen mitgenommen wurden, hatten sie im Einschulungsalter weder häufiger allgemeine Haltungsauffälligkeiten den Rückenbereich betreffend als nicht getragene Kinder noch speziell Kyphosen oder Skoliosen.[40] Eine aufwendige medizinische Studie an der Kölner Universitätsklinik untersuchte explizit die Wirbelsäule von Kindern im Schuleintrittsalter und kam zu entsprechenden Ergebnissen. Die Daten von 79 nicht oder gelegentlich getragenen Kindern (weniger als einmal pro Woche) wurde hier direkt mit 100 häufiger getragenen Kindern (täglich bzw. mehrmals pro Woche) verglichen.[41]

Wie die Befragung der Eltern in der Langzeituntersuchung ergab, werden die meisten Babys in den ersten sechs Monaten auf Spaziergängen oder bei Einkäufen täglich etwa zwei bis zweieinhalb Stunden in Tüchern oder sonstigen Tragehilfen mitgenommen. Selbst bei den fast 300 Kindern, die bereits in den ersten drei Monaten über vier oder sechs Stunden, manchmal sogar zehn Stunden, aufrecht sitzend getragen wurden, traten keineswegs häufiger Wirbelsäulen- oder Haltungsauffälligkeiten auf als bei nicht getragenen Kindern. In dieser Gruppe ist eine Familie besonders interessant. Bei einem der Kinder, das durchschnittlich sechs Stunden am Tag getragen wurde, stellte man später eine leichte Skoliose fest. Eine »Familienkrankheit« mütterlicherseits, die vom Arzt als nicht behandlungsbedürftig eingestuft worden war. Sie trat auch bei dem älteren Geschwisterchen auf, das nicht getragen worden war. Ein weiteres Geschwisterkind, das ebenfalls sechs Stunden täglich in der Tragehilfe saß, war in dieser Hinsicht unauffällig. Selbst in dieser vorbelasteten Familie zeigte sich durch intensives Tragen kein direkter ungünstiger Einfluss auf die Entwicklung des Rückens und der Wirbelsäule.

»Selbst bei Kindern, die mehr als vier Stunden – teils sogar sechs bis zehn Stunden – am Tag aufrecht in Tragehilfen verbrachten, wurden im Einschulungsalter keineswegs häufiger Haltungs- und Wirbelsäulenauffälligkeiten festgestellt als im Durchschnitt innerhalb der Altersgruppe.«

Dichtung und Wahrheit – Die Sauerstoffversorgung im Tragetuch

Eine Frage, die fast genauso regelmäßig beim Tragen in aufrechter Haltung im ersten Halbjahr gestellt wird, wie die nach den »berühmten Wirbelsäulenschäden«, ist: »Bekommt das Kleine denn überhaupt genug Luft?« Manche Kommentatoren verstiegen sich sogar zu der Behauptung, dass die Kinder in den Tragetüchern oder anderen Tragehilfen deswegen so ruhig wären, weil sie nicht genügend Atemluft bekämen und aus Sauerstoffmangel mehr oder weniger dahindämmerten. Manche Eltern drehen das Köpfchen ihres Babys immer wieder ein bisschen zur Seite, um so das Kleine mit mehr frischer Luft zu versorgen. Doch die wenden ihr Gesicht oft gleich wieder eigenständig zurück und kuscheln ihr Gesicht erneut in den weichen Pullover, der so gut nach Mama oder Papa riecht. Es liegt zudem nicht einfach nur an der Position des Näschens, ob das Kleine ausreichend frische Luft bekommt oder nicht. Babys bekommen selbst beim engen Kontakt während des Stillens genügend Luft, hierfür sorgt die Form der Stupsnase. Es geht darum, dass die Sauerstoffzufuhr allgemein ausreichend ist, der Luftaustausch also nicht durch einen zugezogenen Reißverschluss des Wintermantels oder einem voluminösen Schal behindert wird. Überdies kann sich dieses von außen veranlasste Drehen des Köpfchens, vor allem in den ersten Monaten, sogar ungünstig auswirken. Der Bewegungsbereich des Kopfes ist anfangs noch recht eingeschränkt und stärkere Manipulationen sollten vermieden werden. Zusätzlich kann so auch eine ungünstige Position erzwungen werden, die eher die Atmung des Kleinen behindert, anstatt für einen guten Sauerstoffaustausch zu sorgen.[42]

Darüber hinaus zeigten Untersuchungen, dass die Sauerstoffversorgung sowohl normal geborener Babys wie gesunder Frühgeborener während des aufrechten Tragens im Tuch keineswegs klinisch kritische Werte erreicht.[43] Bei zu früh Geborenen reduzierte sich die Sauerstoffsättigung des Blutes während des Tragens lediglich leicht gegenüber den Messungen beim Liegen im Kinderwagen (96,3 % gegenüber 97,1 %). Gleichwohl unterscheidet sich normalerweise die Sauerstoffversorgung eines gesunden Babys im direkten Vergleich während des aufrechten Tragens nicht von der in Rückenlage im Kinderwagen. Wohlgemerkt, ich spreche hier von gesunden Kindern und stabilen Frühgeborenen. Es geht nicht ums »Känguruen« bzw. um »kangaroo care« bei Frühgeburten, die nur kurzzeitig den Inkubator entfliehen dürfen und noch stark unter medizinischer Aufsicht bleiben müssen. Dieses Thema wird später noch ausführlich besprochen (**Kapitel → Zu früh geboren – Urlaub vom Inkubator**) sowie die Frage, welche vielfältigen positiven Auswirkungen Körperkontakt und Nähe auf die physiologische Situation und die allgemeine Entwicklung hat (**Kapitel → Der Hautkontakt – Nahrung für Leib und Seele** und **→ Warum Liebe unter die Haut geht**). Nichtsdestotrotz möchte ich schon hier darauf verweisen, dass gerade die Untersuchungen bei zu früh Geborenen, die aufrecht auf die Brust von Vater oder Mutter gelegt und sanft eingebunden und getragen werden, immer wieder belegen, dass sich das Gehalten- und Getragenwerden durch den intensiven Körperkontakt stabilisierend auf die Atmung und das Kreislaufsystem auswirkt.[44]

»Die Sauerstoffversorgung während des Tragens entspricht bei gesunden, termingerecht geborenen Säuglingen der während des Liegens im Kinderwagen.«

Ein »leidiges« Thema – Der menschliche Säugling: Nesthocker oder Tragling?

Bis weit über die 1960er Jahre hinaus wurde ein Baby, wie bereits erwähnt, als passives, hilfloses Wesen angesehen, als »unvollkommene Konstruktion«,[45] die mehr oder weniger nur zum Essen, Schlafen, Schreien und Wachsen in der Lage sei. Die vergleichende Morphologie oder die Anthropologie hoben zunächst hervor, dass ein Säugling in seinem ersten Lebensjahr weder hinsichtlich seiner Körperhaltung bzw. seiner Fortbewegungsweise noch hinsichtlich seiner Kommunikationsmöglichkeit das zu bieten hat, was als typisch für den Menschen angesehen wurde.[46] Natürlich, gemessen an den Fähigkeiten eines Erwachsenen können sich Babys nur als defizitär herausstellen. Und auch im Vergleich mit den Neugeborenen unserer nächsten Verwandten wie Schimpansen, Bonobos oder Gorillas ist ein Kind mehr oder weniger eine Art Mängelwesen. Die körperlichen Eigenschaften eines Menschenjungen erinnerten die damaligen Wissenschaftler anscheinend eher an Nesthocker, das heißt an junge – alle Eltern mögen es diesen Forschern verzeihen – Hunde oder Katzen, als an den Nachwuchs der uns genetisch nahe stehenden Menschenaffen, die sich an ihren Müttern festhalten oder auf ihnen herumklettern können. Man ordnete daher zunächst den menschlichen Säugling den Nesthockern zu. Das war jedoch in verschiedener Hinsicht keineswegs zufriedenstellend, schließlich kommen Nesthocker nicht nur bezüglich ihrer Bewegungsmöglichkeiten bedeutend unreifer zur Welt. Auch ihre Verhaltensweisen, selbst in dem Alter, in dem sie bereits aktiv ihre Umgebung erkunden können, zeigen zu große Widersprüche (→ **Infobox 3: Die Jungentypen: Nesthocker, Nestflüchter und Traglinge, S. 24**).

Vergleichende Beobachtungen – insbesondere an Menschenaffen – brachten Bewegung in die wissenschaftliche Einschätzung des Primatennachwuchses und auch des menschlichen Neugeborenen. Affen- und Menschenaffenjunge wurden den Nestflüchtern zugesellt. Dem Jungentyp also, der wie beispielsweise Pferdefohlen als Neugeborenes sofort nach der Geburt aufzustehen versucht, um wenig später auf zunächst noch wackeligen Beinen der Mutter nachzufolgen. Das setzt koordinierte Bewegungen, voll funktionsfähige Sinnesorgane und einen allgemein ausgereiften Entwicklungsstand voraus. Auch wenn sie den erwachsenen Tieren nicht nachlaufen konnten, so wurden Affenjunge aufgrund ihrer vergleichbaren allgemeinen physiologischen Reife, die sich zudem aktiv an der Mutter festhalten konnten, diesem Typ zugeordnet. Sie zeigten aber auch die anfangs bereits beschriebene Besonderheit während der vorgeburtlichen Entwicklung: Der heranwachsende Fetus durchläuft im Uterus eine Art »Nesthockerstadium« (→ **Infobox 3: Die Jungen-**

typen: Nesthocker, Nestflüchter und Traglinge, S. 24).

Aufgrund der nahen Verwandtschaft und dieser Besonderheit während der vorgeburtlichen Zeit hätte auch das »Menschenjunge« zu den Nestflüchtern gezählt werden müssen. Doch seine Hilflosigkeit, verglichen mit Schimpansenjungen, irritierte nach wie vor. Das unreife Erscheinungsbild bei der Geburt, im ersten Lebensjahr weder zur »artgemäßen« Kommunikation noch zur »artgemäßen« Fortbewegung fähig, veranlasste letztendlich den Basler Biologen Adolf Portmann, dem menschlichen Säugling einen Sonderstatus innerhalb seiner Verwandtschaft einzuräumen:[47] Sozusagen ursprünglich als Nestflüchter »geplant«, würde der Geburtszeitpunkt der Nachkommen im Verlaufe der besonderen Evolution des Menschen gewissermaßen immer weiter vorverlegt. Er

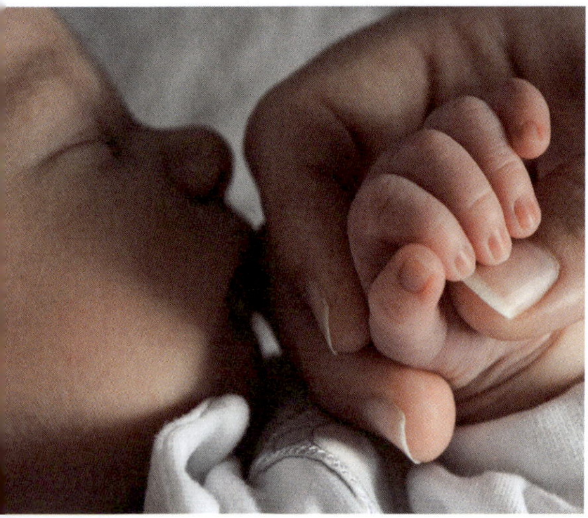

käme nach Portmann somit im Vergleich zu dem ursprünglich vorgesehenen Geburtszustand immer unreifer zur Welt. Als stammesgeschichtlich »vorgesehene« Frühgeburt wäre er daher bei Geburt im Endeffekt doch ein Nesthocker, wenn auch ein *sekundärer*. Da war sie also nach all den Untersuchungen und Diskussionen wieder: die Einschätzung als *hilfloser Nesthocker*.

Mit der Feststellung, ein Baby sei ein sekundärer Nesthocker, war die wissenschaftliche Diskussion zum Glück noch immer nicht abgeschlossen. Doch warum steige ich nicht einfach im Jahr 1970 ein, als der Freiburger Biologe Bernhard Hassenstein den dritten Jungentyp namens »Tragling« definierte und den menschlichen Säugling diesem zuordnete?[48] Der Grund ist die Hartnäckigkeit, mit der sich noch immer die Einstellung hält, ein Kind solle im ersten Halbjahr nicht längerfristig aufrecht getragen werden, sondern vor allem erst einmal liegen, da es ja nicht selbstständig sitzen könne, oft verknüpft mit der Vorstellung eines unfertigen, passiven kleinen Mängelwesens, das erst einmal großgezogen und diszipliniert werden müsse.

Den menschlichen Säugling als Nesthocker zu betrachten – gleich ob als primärer oder sekundärer – hätte fatale Folgen und ginge aufgrund der damit verbundenen charakteristischen Eigenschaften und Verhaltensweisen an den grundlegenden Bedürfnissen eines Menschenkindes vorbei. Nesthockerjunge werden von ihren Müttern stundenlang alleine in ihrem Nest zurückgelassen, daran sind sie in ihrer gesamten Ausstattung angepasst. Der hohe Fettgehalt der Milch garantiert eine entsprechend lange Sättigung des Nachwuchses. Der Fettanteil der Milch von Traglingsmüttern, und somit auch der Menschenmütter, ist im Vergleich dazu deutlich geringer, da der Nachwuchs ja ursprünglich beständig Zugang zur Nahrungsquelle hatte, zumindest ist das von der Biologie so vorgesehen. Die Fütterung nach Plan war im Prinzip eine logische Konsequenz aus der Zuordnung des menschlichen Säuglings zum Nesthockertyp. Hier könnte man nun in die Diskussion um das Stillen oder Füttern nach Bedarf einsteigen, ich möchte mich in diesem Zusammenhang jedoch auf den Hinweis auf einschlägige Literatur beschränken.[49] In anderem Zusammenhang wird das Thema Stillen aber noch aufgegriffen (**Kapitel → Mit doppeltem Boden – Der Start der Bindungsbeziehung** und **→ Die zweite Seite der Medaille – Die Elternseite**).

Es geht nicht nur darum, dass bei der Einordnung eines Babys als Nesthocker seine aktive Rolle beim Getragenwerden vernachlässigt wird. Auch der Vergleich der Verhaltensweisen in ängstigenden Situationen zeigt die Diskrepanz zwischen diesen beiden Jungentypen deutlich. Sobald beispielsweise junge Füchse oder Wölfe agil genug sind, um die Umgebung zu erkunden, flüchten sie bei Gefahr zum schützenden Bau zurück und suchen keineswegs das Muttertier, selbst wenn es in der Nähe ist. Völlig im Gegensatz zu Gorillajungen oder allen anderen Affenjungen. Sie suchen und finden bei beängstigenden Situationen Sicherheit und Beruhigung im direkten Kontakt mit der Mutter. Und das galt für Klein-*Australopithecus* zu seiner Zeit genauso wie es heute für Klein-Anton gilt.

»Einen menschlichen Säugling als sekundären Nesthocker zu bezeichnen, ist wissenschaftlich überholt und vernachlässigt die biologischen Grundbedürfnisse und Verhaltenseigenschaften eines Babys, das in all seinen Verhaltensfacetten und sonstigen Eigenschaften zum Jungentyp des aktiven Traglings zu zählen ist.«

EINE KINDGERECHTE, »NATÜRLICHE FRÜHFÖRDERUNG«

Tragen regt fast alle Sinneswahrnehmungen an und fördert die körperliche Entwicklung Ihres Kindes.

Tragen – Wahrnehmen der Welt mit fast allen Sinnen

Warum wirkt eigentlich Tragen so wundervoll beruhigend?[50] Nun, weil nahezu alle Sinne während des Getragenwerdens angesprochen werden, vor allem aber nimmt Ihr Baby Ihre Bewegungen und Ihre Körpernähe direkt wahr. Das sind die intensivsten Signale, die ihm Ihre Anwesenheit bestätigen, für einen Tragling genau das, was er benötigt. Außerdem sind Sie gut zu hören, und zwar nicht nur Ihre Stimme, sondern auch Ihre Atemgeräusche und Ihr Herzschlag, ein rhythmischer Takt, vertraut schon seit der Fetalzeit. Last but not least, Ihre Gesichtszüge und Ihre Mimik liegen während des Tragens im optimalen Wahrnehmungsbereich Ihres Babys bei 20 bis 25 cm.[51] Ihr Kleines kann folglich Ihr Minenspiel beobachten und somit auch Sie und Ihre Reaktionen in verschiedenen Situationen kennenlernen. Im gleichen Maße wird ihm Ihr Geruch immer vertrauter. Eine Sinneswahrnehmung, die wir allgemein in ihrer Bedeutung unterschätzen, da ihr Einfluss oft unbewusst bleibt. Bereits am zweiten Lebenstag bevorzugen Neugeborene den Geruch der eigenen Mutter gegenüber den anderer stillender Frauen, vorausgesetzt sie konnten ihn bisher durch ausreichend häufigen und engen Körperkontakt kennenlernen.[52] In unseren Breitengraden wird diese Lernleistung zwar durch unsere gängige Kleidung gegebenenfalls etwas behindert, doch Säuglinge erkennen nach einigen Tagen den spezifischen Geruch der Mutter, selbst wenn er beispielsweise durch Parfum etwas überlagert wird. Vor allem lernen die Kleinen besonders gut, wenn sie direkten Hautkontakt zu den ihnen vertrauten Menschen haben.[53]

Während des Tragens bieten Sie Ihrem Kind also eine ganze Palette von Sinnesreizen, deren individuelle Komponenten es schon nach kurzer Zeit auch mit Ihnen ganz persönlich verbinden kann. Dennoch ist die Anregung der verschiedenen Sinne mehr als nur einfach »Reizwahrnehmung auf der jeweiligen Sinnesebene«, das gilt insbesondere für den taktilen Sinn, also die Berührungswahrnehmung, und das Sinnessystem, das unter anderem für die Bewegungs- und Eigenwahrnehmung zuständig ist, für den sogenannten proprio-vestibulären Sinn. Diese Sinnessysteme verdienen mehr Beachtung, um ihre Bedeutung für die kindliche Entwicklung hinreichend würdigen und berücksichtigen zu können.

»Fast alle Sinne eines Babys werden während des Getragenwerdens angeregt. Taktile und proprio-vestibuläre Stimulation sind nicht nur gute Beruhigungsmaßnahmen, ihnen kommt eine besondere Bedeutung während der kindlichen Entwicklung bzw. der Entfaltung der kindlichen Fähigkeiten zu.«

Meist unbeachtet, aber grundlegend – Die Bewegungs- und Gleichgewichtswahrnehmung

Bewegtwerden, das bedeutet Anregung des proprio-vestibulären Systems, also sowohl des Gleichgewichts- und Beschleunigungssinns als auch der Eigenwahrnehmung des Körpers. Über die Bedeutung dieser ununterbrochen aktiven Wahrnehmungen sind wir uns als Erwachsene meist nicht bewusst, außer wenn wir einmal über unsere eigenen Füße stolpern, weil wir mit einem Gläschen Sekt zu viel auf den neuen Erdenbürger angestoßen haben. Obwohl uns dieses System im wahrsten Sinne des Wortes auf Schritt und Tritt begleitet, sind uns die sogenannten klassischen Sinne, wie Riechen, Schmecken, Hören, Sehen und Tasten, üblicherweise eher geläufig. Dabei kommt gerade dem proprio-vestibulären System in der kindlichen Entwicklung eine besondere Bedeutung zu, wie die Forschungen der letzten Jahrzehnte zeigten. Die Gleichgewichtsorgane reifen bereits in der sechsten bis achten Schwangerschaftswoche heran. Das proprio-vestibuläre Sinnessystem ist neben dem taktilen einer der ersten funktionsbereiten Wahrnehmungen in der Entwicklung eines Menschleins. Schon in der vierten Entwicklungswoche reagiert ein Embryo auf Berührungsreize und bald darauf, mit sechs Wochen, sind Fetalbewegungen feststellbar. Mit zwölf Wochen verändert sich das anfänglich marionettenhafte Bewegungsschema, die Reaktionen werden flüssiger, auch wenn erst in der Mitte der Schwangerschaft die zugehörigen Gehirnregionen die Kontrolle übernehmen. Ein Fetus kann daher frühzeitig taktile Stimulationen, aber auch Lage- und Stellungsänderungen seines eigenen Körpers wahrnehmen und damit natürlich ebenso die Bewegungen der Mutter. Für die weitere

Ausreifung benötigt auch dieses Sinnessystem – wie alle anderen – adäquate Reize, das heißt immer wieder Anregungen.[54]

Bewegtwerden rückt die kleine Welt eines neugeborenen Winzlings, genauso wie Körperkontakt, näher an die vertraute Situation im Uterus. So haben seit alters her Eltern Wiegen genutzt, um den Nachwuchs zu beruhigen und in den Schlaf zu schaukeln. Zwar kamen diese praktischen »Geräte« für viele Jahre in Verruf, denn unter dem Deckmantel des Verwöhnarguments wurden sie lange Zeit aus den Kinderzimmern verbannt. Doch seit den 1980er Jahren eroberten sie allmählich wieder ihr angestammtes Terrain in Form traditioneller Wiegen, spezieller Baby-Hängematten, Hängewiegen etc. Wiegen simulieren nichts weiter als das Getragenwerden durch einen fürsorglichen Menschen. Um dem Phänomen dieses so geschätzten Möbelstücks, also eigentlich der Beruhigungswirkung namens »Bewegtwerden«, auf die Spur zu kommen, untersuchten Wissenschaftler zunächst einmal einzelne Faktoren. Es wäre etwas langatmig, alle diese Einzelergebnisse aufzuführen, letztendlich hielten sogar aufgrund dieser Beobachtungen spezielle Hängematten und Wasserbetten Einzug in so manche Klinik, um unter anderem die Entwicklung von Neugeborenen und Frühchen zu fördern.[55]

INFOBOX 8: DAS PROPRIO-VESTIBULÄRE SINNESSYSTEM – ALLGEGENWÄRTIG UND DOCH KAUM BEACHTET

Die probio-vestibuläre Wahrnehmung liefert Informationen über die Positionen des eigenen Körpers im Raum, über Stellung und Stellungsänderungen der einzelnen Körperteile zueinander, über ihre Bewegung und Bewegungsrichtung. Das proprio-vestibuläre System beinhaltet Gleichgewichts-, Lage- und Bewegungssinn, wobei auch Informationen über die Aktivität beteiligter Muskeln und Sehnen miteinbezogen werden, und die dazugehörigen Gehirnareale, die die Informationen verknüpfen und verarbeiten. Das vestibuläre System, das die Wahrnehmungen des Gleichgewichtssinns verarbeitet, steht in enger Verbindung mit den Verarbeitungszentren der Hals- und Augenmuskulatur. Die propriozeptive Wahrnehmung wird inhaltlich auch synonym für Tiefensensibilität, kinästhetische Sensibilität oder Eigenwahrnehmung verwendet.

Das proprio-vestibuläre Sinnessystem insgesamt ist mit nahezu allen anderen Gehirnarealen verbunden, ihm wird daher eine besondere Rolle bei der Entwicklung des kindlichen Gehirns zugesprochen.

Die Trennung von Bewegtwerden und Körperkontakt in den verschiedenen Untersuchungen irritiert vielleicht zunächst. Das waren jedoch nötige Vorarbeiten, um die isolierten Betrachtungen wieder verlassen und zum Zusammenspiel von Wahrnehmungen übergehen zu können. So wies man letztendlich nach, dass die Kombination verschiedener Stimulationen wirkungsvoller war als die einzeln dargebotenen Empfindungen – und zwar nicht nur hinsichtlich der Beruhigung eines Säuglings, sondern auch die körperliche Entwicklung insgesamt betreffend. Auf Säuglingsstationen folgten den erwähnten Wasserbetten Einspielungen von Geräuschen im Herzschlagrhythmus oder diesem entsprechend rhythmische Musik.[56]

Letztendlich siegte in immer mehr Kliniken die Einsicht, dass die ideale Kombination der Sinnesanregungen von den Eltern selbst oder anderen feinfühligen Personen vermittelt wird. Die »alte Anna«, von der Ashley Montagu in einer Anekdote berichtete, die immer dann in die Kinderklinik geholt wurde, wenn alle medizinischen Hilfen nicht anschlugen, und die mit ihrem empathischen Gespür wusste, was die Kleinen benötigen, ist nur ein Beispiel. Es zeigt, dass einem Baby am besten und am nachhaltigsten die von ihm benötigten Sinneswahrnehmungen und -anregungen von zugewandten Menschen en bloc dargeboten werden. Viele Schritte führten letztendlich zu der heute allgemein anerkannten Känguru-Methode, die die kindliche Entwicklung gerade der Frühchen so positiv beeinflusst (**Kapitel → Zu früh geboren – Urlaub vom Inkubator**) und natürlich gilt das ganz allgemein für jedes einzelne Baby, das getragen wird. Bevor später das Zusammenspiel der beteiligten Sinnessysteme während des Getragenwerdens aufgegriffen wird, zunächst nach alter Manier erst einmal eine getrennte Darstellung der Berührungswahrnehmung.

»Durch die Anregung des proprio-vestibulären Systems sind Babys ruhiger und ausgeglichener. Es fördert die körperliche Entwicklung und rückt die Babywelt näher an sein gewohntes und von der Evolution ursprünglich ›vorgesehenes‹ Umfeld, den Körper seiner Eltern.«

Der Hautkontakt – Nahrung für Leib und Seele

Der taktile Sinn ist die sich in der Fetalzeit am frühesten entwickelnde Wahrnehmung und bleibt auch nach der Geburt einer der wichtigsten Kommunikationskanäle für ein Baby. Ohne Anregung dieses Sinnessystems, das heißt ohne Körperkontakt und Berührungen, ist keine normale Entwicklung möglich. Inzwischen existiert eine ganze Reihe von Untersuchungen, welche – fast an kleine Wunder grenzende – Effekte taktile Wahrnehmungen auf die gesamte kindliche Entwicklung haben können. In dieser Hinsicht wurden vor allem zu früh geborene Babys untersucht. So genügten bereits regelmäßige kurze Massagen im Verlaufe zweier Wochen, dass untergewichtige Frühgeborene etwa doppelt so viel an Gewicht als sonst zulegten, obwohl die aufgenommene Nahrungsmenge, die bei zu früh Geborenen genau protokolliert werden kann, die gleiche war.[57] Diejenigen, die in den Genuss dieser Hautstimulation kamen, waren außerdem längere Zeit wach und aktiver – sehr zur Überraschung der Beobachter, die sich die Gewichtszunahme zunächst durch längere, ruhige Schlafphasen erklärt hatten. Die intensiven Berührungen waren jedoch an sich der Grund, dass die Nahrung besser aufgenommen, das heißt ausgenutzt werden konnte. Stoffwechselphysiologische Untersuchungen bestätigten inzwischen diese zunächst etwas rätselhaft erscheinenden Effekte. Intensive taktile Sinneswahrnehmungen veranlassen die Ausschüttung verschiedener körpereigener Substanzen, und diese erlauben wiederum die bessere Ausnutzung und Verwertung der Nahrung. Darüber hinaus wurde durch taktile Anregungen eine geringere Anfälligkeit für Stress ermittelt, die Kleinen waren daher insgesamt ruhiger und ausgeglichener.[58] Heute weiß man, dass das berühmte Hormon Oxytocin einen gewichtigen Anteil an diesem Phänomen hat. Oxytocin war lange Jahre in der Forschung vor allem als wichtiges Hormon im Rahmen des Geburts- und Stillgeschehens untersucht worden. Doch Oxytocin kann mehr und ist – evolutionär gesehen – ein »sehr altes« Hormon. Einer seiner vielfältigen Wirkungen ist die Beeinflussung des Gastrointestinalsystems, sodass die Nahrungsaufnahme stimuliert wird, außerdem ist es an der Stressregulierung beteiligt und wirkt so allgemein beruhigend. Und: Unser Körper reagiert auf Berührungen mit der Ausschüttung von Oxytocin.[59] So sind intensive taktile Wahrnehmungen regelrecht »Nahrung für Leib und Seele«, die sich ganz konkret am Körpergewicht in Grammeinheiten ablesen lässt.

Wenn auch zu früh geborene Kleine aufgrund ihrer besonderen Situation wahrscheinlich eher und auffälliger von solchen »Berührungseinheiten« profitieren – schließlich sind ihre Defizite bedeutend größer –, so trifft dies für gesunde Säuglinge natürlich ebenso zu. So manche Autoren greifen Massagen nicht nur als alt

INFOBOX 9: DAS HORMON OXYTOCIN – EIN MULTITALENT

Bei dem Hormon Oxytocin handelt es sich um ein evolutionär gesehen sehr altes Hormon, das in bestimmten Bereichen des Hypothalamus synthetisiert und in der Hypophyse bis zur Ausschüttung gespeichert wird. Zunächst vor allem bekannt als Wehenhormon und »Stimulator« des Stillgeschehens, rückte in den letzten Jahrzehnten seine Bedeutung für die soziale Interaktion und Stressregulation in den Vordergrund.

Jeder an sich als angenehm empfundene Hautkontakt veranlasst via besonderer neuronaler Verbindungen die Ausschüttung von Oxytocin. Seine Wirkung ist vielfältig:

- Es reguliert Blutdruck und Puls.
- Es verringert den Cortisolspiegel, puffert also Stress ab (Stressresistenz/Stressregulierung).
- Es wirkt allgemein beruhigend.
- Es stimuliert soziale Interaktionen.
- Es veranlasst eine bessere Immunreaktion.
- Es stimuliert, besonders im frühen Kindesalter wichtig, Wachstum und Gewichtszunahme.
- Zudem ist es an der Steuerung von Angst- und Fluchtverhalten beteiligt.

Auch wenn das Hormon Oxytocin nur für wenige Minuten im Blutstrom und für etwa eine halbe Stunde in den verschiedenen Gehirnarealen verbleibt, so setzt eine einmalige Ausschüttung eine Signalkette in Gang, die für einige Stunden zum Beispiel Blutdruck und Stress verringert. Die Wirkung von Oxytocin hält zudem bei wiederholt veranlasster Ausschüttung langfristig an.[60]

bewährtes Mittel bei Blähungen und ähnlichen Problemen auf, sondern beschreiben zusätzlich eine positive Auswirkung auf Atmung, Kreislaufsystem und die Temperaturregulation. Kaum verwunderlich, wenn man die Erkenntnisse der vielfältigen Untersuchungen zum Oxytocin der letzten Jahre berücksichtig.

Wie zu früh geborene sind auch termingerecht geborene Kinder, die regelmäßig massiert werden, nach wenigen Wochen insgesamt aufgeschlossener, aufmerksamer und leistungsfähiger, das heißt, dass sie sich schneller in ihrer Umgebung zurechtfinden. Sie besitzen somit eine bessere Selbstregulationsfähigkeit, sind in verschiedenster Weise umgänglicher und leichter zu beruhigen, ihre motorischen Fähigkeiten werden im Allgemeinen positiver eingeordnet.[61] All dies vereinfacht den Umgang mit einem Baby und erleichtert die Interaktion zwischen Eltern und Kind. Das wirkt sich

natürlich positiv auf die Gesamtentwicklung der Kleinen aus und folglich ebenso auf die emotionale Beziehung innerhalb des Zweier- bzw. Dreierteams. Und nebenbei bemerkt beeinflusst dieser enge Körperkontakt zu den Kleinen natürlich auch die Eltern. So wie Hautkontakt bei Babys zur Ausschüttung stressabbauender Hormone führt, beruhigt er auch ihre Mütter und – wie neuere Untersuchungen bereits andeuten – Väter wiederum selbst und fördert die emotionale Zuwendung. Anzumerken ist hier vielleicht noch, dass anscheinend besonders der Frontalkontakt mit dem Baby die Freisetzung von Oxytocin veranlasst, was ja zu fürsorglichem Verhalten anregt und für positive Stimmungszustände sorgt.[62]

Auch wenn soeben »professionelle« Massagen im Vordergrund standen – wissenschaftliche Nachweise brauchen nun einmal standardisierte Bedingungen und somit ein genau festgelegtes Maß an »Körperkontakteinheiten« –, so soll das normale genussvolle, gefühlsbetonte Schmusen mit dem Nachwuchs keineswegs solchen festen Massagemustern weichen. Die »Schmuseexzesse« nach dem Baden, die »Knuddelüberfälle« auf dem Wickeltisch – Ihr Baby genießt diese körperliche Nähe und die damit gleichzeitig vermittelte Zuneigung. Es braucht die ungeteilte emotionale Zuwendung und Aufmerksamkeit, um sich der gefühlsmäßigen Verbundenheit nach und nach absolut sicher sein zu können. Diese Art der Berührung fördert genauso, und wahrscheinlich sogar mehr als Massagen, all die beschriebenen Effekte und das Körpergefühl insgesamt. Zur Bedeutung des Körperkontaktes finden Sie im nächsten **Kapitel → Die Bedeutung der Eltern-Kind-Bindung** gleich noch ausgesprochen interessante Forschungsergebnisse der letzten Jahre.

Kinder, die ihren Körper so positiv erleben durften, können auch ein positives Körperbild aufbauen. So stehen Jugendliche und Erwachsene, die als Kind körperliche Zuwendung so »überschwänglich« und positiv erfahren haben, ihrem Körper bejahender gegenüber, fühlen sich attraktiver, sind körperbewusster und aufnahmebereiter für Berührungen. Das bekommt nicht zuletzt während der Pubertät und in späteren partnerschaftlichen Beziehungen Bedeutung. Diese Erkenntnisse fanden inzwischen sowohl Eingang in Aufklärungsbücher als auch Fördermaßnahmen wie im Falle von Kindern und Müttern mit depressiver Verstimmung beispielsweise. Wie groß das therapeutische Potenzial von Berührungen ist, zeigt ihr Einsatz bei der Behandlung missbrauchter Kinder, von Schmerzpatienten oder gestörter Körperwahrnehmung bei Magersucht.[63]

Vor dem Hintergrund dieser fast unglaublichen Liste positiver Wirkungen von Massagen und Hautkontakt sollten wir uns noch einmal bewusst machen, was einem Baby durch die überkommene, aber zum Teil noch immer gängigen Methoden der Säuglingsbetreuung vorenthalten wird, wenn es doch derart stark und konkret messbar auf solche körperlichen Angebote reagiert. Alleine in seinem Bettchen schlafen, im Kinderwagen in großer körperlicher Distanz die Welt erleben um Eltern anfangs vorwiegend schemenhaft am anderen Ende dieses Gefährts zu erahnen, das befriedigt keineswegs die natürlichen Bedürfnisse eines Babys. Stellt dies das »Hauptangebot« für ein Kind in seinen ersten Lebensmonaten dar, unterbrochen durch gegebenenfalls vergleichsweise kurze Zeiten körperlicher Zuwendungen während des Wickelns beispielsweise, wird es vielleicht zusätzlich kaum gestillt, so verwundern weder vehemente Signale der Unzufriedenheit noch ungünstigere Entwicklungsverläufe.

»Intensiver, häufiger Haut- und Körperkontakt fördert die körperliche Entwicklung eines Babys auf vielfältige Weise. Gewährt man Kindern reichlich körperliche Zuwendung, sind sie über die Säuglingszeit hinaus umgänglicher, weinen weniger, kommen mit Stresssituationen schneller zurecht und besitzen zudem eine bessere Selbstregulationsfähigkeit.«

Warum Liebe unter die Haut geht

Zum ersten Mal die Welt nach der Geburt über die Haut der Mutter zu erfahren, die ersten tastenden Berührungen zu erleben, mit großen Augen die ersten Gesichter seines Lebens zu erfassen, seinem Geruchssinn folgend die Brust seiner Mutter errobben zu können, das ist die Welt, die ein kleiner »Frischling« erwartet oder – um es wissenschaftlicher auszudrücken – das sind die Bedingungen, auf die sein biologisches System eingestellt ist und die seine biologischen Grundbedürfnisse erfüllen. Meist beginnen Mütter, trotz der Erschöpfung, ihr nun tatsächlich anfassbares Kind erst einmal vorsichtig mit den Fingerspitzen zu erkunden, dann mit der gesamten Hand zu streicheln, wobei meist zunächst bevorzugt der Arm- und Schulterbereich, dann das Köpfchen und das Gesicht liebkost werden. Wie dieses erste Erkunden abläuft, scheint nicht stereotyp abzulaufen und von verschiedensten Faktoren wie Erfahrung, kultureller Zugehörigkeit, sozialem Umfeld abzuhängen. Dennoch zeichnet sich diese auffällige Reihung und Konzentration auf bestimmte Körperpartien ab, die selbst von Personen ohne familiäre Beziehung zu einem Säugling beim ersten Näherkommen eingehalten werden.[64]

Bei diesem ersten gefühlvollen Kontakt orientieren sich Eltern an ganz bestimmten Hautarealen, die für Streicheleinheiten besonders empfängliche Rezeptoren besit-

zen. Wir haben neben dem taktilen Sinnessystem eine besondere *Wahrnehmungsfähigkeit für Streicheleinheiten*. Deren Mechanorezeptoren sind in behaarten Hautarealen lokalisiert, selbst wenn es sich dabei teils nur um einen ganz feinen Haarflaum handelt. Die dazugehörigen sogenannten C-taktilen Nerven reagieren genau dann besonders stark, wenn wir diese streichelnden, sanften Berührungen auch als besonders angenehm empfinden. Man kann sogar eine recht genaue Streichelgeschwindigkeit angeben, sie liegt bei drei bis zehn Zentimetern pro Sekunde. Und kommt dann noch eine Temperatur hinzu, die der menschlichen Haut entspricht, ist das optimal. Diese C-taktilen Fasern scheinen gänzlich auf zwischenmenschliche liebevolle Berührungen abgestimmt zu sein.[65] Zusammengefasst ausgedrückt, dieses besondere Sinnessystem reagiert auf sanftes Streicheln, wie es Eltern bei ihren Kinder üblicherweise tun oder wie man es bei Menschen macht, denen man emotional zugewandt ist. Und Eltern wissen anscheinend intuitiv, welche Hautareale ihres Kindes besonders auf ihre Streichelbewegungen ansprechen.

INFOBOX 10: EIN BESONDERES SINNESSYSTEM FÜR STREICHELEINHEITEN – DIE SOGENANNTEN C-TAKTILEN NERVENFASERN

Wir haben, neben dem allgemein bekannten taktilen Sinn, ein zweites Sinnessystem für Berührungen, das eigens auf sanfte, langsam streichelnde Bewegungen reagiert. Die dazugehörigen mechanosensorischen Rezeptoren sind beim Menschen in den behaarten Hautarealen unseres Körpers lokalisiert, das heißt vor allem im Kopf-, Schulter-, Oberarm- und Oberschenkelbereich, also nicht dort, wo wir üblicherweise am besten etwas ertasten und spüren können wie im Fingerspitzen-, Handflächen- oder Fußsohlenbereich.

Die dazugehörigen C-taktilen Nevenfasern oder CT-Fasern reagieren dann am stärksten – und gleichzeitig empfinden wir die Berührung auch am angenehmsten –, wenn die Streichelbewegung mit nur sanftem Druck bei drei bis zehn Zentimetern pro Sekunde ausgeführt wird, die Temperatur etwa bei 36,5°C liegt und die Berührung zum Beispiel mit den Händen oder einer weichen Bürste erfolgt. Kaum überraschend ist, dass eine streichelnde Hand als angenehmer empfunden wird als ein Material mit entsprechenden Eigenschaften. Versuche zeigten auch, dass genau dann die optimale Geschwindigkeit und der richtige Druck ausgeübt wird, wenn man dem Gegenüber emotional zugewandt ist, also seinen Partner oder sein Kind streichelt.[66]

Es handelt sich bei den CT-Fasern um ein unmyelinisiertes Nervengeflecht der Haut. Unmyeliniesiert heißt, dass die Übertragung langsam vonstatten geht, anders als zum Beispiel bei Schmerz vermittelnden Nervenfasern, deren Signale als Schutzreaktion schnell übertragen werden müssen. Die CT-Fasern reagieren weder auf Schmerzreize (auch wenn Streicheln deren Wirkung lindert) noch auf sehr starken Druck oder auf Juckreize. Und: Sie aktivieren Gehirnareale, die eine wichtige Rolle sowohl bei der emotionalen Verarbeitung als auch bei der sozialen Wahrnehmung spielen und die an der Wahrnehmung von Belohnung beteiligt sind. Kaum überraschend, denn via CT-Faseranregung wird auch das Hormon Oxytocin freigesetzt.[67]

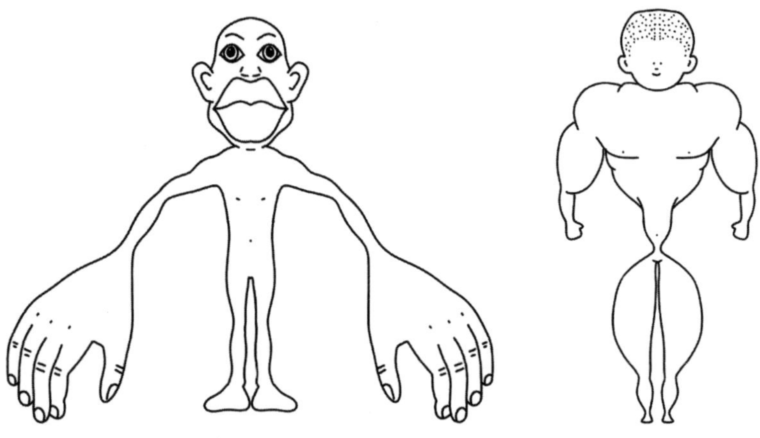

Abb. 12: In der Neurobiologie verdeutlicht der sogenannte Homunkulus, wie in unserem Gehirn die Signale aus den verschiedenen Körperregionen wahrgenommen und verarbeitet werden. Er stellt im Größenvergleich dar, wie ausgeprägt die jeweiligen Körperbereiche im Gehirn repräsentiert werden, das heißt, in welchen Bereichen wir aufgrund der Verteilung von Rezeptoren und der Zuordnung im Gehirn mehr oder weniger Wahrnehmungen empfinden. Der klassische Homunkulus für den Tastsinn (links) zeigt, dass Hände und Lippen besonders sensibel sind (die ebenso sehr sensible Zunge ist in dieser Zeichnung nicht dargestellt). Der C-taktile Homunkulus (rechts) zeigt hingegen, dass wir für ein Streicheln im Kopf-, Schulter- und Oberschenkelbereich besonders sensible sind.[68]

Bei manchen der älteren Untersuchungen, in denen versucht wurde, die Wirkung von Körperkontakt und Massagen zu erfassen, dürfte auch dieses C-taktile Wahrnehmungssystem angesprochen bzw. ebenfalls angesprochen worden sein. Dies könnte die widersprüchlichen Ergebnisse einiger älterer Untersuchungen erklären, bei denen variierende oder kaum Effekte durch Massagen festgestellt werden konnten. Es dürfte in der Art der Massage, der emotionalen Zugewandtheit und dem Feingefühl der massierenden Personen begründet gewesen sein. So könnte ein zu geringer oder zu starker Druck als Juckreiz bzw. als unangenehm empfunden worden sein, manche Vorgehensweisen mögen die CT-Fasern aktiviert und damit zusätzlich andere Gehirnareale angesprochen und somit die Effekte verstärkt haben. Dies schmälert keineswegs den Verdienst all dieser Untersuchungen, die zu mehr Achtsamkeit führten und letztendlich die Bedeutung des Körperkontaktes und der liebevollen Berührung für die kindliche Entwicklung in den Fokus rückten, sowohl was die professionelle Betreuung zum Beispiel bei Frühchen als auch die Eltern-Kind-Beziehung betrifft. Denn Berührung stellte sich immer mehr als biologisch notwendige Art der Sinnesstimulation heraus – ein Mechanismus, der nicht nur beim Menschen zu finden ist, sondern artübergreifend existiert und somit tief in unserer genetischen Ausstattung verankert ist.[69]

»Wir besitzen ein eigenes Sinnessystem für die Wahrnehmung liebevoller, sanft streichelnder Berührungen, dessen Rezeptoren in behaarten Hautarealen lokalisiert sind. Welche Hautareale ihres Kindes besonders auf ihre Streichelbewegungen ansprechen, wissen Eltern intuitiv, dabei wird gleichzeitig die optimale Geschwindigkeit gewählt und der richtige Druck für ein genussvolles Erleben ausgeübt.«

Das Wechselspiel der Sinne – Das Zauberwort »Integration«

Von seinen Eltern in den Arm genommen, gestreichelt und getragen zu werden, veränderte Lichtspiele oder ein Mobile wahrzunehmen, neue Menschengesichter zu sehen, das ist eine wahre Flut von Sinneswahrnehmungen, die ein Baby anregen, die es aber auch verarbeiten muss. Wahrgenommene Sinnesreize zu strukturieren, zu ordnen und in Beziehung zueinander zu setzen ist die Voraussetzung, um sich in der Welt orientieren und zurechtfinden zu können. Diese kognitiven Leistungen werden unter dem Begriff Integration zusammengefasst. Die Verarbeitung der vielfältigen Wahrnehmungen im zentralen Nervensystem – in diversen dazugehörigen Gehirnarealen – befähigt ein Individuum, kontrolliert und koordiniert auf die verschiedenen Reize der Umwelt zu reagieren, auch Wichtiges von Unwichtigem zu unterscheiden und entsprechend zu berücksichtigen gehört hierzu.[70] Selbstverständlich fungiert das Gehirn bereits weit vor der Geburt als zentrale Schaltstelle. Schon im dritten Entwicklungsmonat sind der Gleichgewichts- und der taktile Sinn funktionsfähig, das heißt, die zugehörigen Wahrnehmungsstrukturen (Sinnesorgane) und funktionellen Schalteinheiten (Nervenzellen oder Neuronen) sind ausgebildet und verarbeiten bereits wahrgenommene Signale.

Doch ein Sinnessystem funktioniert nur dann bzw. kann nur dann immer besser funktionieren, wenn es auch genutzt wird, ansonsten verkümmert es allmählich. Treffen entsprechende Reize immer wieder ein, werden die Neuronen der dazugehörigen Gehirnareale zum Wachstum angeregt, und es können immer mehr Verbindungen (Synapsen) zwischen den einzelnen Nervenzellen entstehen. Das Zusammenspiel von Reiz und Reaktionen des Körpers kann so immer ausgereifter, komplexer und perfekter funktionieren. Es entsteht also ein stetig sich verbesserndes und schnelleres an den jeweiligen Bedarf angepasstes Netz von neuronalen Verknüpfungen in den dazugehörigen Gehirnarealen. Die einzelnen zu den jeweiligen Sinneswahrnehmungen gehörenden Areale arbeiten aber nicht unbeeinflusst nebeneinander her. Ein angesprochenes Sinnessystem hat fast immer auch einen Effekt auf die Gehirnareale anderer Wahrnehmungssysteme. Je mehr Sinnessysteme regelmäßig angesprochen werden, umso eher werden die einzelnen Gehirnareale jeweils weiter strukturiert, umso besser funktioniert auch die Abstimmung der verschiedenen Gehirnareale und Sinne untereinander und umso ausgereifter sind schließlich die Reaktionen insgesamt auf die eintreffenden Reize.

Ein Neugeborenes besitzt zwar nur etwa ein Fünftel des Gehirngewichts eines Erwachsenen, es kommt aber bereits mit einem Großteil der Neuronen zur Welt, die dieses noch kleine Wesen in Zukunft haben wird. Liegen sie ungenutzt brach, entwickeln sie sich kaum weiter und werden teils sogar ganz abgebaut bzw. nicht sinnvoll verknüpft. Das Vernetzungsmuster der Neuronen im kindlichen Gehirn entspricht bei Weitem nicht dem eines Erwachsenen. Die Verbindungen werden erst entsprechend der jeweiligen Nutzung – das heißt Aktivierung durch eingehende adäquate Signale – hergestellt und gebahnt. Der Zeitpunkt der Geburt bedeutet vielfältigere Anregungsmöglichkeiten, durch die ein Kind sich überhaupt weiterentwickeln kann. Milliarden von Nervenzellen warten geradezu darauf, miteinander in Verbindung treten zu können.

Das Gehirn eines Babys benötigt also beständig Informationen aus seiner Umwelt, damit Zigmilliarden Verknüpfungen gebildet werden können und dies zudem in der richtigen Art und Weise geschieht. Doch die Anregungen müssen im richtigen Maße und in einem Zeitrahmen geboten werden, welcher der kindlichen Entwicklung entspricht, damit sie auch möglichst effektvoll genutzt werden können. Man stellt sich für die Ausbildung der verschiedenen Fähigkeiten sogenannte »Zeitfenster« oder »kritische Perioden« vor. Verstreichen diese Zeitabschnitte ohne die benötigten Anregungen und Informationen, bleibt dieses für die Entwicklung vorgesehene Fenster ungenutzt, die entsprechenden Gehirnareale liegen dann brach. Blind geborene Kinder beispielsweise, die erst sehr spät operiert werden, haben in Abhänigkeit vom Alter eine mehr oder weniger große Chance, eine halbwegs normale Sehfähigkeit zu entwickeln. Denn die für die Verarbeitung der visuellen Reize vorgesehenen Gehirnareale konnten sich in der hierfür vorgesehenen sensiblen Phase nicht entfalten.[71] Allgemein gilt aber normalerweise, dass die nötigen Anregungen, werden sie außerhalb des eigentlich von der Entwicklung vorgesehenen Zeitfensters angeboten, noch immer genutzt werden können, dann jedoch nicht optimal. Anregungen, die zum falschen Zeitpunkt gegeben werden, können die Entwicklung sogar stören, meist wenn sie zu früh und zu vehement vermittelt werden. Kommt das Reizangebot zu spät, können die Gehirnareale zwar reaktiviert werden, abhängig von der Situation dann aber mit mehr oder weniger großen Defiziten, die erworbenen Fähigkeiten bleiben dann hinter den im Prinzip möglichen zurück.

Das Wissen um Zeitfenster soll Sie nun nicht dazu veranlassen, gleich ein detailliertes Förderprogramm für Ihr Kleines zu organisieren. Die Fenster für die verschiedenen Fähigkeiten variieren erheblich sowohl zeitlich als auch individuell, sie dauern gegebenenfalls Monate oder gar Jahre. Werden die immer wieder angesprochenen elementaren Bedürfnisse unseres Nachwuchses berücksichtigt, bietet im Allgemeinen eine schützende und positiv anregende familiäre Umgebung alles, was ein Kind für seine Entwicklung benötigt. Für Teile der motorischen Entwicklung nimmt man zum Beispiel einen Zeitraum von vier Jahren an. Würde ein Kind jedoch erst viel später die Möglichkeit bekommen, sich adäquat zu bewegen, würde es wahrscheinlich nicht besonders koordiniert, aber dennoch laufen können. Von einem asiatischen »Wolfskind«, das anscheinend sehr früh ausgesetzt worden war, wurde berichtet, dass dieses Kind sich nach Jahren zwar daran gewöhnte, aufrecht zu stehen und zu gehen. Aber es bewegte sich anscheinend derart ungeschickt, sodass es, wenn es schnell vorwärtskommen wollte, wieder in den für es üblichen Vierfüßergang zurückfiel.[72]

Dennoch sollten wir uns immer wieder bewusst machen, dass Angebote zum adäquaten Zeitpunkt und im richtigen Maße – es gibt ein Zuwenig *und* ein Zuviel – die optimale Entwicklungsmöglichkeit für ein Kind darstellen. Und wenn wir ganz allgemein einmal überlegen, woran es Kindern, gleich welchen Alters, in unserer immer mehr sich verstädternden Umgebung mangelt, so dürfte wohl unter den ersten Punkten, die uns einfallen, ungehinderte Bewegungsmöglichkeiten sein.

Gerade in einer, die motorische Freiheit sehr begrenzenden städtischen Umgebung sind für Kinder die Möglichkeiten, sich ungehindert zu bewegen, oft über Jahre hinweg viel zu gering, wobei das oft schon früh im familiären Wohnbereich anfängt.[73] Hier sollte frühzeitig gegengearbeitet werden – und beginnen wir mit der Anregung am besten gleich so früh wie möglich auf eine altersgerechte Art: mit dem Tragen.

»Die vielen Wahrnehmungen, die auf ein kleines Individuum einstürmen, müssen strukturiert, geordnet und miteinander verknüpft werden (= sensorische Integration), um auf die verschiedenen Reize sinnvoll, kontrolliert und koordiniert reagieren zu können. Werden die Sinnessysteme adäquat, also altersgerecht und im ausreichenden Maße angeregt, ist die beste Voraussetzung hierfür geschaffen.«

Tragen – »Frühförderung spezial«

Es ist nichts Neues und gilt bis ins hohe Lebensalter: Die kognitive Leistung wird durch anspruchsvollere körperliche Aktivitäten gesteigert. Bewegungen, vor allem wenn hierbei immer wieder neue und abwechslungsreiche Anforderungen bewältigt werden müssen, führen zu besseren Neuronenverschaltungen nicht nur der Gehirnareale, die direkt für die motorische Steuerung zuständig sind. Wenn das Neuronennetzwerk im Erwachsenenalter schon solchermaßen auf derartige körperliche Aktivitäten anspricht, so ist es kaum verwunderlich, dass entsprechende Anregungen für ein Gehirn, das sich gerade im Entwicklungs- und Wachstumsstadium befindet, um ein Vieles bedeutsamer sind.[74]

Wie erwähnt, neuronale Strukturen, die kaum oder gar nicht genutzt werden, bilden sich zurück bzw. Verschaltungen werde erst gar nicht gebildet. Vor diesem Hintergrund wird nochmals deutlich, warum dem »berühmten« proprio-vestibulären System eine solche Bedeutung in der Entwicklung des kindlichen Gehirns zugesprochen wird: Es steht mit vielen anderen Gehirnarealen in enger Verbindung. Zur Verdeutlichung vielleicht ein Beispiel: Stellen Sie sich vor, Sie springen auf und ab. Dass sich der Schrank, den Sie dabei im Blickfeld haben, nicht vor Ihren Augen entgegengesetzt nach unten und oben bewegt, sondern für Sie immer noch dort steht, wo er vor Ihrer Akrobatik stand, ist für ein isoliertes Sinnesorgan eigentlich nicht selbstverständlich, obwohl es uns so logisch erscheint. Dass das Möbelstück unverrückt auf dem Boden bleibt, weiß unser Gehirn – und somit auch all die optischen Informationen verarbeitenden Areale. Denn es erhält gleichzeitig Informationen über die Stellung unseres Körpers im Raum und jedes einzelnen Körperteils zueinander, es setzt hierzu Augenstellung und -bewegung in Beziehung und stimmt alles aufeinander ab. Dass das proprio-vestibuläre System mit den optischen Wahrnehmungsarealen in Verbindung steht, sorgt schließlich auch dafür, dass wir gezielt greifen können – was unsere Kleinen nach und nach durch stetes Bemühen und erstaunliche Konzentration erst lernen müssen, das heißt die entsprechenden Verknüpfungen müssen erst einmal gebahnt werden, um schließlich auch immer perfekter zielgerichtet zugreifen zu können.[75]

Die Verknüpfungen von optischer Wahrnehmung, Kopf- und Augenbewegung, von Arm- und Handmotorik etc., die gesamte Augen-Hand-Koordination also, zeigen, wie wichtig der proprio-vestibuläre Komplex für den sinnvollen Einsatz anderer Gehirnareale und somit auch deren Weiterentwicklung ist. Und anscheinend bringt er auch die gesamte Gehirnentwicklung gründlich in Schwung, so er denn entsprechend angeregt wird. Hierzu ein Versuch, in dem drei bis 13 Monate alte Babys auf dem Schoß des Versuchsleiters mittels eines Drehstuhls zehnmal in die eine und andere Richtung hin- und hergedreht wurden. Die Kleinen waren begeisterte Teilnehmer dieser viermal pro Woche stattfindenden Drehstuhl-Sessions. Obwohl die Gesamtaktion lediglich vier Wochen dauerte, waren die Unterschiede zu den nicht gedrehten Kindern beträchtlich. Die »Dreh-Gruppe« war motorisch bedeutend weiter hinsichtlich Sitzen, Krabbeln, Stehen und Laufen, aber auch was ihre Reflexe betraf. Interessant waren auch die Ergebnisse eines Zwillingsbrüderpaars. Sie waren vier Monate alt, als die Studie endete. Der »trainierte« Zwilling konnte den Kopf bereits aufrecht halten und frei sitzen, der »untrainierte« Zwilling begann dagegen gerade damit, den Kopf zu heben.[76]

Diese Untersuchung lässt schon die eigentlichen Gründe für die Beobachtungen erahnen, dass in verschiedenen Kulturkreisen wie beispielsweise in Uganda oder Kenia Säuglinge ihren Kopf früher stabilisieren können und in anderen Bereichen der motorischen Entwicklung den Kindern im europäisch-westlichen Kulturkreisen voraus sind. Bis weit in das 20. Jahrhundert bestand Konsens darüber, dass die frühkindliche motorische Entwicklung allein das jeweilige Ergebnis eines Reifungsprozesses, also von der Genetik bestimmt sei. Übung und Erfahrung schienen bedeutungslos, zu augenscheinlich wirkte die kontinuierliche Abfolge der motorischen Meilensteine.[77] Der Zusammenhang zwischen Reifungs-

prozess und dem Erreichen dieser Meilensteine ist jedoch nicht ganz so einfach, wie man zunächst annahm. Das führt uns heute ganz konkret die verzögerte Entwicklung der Kopfkontrolle vor, da Babys aus Angst vor dem plötzlichen Kindstod (Sudden Infant Death Syndrome – SIDS) nicht nur während des Schlafs überwiegend auf dem Rücken gelagert werden, sondern auch der Gebrauch von beispielsweise Babyschalen allgemein zunimmt. Auch der Beginn des sich selbst Umdrehens, Sitzens, Krabbelns und Sich-hoch-Ziehens scheint insgesamt verzögert.[78] Die motorische Entwicklung wird demnach doch nicht alleine von der neuromuskulären Reifung, also dem genetisch angelegten Programm, bestimmt.

Voraussetzung ist natürlich eine funktionierende grundlegende Ausstattung auf neuronaler Ebene, ohne die keine Informationsweiterleitung und -verarbeitung möglich ist, es gibt sozusagen einen frühest möglichen individuellen Zeitpunkt. Doch inwieweit dann der ganze Komplex umgesetzt werden kann, ist sehr wohl von Erfahrungs- und Übungsmöglichkeiten abhängig, denn koordinierte Bewegung ist mehr als nur eine Aktivität der jeweiligen Muskeln. Krabbeln, Sichumdrehen, Greifen, selbst wenn sie anfangs vergeblich sind, all dies erfordert eine weitreichende Koordination verschiedener Muskelgruppen, die über motorische Regionen verschiedener Gehirnbereiche einschließlich des Großhirns gesteuert werden – unter Einbezug von Informationen anderer Gehirnareale, die verschiedene Sinneswahrnehmungen verarbeiten. Allein mit dem Finger auf etwas zu deuten ist also eine ausgesprochen komplexe Angelegenheit.

Werden einem Säugling, auch wenn die neuronalen Voraussetzungen gegeben sind, bestimmte Erfahrungen vorenthalten, so verzögert sich beispielsweise der Einsatz bestimmter Muskelgruppen für eine Fertigkeit und es erfolgt kaum eine Weiterentwicklung. So weicht die Entwicklung blinder Babys in vielen Punkten von den üblichen Verläufen ab. Sie drehen sich eher um, stützen sich aber später mit den Armen ab, auch das Krabbeln und Laufen beginnt später. Denn es fehlt der optische Anreiz, interessante Objekte erreichen und erkrabbeln oder es Geschwistern und Eltern gleichtun zu wollen. Schon im Säuglingsalter werden bei der Beobachtung einer Bewegung die entsprechenden Gehirnareale nahezu genauso aktiviert, als wenn eine Bewegung tatsächlich durchgeführt wird. Ein Kind bezieht schon alleine aus seinem normalen Umfeld eine Menge Motivation, um sein Potenzial auszunutzen, das heißt letztendlich, um zu üben. Und Übung heißt, dass bei den jeweiligen Aktionen die Koordination aller daran beteiligten neuronalen Pfade immer besser funktioniert. Man kann sich diese neuronalen Pfade tatsächlich als mehr oder weniger begangene Wege vorstellen. Je öfter sie benutzt werden, desto mehr werden sie auch geebnet und breit getreten, das heißt, desto bequemer und schneller kommt man vorwärts, die neuronalen Information werden schneller vermittelt und immer mehr neuronale Verbindungen beteiligen sich bzw. arbeiten effektiver.[79] Übung ist also nichts anderes als Erfahrung sammeln, und auf neurologischer Ebene bedeutet es eine bessere Koordination der Gehirnareale. Das heißt natürlich nicht, dass Sie nun gleich ein Trainingsprogramm für Ihr Kleines erstellen sollen. Denn wo Reifung und wo Erfahrung-Suchen anfängt, bestimmt der interne individuelle Schrittmacher Ihres Kindes, den man durch Übereifer ohne Weiteres stören kann. Es geht um weitgefächerte Anregung in Form von Angeboten – nicht um gezieltes Training einer bestimmten Fertigkeit, auch wenn Eltern besonders stolz sind, wenn ihr Kind früh Laufen gelernt hat. Ihr Kind nimmt Anregungen an oder signalisiert durch Desinteresse, dass sie nicht zu seinen momentanen Bedürfnissen passen. Wie so oft ist hier Beobachtungsgabe und Feinfühligkeit gefragt.

Motorische Erfahrungen einschließlich dazugehöriger neuronaler Anregungen kann ein Baby natürlich auch außerhalb seiner eigenen körperlichen und motorischen Möglichkeiten machen und davon profitieren, sofern sie seinem Entwicklungsstand entsprechen. Hiermit kommen wir wieder zum Thema Tragen.

Getragenwerden verlangt von einem Baby mehr motorische Aktivität und stellt zudem andere motorische Anforderungen dar als das Liegen in einem Kinderwagen. Und selbst wenn sich ein Kind nur wenig aktiv daran beteiligt, das proprio-vestibuläre System wird während des Tragens nicht nur verstärkt angeregt, ihm werden dabei auch andere Reize dargeboten als liegend im Kinderwagen. Die von verschiedenen Faktoren abhängenden Bewegungen der Eltern macht ein Baby mit, sie verlangen von ihm gegebenenfalls zusätzlich ununterbrochen viele kleine Ausgleichsbewegungen, alleine schon bedingt durch die aufrechte Körperhaltung, insbesondere wenn es im seitlichen Hüftsitz getragen wird.

Abb. 13: Jonglierendes Trobriand-Mädchen wird vom Brüderchen kritisch beobachtet, das im Hüftsitz getragen alle Bewegungen mitmacht.[80]

Manche Wissenschaftler schreiben dem propio-vestibulären System nicht nur eine entscheidende Rolle bei der Entwicklung sowohl aller anderen sensorischen Fähigkeiten als auch der motorischen Fertigkeiten zu, sie betrachten dieses Sinnessystem sogar als Schrittmacher für das Zusammenspiel aller anderen Sinne, ja der gesamten Gehirnentwicklung auf neuronaler wie kognitiver Ebene. Denn als eines der am frühesten reifenden Sinnessysteme eröffnet es einem heranwachsenden Wesen eine seiner ersten Sinneserfahrungen überhaupt – schon in vorgeburtlicher Zeit.[81] Auf diesen frühen Erfahrungswelten fußen alle nachfolgenden Erfahrungen. Somit sind diese nicht nur für die sensorischen und motorischen Fähigkeiten wichtig, sie beeinflussen auch als kumulativer Prozess die weitere geistige Entfaltung und – zumindest indirekt – auch die emotionale Entwicklung. Heute weiß man nicht nur um die Wechselwirkung von gestörtem Gleichgewichtssinn und verzögerter motorischer Entwicklung, auch Wahrnehmungs-, Lern- und Konzentrationsprobleme stehen indirekt im Zusammenhang hiermit. Seit Langem werden bei Verhaltensauffälligkeiten und Lernstörungen diverse Bewegungs- und Berührungstherapien erfolgreich eingesetzt.[82] Die bei diesen Therapieansätzen vermittelten sensorischen Erfahrungen werden einem Kind genauso gut – vielleicht sogar besser – während des Tragens in altersgerechter Art und Weise geboten, denn sie sind für diese Zeitspanne in der individuellen Entwicklung evolutiv vorgesehen.

»Das Erreichen der motorischen Meilensteine ist nicht nur von individuellen Reifungsprozessen abhängig, ein vielfältiges Erfahrungsfeld unterstützt die Umsetzung der sich individuell entwickelnden Fähigkeiten. Denn Bewegung ist mehr als Muskelaktivität, es ist sowohl Verknüpfung als auch eine Koordinationsleistung motorischer und sensorischer Gehirnareale.«

DIE BEDEUTUNG DER ELTERN-KIND-BINDUNG

Die Qualität der Eltern-Kind-Bindung beeinflusst nicht nur die kindliche Entwicklung, sondern wirkt sich noch bis ins Erwachsenenalter auf unsere Empfindungswelt aus.

Tragen – »Nur« einer der Grundsteine für eine gelungene Entwicklung, aber …

Tragen ist für Klein *und* Groß eine Bereicherung. Auf der einen Seite durchläuft der Winzling, zufrieden eingepackt, dieses kleine zuvor beschriebene kindgerechte und altersgemäße »Förderprogramm«. Auf der anderen Seite gibt es vor allem den Müttern, die ja meist zunächst den Babyalltag meistern, im wahrsten Sinne des Wortes mehr Handlungsfreiheiten. Dass der Alltagsstress reduziert wird, ist ein gewichtiges Argument und kann für den Tagesablauf und Familienalltag nicht hoch genug geschätzt werden. Denn Überbelastung, Hektik, Unsicherheit und Nervosität erschweren oft den Aufbau einer emotionalen Beziehung zwischen Eltern und Kind. Überforderung und Stress sind das Damoklesschwert, das in der heutigen Zeit über so manchem Mutter-Kind-Team schwebt, denn sie behindern die Entstehung einer gelungenen Eltern-Kind-Beziehung schon alleine deshalb, da hierdurch die kindlichen Signale aufgrund mangelnder Aufmerksamkeit erst überhaupt nicht wahrgenommen werden können.[83] Es gilt, Eltern alle erdenklichen Hilfsmittel an die Hand zu geben, die es ihnen ermöglichen, den Alltag mit dem manchmal ganz gehörig anstrengenden Nachwuchs leichter zu bewältigen. Und wenn sie in der Gewissheit bestärkt werden, dass sie trotz allem ihre neue Elternrolle gut meistern, kann eher eine allseits befriedigende emotionale Beziehung zu diesem neuen Familienmitglied entstehen. Immens wichtig natürlich auch für die Kleinsten im Team, denn darauf baut sich wiederum ihre Bindung zu ihnen auf. Die Verhaltensweisen der Eltern stellen zunächst die Lebensumwelt eines Kindes dar, an der es sich orientiert. Sie sollten ihm das Gefühl von Sicherheit vermitteln, aus dem heraus es seine Umwelt erlebt und Schritt für Schritt erobern kann.

Vom ersten Tag an lernt ein Baby, und vor allem lernt es seine es umsorgenden Menschen in all ihren Facetten kennen. Es prägt sich nicht nur ihr Aussehen, ihren Geruch und ihre Stimme ein, sondern es registriert insbesondere ihre Verhaltensweisen und Reaktionen auf seine Signale. Es erfasst, ob die Eltern diese frühzeitig erkennen und auf sie zuverlässig, prompt und adäquat reagieren. Eltern sind es, die den Grundstein dafür legen, wie ein Baby seine kleine Welt erlebt und einschätzt und ob es sich getrost darauf verlassen kann, dass seine Bedürfnisse wahrgenommen und erfüllt werden. So entsteht die Gewissheit, dass ihm weiterhin Schutz, Zuneigung und Sicherheit zukommen werden.

Eltern sind also zunächst die Personen, die den Rahmen vorgeben, in dem sich ein Baby mehr oder weniger eingebettet und angenommen fühlt. Sie eröffnen ihm die Welt der Gefühle und vermitteln ihm seine eigene Bedeutung und Wirksamkeit oder aber, ob es sich hilflos den Anforderungen seiner Umwelt ausgeliefert fühlt. Basierend auf seinen Erfahrungen in den ersten Lebensmonaten beginnt ein Kind seinerseits seine Bindungsbeziehungen zu seinen Eltern und ebenso zu anderen verlässlichen Interaktionspartnern ganz individuell aufzubauen.

Unbestreitbar, eine gelungene Eltern-Kind-Beziehung ist für die Entwicklung eines jeden Menschen ungemein wichtig, schließlich gehören wir einer sozialen Spezies an. Kinder, die sich der liebevollen Fürsorge seiner sie umsorgenden Menschen sicher sein können, sind ausgeglichener, weniger ängstlich, seltener aggressiv und allgemein umgänglicher. Sie sind darüber hinaus sozial kompetent und wissen die Grenzen ihrer Handlungsspielräume einzuschätzen. Sie holen sich rechtzeitig Hilfe, sobald eine Situation sie zu überfordern droht, so können sie auch belastende Situationen weniger stressbelastet und besser meistern. Mit derartig »gestrickten« Kindern lässt sich insgesamt leichter umgehen. Es ist daher eigentlich absolut im Eigeninteresse der Eltern, dass ihr Kind eine sichere Bindung zu ihnen aufbaut.

So verarbeiten nicht sicher gebundene Kinder als Einjährige ängstigende Situationen anders als sicher gebundene. Wie die klassischen Untersuchungen zum Bindungsgeschehen belegten, haben die »coolen« Kleinen, die anscheinend schon mit einem Jahr problemlos das Alleinsein in fremder Umgebung zu meistern scheinen, nur gelernt, ihre Ängste und Verunsicherung nicht zu zeigen. Sie sind während der Trennung von den Eltern in einer verunsichernden Situation zum einen stärker belastet, zum anderen hält ihre Erregung bedeutend länger an, auch wenn sie dies durch ihre Coolness gut kaschieren. Sie haben letztendlich keine geeignete Verarbeitungsstrategie entwickeln können, um mit Stresssituationen kompetent umzugehen und sie zu bewältigen.

Der Verlauf der Eltern-Kind-Bindung hat nicht nur Bedeutung für die gesamte Kindheitsentwicklung, sondern bestimmt auch die Empfindungswelt im Erwachsenenalter in weiten Bereichen mit. Verbessert sich eine ungünstige Bindungsbeziehung während der gesamten Kindheit nicht, so ist es kaum verwunderlich, dass diese Kinder auch später als Jugendliche und Erwachsene durch Stresssituationen stärker belastet und – wie man inzwischen mehrfach nachgewiesen hat – auch gesundheitlich gefährdeter sind.[84] Zwar wird heute nicht mehr von *dem* unwiderruflich alles entscheidenden ersten Lebensjahr bzw. den ersten Lebensjahren gesprochen, dennoch hat die Erfahrung während der einzelnen Kindheitsabschnitte erheblichen Einfluss auf die Persönlichkeitsentwicklung, da ja jede Weiterentwicklung auf dem vorangegangenen Lebensabschnitt fußt. Kann der Beginn der emotionalen Beziehung zwischen Eltern und Kind erfolgreich gestaltet werden, so ist ein erster Grundstein für eine weiterhin positive Entwicklung gelegt.

»Eine gelungene Bindung bedeutet, dass ein Kind das Gefühl von Sicherheit und Vertrauen aufbauen konnte. Eine sichere Eltern-Kind-Bindung wird zunächst weitgehend von der Feinfühligkeit und den Reaktionen der Eltern auf die kindlichen Signale bestimmt. Sie eröffnen ihrem Kind zunächst den Zugang zur Welt und zu ihren, aber auch zu seinen eigenen Gefühlen.«

Mit doppeltem Boden – Der Start der Bindungsbeziehung

Heute ist es unbestritten: Die Stunden unmittelbar nach der Geburt sind eine besonders sensible Phase für die erste Kontaktaufnahme und die ersten emotionalen Fäden zwischen Mutter und Kind. Intensiver Körperkontakt und ungestörte Interaktion in dieser Zeit erleichtern und fördern die emotionale Zuwendung der Mutter zu ihrem Baby – auch, da ein Neugeborenes in einer solchen gelungenen Situation eine ganze Palette von Fähigkeiten zeigen kann, die eine emotionale Beziehungsaufnahme anregt, wie der intensive Blick, mit dem es die Gesichter regelrecht zu studieren scheint, oder die Bemühungen, mit denen es selbstständig zur Brust krabbelt und seinen ersten Saugversuch unternimmt, so man es lässt. Mütter können sich bei ungestörter Kontaktaufnahme schneller auf dieses noch so unbekannte kleine Wesen einstellen. Es treten seltener Stillprobleme auf, insbesondere bei erfolgreichem, vom Neugeborenen selbst eingeleiteten erstem Saugversuch. Nach einem derart geglückten Start fühlen sich Mütter sicherer im Umgang mit ihm, benötigen weniger Hilfe in Alltagssituationen und wünschen häufiger, ihr Kleines beständig bei sich zu haben.[85]

Doch ein sofortiger ausgiebiger Kontakt nach der Geburt ist keineswegs eine unerlässliche Vorbedingung für den Aufbau einer guten Eltern-Kind-Beziehung. Denn hat eine Mutter während der nachfolgenden Tage reichlich Gelegenheit, ihr Neugeborenes weitgehend selbstbestimmt zu umsorgen, viel Körperkontakt und Ruhe, kann diese erste versäumte Chance aufgewogen werden. Die Natur arbeitet mit doppeltem Boden. Trotzdem sollte man die Möglichkeit zum Frühkontakt nicht ungenutzt lassen, denn das zweite kleine Beteiligte spielt dabei ja schließlich auch eine Rolle. Es weint allgemein häufiger, wird es nach der Geburt von der Mutter getrennt, zudem leidet es weitaus mehr unter den vielen kleinen Aufregungen seiner ersten Lebenstage, das heißt, bei Belastung hält die Erregung länger und stärker an. Und nebenbei bemerkt, ist Frühkontakt ja auch die beste Voraussetzung für eine erfolgreiche Stillbeziehung. Die logische Konsequenz hieraus ist: Ein Neugeborenes sollte von Anfang an weitgehend bei seiner Mutter bleiben.

Wenn die Umstände dies jedoch nicht erlauben, dafür der Vater gleich nach der Geburt parat steht, kann auch er die erste Umsorgerrolle übernehmen und Nähe und Körperkontakt vermitteln. Er ist ja normalerweise ein wichtiger und beständiger Bindungspartner für ein Baby. Bei all den Untersuchungen standen zwar Mütter im Zentrum des Interesses, doch auch Väter können für ein Neugeborenes der anfängliche Interaktionspartner sein.[86] Weder ist

das intuitive Elternprogramm eine alleinige Domäne der Mütter noch das Bindungsgeschehen. Nicht ohne Grund schwenkte man in der Wissenschaft vom Begriff Mutter-Kind-Bindung auf Eltern-Kind-Bindung um. Väter, denen nach der Geburt die Übernahme des Erstkontaktes zufiel, beschrieben mir ihre Beziehung zu diesem Kind auch Jahre später noch als anders, als viel emotionaler im Vergleich zu ihren anderen Kindern. Hier spielt sicherlich auch die besondere, so nicht geplante Situation während des Geburtsgeschehens mit all ihrer Dramatik eine Rolle, zeigt aber, wie sehr die Nähe beide beteiligten Seiten beeinflusst. Auch der veränderte Hormonhaushalt der Väter belegt dies. So steigen sowohl Oxytocin- als auch Progesteronspiegel, während das Testoron abnimmt. Diese Veränderung setzt bereits vor der Geburt ein und ist vor allem nach der Geburt zu beobachten, wenn Väter einen häufigen und intensiven Umgang mit ihrem Kind pflegen.[87]

Ein Baby ist also ausgeglichener, wenn es gleich nach der Geburt viel Körperkontakt und Nähe genießen kann – und das gilt natürlich nicht nur für die ersten Stunden nach der Geburt. Damit sind wir wieder beim Thema. Wie vermittelt man einem so kleinen Menschlein viel Nähe? Wie lernt man es mit all seinen Bedürfnissen am schnellsten und besten kennen, wenn es doch genau das noch nicht kann, womit wir uns üblicherweise verständlich machen, nämlich sprechen? Tragetuch statt Kinderwagen ist hier eine gute Wahl. Mütter und Väter profitieren genauso wie ihr Kleines davon, wenn sie es möglichst ausgiebig in direkter Nähe haben und es einschließlich all seiner Regungen spüren.

»Ein ungestörter, ausgiebiger Erstkontakt verhilft einem Neugeborenen zu einem guten Start in die unbekannte Welt. Es kann dann all seine Fähigkeiten voll zur Geltung bringen. Doch nicht nur für ein Baby sind die ersten Stunden nach der Geburt eine besonders sensible Phase für die emotionale Kontaktaufnahme, dies gilt genauso für die Elternseite.«

Die zweite Seite der Medaille – Die Elternseite

Nähe und Körperkontakt – beides ist immens wichtig für die kindliche Entwicklung auf allen Ebenen, und beides gibt es reichlich, während Eltern ihren Nachwuchs tragen. Zur Unterstützung können Eltern ein Tuch oder eine andere Tragehilfe nutzen, mit deren Hilfe der Nachwuchs solange wie gerade benötigt getragen werden kann – ganz nebenbei, selbst wenn es stundenlang erforderlich ist. Und genauso nebenbei nimmt man im Direktkontakt alle Regungen und Bewegungen des Kleinen wahr, ob es schläfrig oder neugierig, unruhig oder hungrig ist oder ob es gerade seine Windeln prächtig beansprucht. All das ist bedeutend besser wahrnehmbar, sitzt der kleine Zwerg eng eingepackt auf Tuchfühlung – beste Voraussetzung, um, wie es im recht umfänglichen und ziemlich anspruchsvollen »Eltern-Aufgabenpaket« für eine günstige Entwicklung der Bindungsbeziehung so schön heißt, *frühzeitig* und *prompt, angemessen* und *zuverlässig,* das heißt *feinfühlig* und *altersadäquat* auf

➔ INFOBOX 11: DIE UNTERSUCHUNGEN DER FORSCHUNGSGRUPPE UM ELIZABETH ANISFELD ZUM BINDUNGSVERHALTEN[88]

Die Untersuchung der Forschungsgruppe um Elizabeth Anisfeld zur Auswirkung des Tragens von Säuglingen auf die Eltern-Kind-Bindung ist vor allem interessant, da es sich zum einen um normale Tragehilfen handelte und nicht um Kangaroo-Care, zum anderen um Familien, deren soziale Einbettung eine unsichere Bindung des Kindes an seine Mutter begünstigt.

Bereits im Krankenhaus wurden die Mütter gefragt, ob sie bereit wären, an der Untersuchung teilzunehmen. Die erste Gruppe der Mütter erhielt eine Babyschale, in der sie ihre Kinder hin- und hertragen und neben sich abstellen konnten. Die andere Gruppe wurde in die Handhabung einer damals gängigen Tragehilfe eingewiesen und gebeten, möglichst täglich das Kind für mindestens eine Stunde darin zu tragen.

Im Verlauf des ersten Lebensjahrs wurden in bestimmten Abständen die Verhaltensweisen von Mutter und Kind hinsichtlich ihrer Bindungsbeziehung beobachtet. Bereits nach drei Monaten ließen sich zwischen den beiden Gruppen Unterschiede im Umgang der Mütter mit ihren Kindern erkennen, auch wenn hier noch keine statistisch signifikanten Unterschiede festgestellt werden konnten. Im Alter von einem Jahr wurde die Bindungssicherheit der Kinder anhand des in der die kindlichen Signale zu reagieren.[89] Auch wenn ich mich wiederhole, Eltern können wahrlich alle Hilfe brauchen, die es gibt.

Wenn Mütter aufgrund der Nähe beispielsweise spüren, dass ihr Kleines sich regt und bald aufwachen wird, zudem die nächste Mahlzeit ansteht, können sie rechtzeitig nach einem geeigneten Stillambiente Ausschau halten. Ein Baby kann mehr als nur mittels Quengeln und Schreien seine Bedürfnisse anzeigen. Sein Lautrepertoire nimmt schnell zu, doch auch mithilfe der Körpersprache zeigt es zunehmend, was es gerade braucht. Kein Baby mutiert normalerweise von einer Sekunde zur anderen von einem Wonneproppen zu einem krähenden, ungenießbaren Bündel. Feine Signale gehen normalerweise dem Schreien voraus, die als »Frühwarnsystem« genutzt werden können, so sie denn bemerkt werden. Vorausschauend reagieren zu können, macht den Umgang mit einem Säugling problemloser, was natürlich auch einen erheblichen Einfluss auf die emotionale Beziehung der Eltern zu ihrem Kind hat. Denn ein ausgeglichenes, meist zufriedenes Kind bestätigt einem Vater und einer Mutter, dass sie ihre Elternrolle ganz gut meistern.[90] Und

Entwicklungspsychologie gängigen Fremde-Situations-Tests überprüft. Statistisch abgesichert waren die Kinder in der Tragegruppe eher sicher an ihre Mütter gebunden (Tragegruppe 83 % versus Kontrollgruppe 38 %), obwohl ein Teil der Mütter ihre Kinder nur relativ selten, beispielsweise drei- oder viermal pro Woche und/oder nur die ersten vier bis sechs Monate getragen hatten. Eine häufigere Verwendung der Tragehilfe ging mit einer höheren Wahrscheinlichkeit einer sicheren Bindung einher.

Natürlich waren auch in der Kontrollgruppe einige sichere Bindungsbeziehungen entstanden, ebenso wie es in der Tragegruppe unsichere Bindungbeziehungen gab. Interessant ist jedoch, dass vier Mütter in der Kontrollgruppe etwa zwei Monate nach der Entbindung von sich aus Tragehilfen verwendeten. Drei dieser vier Kinder gehörten nach einem Jahr zu den sicher an ihre Mütter gebundenen Kinder, das war fast ein Drittel der sicher gebundenen Kinder in der Kontrollgruppe.

Ein Nebenergebnis der Studie war, dass die Kinder in der Kontrollgruppe doppelt so häufig tägliche Unruhe- oder Schreiperioden hatten als die getragenen Kinder.

Es muss hier aber angemerkt werden, dass die Zahl der beobachteten Kinder bei dieser sehr aufwendigen Untersuchung verhältnismäßig gering war. Dennoch zeigt die Eindeutigkeit der Ergebnisse, dass sich das körpernahe Tragen positive auf die Eltern-Kind-Beziehung auswirkt.

sie bleiben auch dann gelassener und geraten weniger in Hektik, wenn ihr Baby einen richtig schlechten Tag hat.

Beim ersten Kind haben Eltern in unserem Kulturkreis meist keinerlei Erfahrung im Umgang mit einem Säugling. Alles ist neu, die Nächte sind kurz, die Müdigkeit ist ein ständiger Begleiter, der Winzling noch weitgehend ein Rätsel und seine Signale sind zunächst keineswegs eindeutig. Die Kombination aus Unkenntnis und Unsicherheit ist prinzipiell keine gute Voraussetzung, um dem Eltern-Anforderungspaket gerecht zu werden und die biologischen Elternressourcen – das intuitive Elternprogramm – aktivieren zu können. Der Geist ist willig, aber das Fleisch, sprich die Mutter, ist müde. Und da soll man auch noch freundlich und freudig auf jedes Signal prompt, feinfühlig und so weiter reagieren?

Machen wir's kurz: Tragen hilft – und nicht nur, um die Anforderungen der ersten Monate einigermaßen ausgeglichen zu meistern und mit den zeitlichen Ressourcen halbwegs klarzukommen. Die Forschungsgruppe um Elizabeth Anisfeld führte in den 1990er Jahren aufwendige Beobachtungen zur Wirkung des Tragens auf die Eltern-Kind-Beziehung durch.[91] Bei der Untersuchung wurden Mütter, die ihre Kinder nach der Geburt in Tragehilfen am Körper trugen, mit einer Gruppe Mütter verglichen, die eine Babyschale benutzten.

Im Verlaufe des Jahres zeigte sich zunehmend deutlicher, dass die »Tragemütter« einfühlsamer auf ihre Kinder eingingen und verständnisvoller auf deren Bedürfnisse reagierten als die Mütter der Kontrollgruppe. Ihre feinfühligere Art spiegelte sich letztendlich im Bindungsverhalten der Einjährigen in den abschließenden Untersuchungen wider. Die Kinder der »Tragegruppe« waren signifikant häufiger sicher an ihre Mütter gebunden.

Tragen ist keineswegs eine unabdingbare Voraussetzung und keine Garantie für eine gelungene Eltern-Kind-Beziehung, aber dennoch eine gute Möglichkeit, den Aufbau einer sicheren Bindung zu fördern (→ **Infobox 11: Die Untersuchungen der Forschungsgruppe um Elizabeth Anisfeld zum Bindungsverhalten, S. 94**).

Auch Lela Rankin Williams' Untersuchung heranwachsender Mütter zeigt, dass das Tragen der Kinder das Verhalten der Mütter beeinflusst.[92] Sind Mütter noch im jugendlichen Alter, ist die Interaktion mit den Kindern häufig recht unsensibel, was ebenfalls einen kritischen Verlauf der kindlichen Bindungsbeziehung begünstigt. Ein Teil der jungen Mütter wurde in dieser Untersuchung gebeten, ihre Kinder während der ersten drei Monate täglich eine Stunde zu tragen. Im Alter von sieben Monaten wurde die Reaktion der Säuglinge in einer sogenannten Still-Face-Situation beobachtet, um die Beziehung zwischen Mutter und Kind einzuschätzen. Bei dieser Untersuchungsmethode interagiert die Mutter anfangs ganz normal mit ihrem Kind. Plötzlich zeigt sie für eine gewisse Zeit ein völlig ausdrucksloses Gesicht und keinerlei Reaktionen auf die Signale des

Kleinen. Die Verhaltensweisen des Kindes während und nach der Still-Face-Phase lässt Schlüsse zu, wie üblicherweise die Interaktion zwischen Mutter und Kind verläuft und welche Erwartungen das Kind aufgrund seiner bisherigen Erfahrungen hinsichtlich der mütterlichen Reaktion entwickelt hat. Auch die Bemühungen der Mütter, ihr Kinder wieder zu einer normalen Interaktion anzuregen, sind aufschlussreich.

Die Kinder der Tragegruppe waren stärker durch die irritierende Verhaltensweise ihrer Mütter belastet, reagierten heftiger und zogen sich schließlich zurück. Die Mütter mussten sich nach Beendigung der Still-Face-Phase mehr bemühen, um ihre Kinder wieder zur Interaktion anzuregen, als die Nicht-Tragemütter. Die Kinder der Kontrollgruppe reagierten dagegen »gleichgültiger« auf das merkwürdige Verhalten ihrer Mütter und wandten sich verstärkt ihrer Umgebung zu, so als wären sie es gewohnt, von ihren Müttern nicht beachtet zu werden. Die Mütter ihrerseits gaben auch schneller ihre Bemühungen auf, die Interaktion wieder aufzunehmen. Die Reaktionen der Kontrollkinder deuteten auf einen weiterhin eher ungünstigen Entwicklungsverlauf der Bindungsbeziehung hin. Aufgrund der adäquateren mütterlichen Reaktionen in der Tragegruppe ist künftig eher eine sichere Bindung der Kinder zu erwarten.

Eltern bleiben also nicht unbeeinflusst, wenn sie die Möglichkeit haben, ihr Kind häufig im engen Körperkontakt zu spüren. Im direkten Kontakt mit dem Kind ist sein momentanes Befinden schneller und zielsicherer zu erfühlen und die Bereitschaft der Eltern größer, darauf einzugehen, folglich werden die kindlichen Bedürfnisse feinfühliger, prompter und adäquater erfüllt. Dieses responsive und angepasste Betreuungsverhalten ist ein Schlüsselmerkmal der Eltern-Kind-Beziehung und bildet die Grundlage für eine sichere Bindung.

Die Beinflussung der Eltern durch den direkten Kontakt ist natürlich nicht auf soziale Verhaltensweisen begrenzt. Das zeigt ein kleines Beispiel aus der großen Palette von Untersuchungen an Frühgeborenen (**Kapitel → Zu früh geboren – Urlaub vom Inkubator**), die viele interessante Beiträge zur Bedeutung des direkten Hautkontaktes zwischen Elternteil und frühgeborenem Kind liefern – ich beziehe mich hier also auf die sogenannte Känguru- oder Kangaroo-Care-Methode: Der amerikanische Arzt Gene Anderson berichtete, dass zunächst

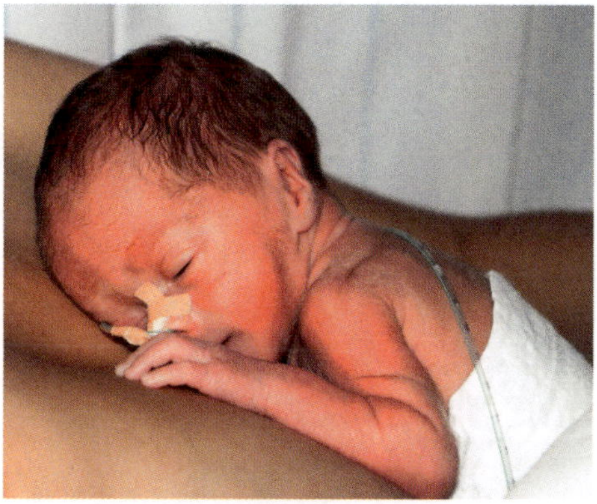

Abb. 14: Besonders zu früh geborene Kinder profitieren auf vielfältige Weise vom direkten Hautkontakt mit den Eltern.

die Temperatur der Mütter anstieg, sobald sie sich ihre Kleinen direkt auf die Haut ihrer Brust legten, wobei die Körpertemperatur der Kinder bald nachfolgte. Sobald die Kinder eine bestimmte Temperatur erreicht hatten, fiel die der Mütter auf ihr normales Niveau zurück. Sie erhöhte sich jedoch wieder, sobald die Kleinen auskühlten. Während sie ihre Babys nah bei sich hatten, »arbeiteten« die Mütter quasi als Thermostat, der die kindliche Körpertemperatur stabil hielt.[93]

Wie sehr Mütter selbst vom Körperkontakt mit ihrem Kind beeinflusst werden, zeigten auch die Untersuchungen von Alfredo Pisacane und seinen Kolleginnen zur Beziehung von Stillen und Tragen.[94] Hier ging es, wie bei den beschriebenen Beobachtungen zum Bindungsgeschehen, um das Tragen in einer gängigen Tragehilfe und nicht um die Wirkung des direkten Haut-zu-Haut-Kontaktes. Auch wenn aus der Untersuchung nicht genau hervorgeht, wie häufig die Mütter die Tragehilfe tatsächlich täglich benutzten – sie sollten sie im ersten Lebensmonat zumindest eine Stunde am Tag verwenden –, so waren die Unterschiede zwischen der Trage- und der Kontrollgruppe auffällig. Obwohl beide Gruppen eine Stillberatung erhalten hatten und das Stillverhalten der Teilnehmerinnen bei der Entlassung aus dem Kranken-

haus vergleichbar war, wurden nach zwei Monaten noch 74 % bzw. nach fünf Monaten noch 48 % der Kinder aus der Tragegruppe gestillt, wohingegen nach zwei Monaten nur noch 51 % der Mütter in der Kontrollgruppe ihr Baby stillten. Nach fünf Monaten ergab sich ein Wert von 24 % in der Kontrollgruppe, was auch der allgemein üblichen Stillhäufigkeit (25 %) in der Region entsprach. Die Zahlen bezüglich des ausschließlichen Stillens divergierten noch stärker: In der Tragegruppe wurden nach zwei bzw. fünf Monaten 47 % bzw. 8 % der Kinder ausschließlich gestillt, in der Kontrollgruppe nach zwei Monaten noch 32 % bzw. nach fünf Monaten lediglich noch 1 %. Auch was Stillhäufigkeit und nächtliches Stillen betraf, verhielten sich die Mütter der Tragegruppe kindgerechter. Anzumerken ist, dass in dem Krankenhaus, in dem die Geburt stattfand, kein Frühkontakt üblich war und zudem mehr als die Hälfte der Mütter in beiden Gruppen eine Kaiserschnittgeburt hatten.

Gerade unter solch ungünstigen Gegebenheiten erweist sich das Tragen des Babys als eine einfache und wirkungsvolle Möglichkeit, mangelhafte Bedingungen auszugleichen und die emotionale Zuwendung und die Bereitschaft, auf die kindlichen Bedürfnisse einzugehen, zu unterstützen.

»Regelmäßiger intensiver Kontakt zwischen Eltern und Kind unterstützt den Zugang der Eltern zu ihrem anfangs noch recht ›rätselhaften‹ Baby und fördert einen positiven Verlauf des Bindungsgeschehens. Eltern, die ihr Kind tragen, können ein besseres Feingespür für seine Signale entwickeln und sind auch eher bereit, auf sie einzugehen. Im direkten Körperkontakt die Befindlichkeiten eines Babys schneller und feinfühliger erfassen zu können heißt, früher auf ein Kind reagieren und seine Bedürfnisse rasch und angemessen erfüllen zu können.«

Erfahrung sammeln außerhalb der eigenen Möglichkeiten

Baby und Eltern, das ist ein sich ergänzendes Team. Mit der Unterstützung von Mama und Papa kann ein Kind seine Fähigkeiten »voll ausspielen«. Vielleicht ein Beispiel hierzu aus dem motorischen Bereich: Wenige Tage alte Säuglinge können ihren Kopf noch nicht selbst halten oder stabilisieren. Wird ein Baby jedoch während einer Face-to-Face-Interaktion fast aufrecht gehalten, während sich sein Köpfchen in die ineinander gelegten Hände schmiegt und es auf den Unterarmen sicher liegt (→ **Abb. 15**), wird es von der Aufgabe befreit, seinen Kopf kontrolliert zu halten und gegen die Schwerkraft zu stabilisieren. Es kann so Bewegungsmuster zeigen, die ansonsten normalerweise erst zwei bis drei Monate später zu beobachten sind. Aber es geht nicht einfach nur um die motorischen Möglichkeiten. Eine derart sicher gestützte, aufgerichtete Haltung erhöht das Interesse an der Umgebung und steigert allgemein die kindliche Aufmerksamkeit durch die Stimulierung des Gleichgewichtssinns. So folgen wenige Tage alte Babys schon bereitwillig visuellen Angeboten, die sie dann zudem besser verarbeiten können, als es für dieses Alter zu erwarten ist.[95] Diesen Effekt nutzen Eltern oft unbewusst zur intensiven Kontaktaufnahme und direkten Interaktion.

Kinder zeigen unvermutete Fähigkeiten also schon im frühesten Säuglingsalter, so manches Mal auch unbewusst hervorgelockt, wenn Eltern geeignete Vorbedingungen schaffen und die kindliche Verhaltensausstattung ergänzen. So geben Sie auch Ihrem Baby während des Tragens – insbesondere auf der Hüfte – Gelegenheit, sich eigenständig dem Ausschnitt der Umgebungsreize zuzuwenden, der seinen augenblicklichen Bedürfnissen und Fertigkeiten entspricht, selbst wenn es seinen Kopf noch nicht sicher stabilisieren kann. Angeschmiegt an Ihren Körper, kann es durch leichtes Anheben und Wenden des Köpfchens selbstständig Blickkontakt mit Ihnen aufnehmen oder sein Interesse auf das Umfeld lenken. Eigenständig kann es sich bei Müdigkeit abwenden und das Gesicht zu Ihrem Körper drehen. Das ist eine unerwartete Leistung und bedeutet selbstbestimmte Abkehr von allem, was zu viel ist. Jean Liedloff beschreibt das Getragenwerden nicht zu Unrecht als Erfahrung des Säuglings, »die ihn auf die weitere Entwicklung in Richtung Selbstverantwortung vorbereitet«.[96] Und nicht zu vergessen: Getragene Babys können durch den Trainingseffekt ihr Köpfchen früher stabilisieren (**Kapitel → Tragen – »Frühförderung spezial«**).

Getragen ist ein Baby in alle Geschehnisse involviert, steht jedoch keineswegs ständig im Mittelpunkt. An den Aktivitäten nimmt es zudem aus derselben Sichthöhe teil wie die Erwachsenen. Zum einen weckt dies das Interesse des Kindes an den Handlungen der Eltern und allgemein an dem Geschehen, zum anderen spricht man anscheinend auch mehr mit den Kleinen, sind sie auf fast gleicher Höhe.[97] Und ein Kind erlebt andere Menschen nicht nur als »über ihm stehend«, es lernt die Interaktionspartner so auch aus einer gleichberechtigten Perspektive kennen, im wahrsten Sinne des Wortes nahezu »auf Augenhöhe«. Die vertraute Bezugsperson dabei in direkter Nähe zu fühlen bedeutet, die Umwelt von einer spürbaren Sicherheitsbasis aus erkunden zu können. Neuem und Unbekanntem wohnen ja stets zwei Komponenten inne: Es ist interessant und fordert zur Erkundung heraus, es kann sich aber auch als unberechenbar und gefähr-

Abb. 15: Das Köpfchen in die Hände des Vaters geschmiegt, sicher auf die Unterarme gebettet und leicht aufgerichtet – eine Aufmerksamkeit steigernde Situation, die zur Eltern-Kind-Interaktion anregt.

lich herausstellen, muss also auch mit Vorsicht betrachtet werden. In ausgeglichener Stimmung verlieren neue Dinge eher ihre verunsichernde oder gar bedrohliche Komponente und regen zu Erkundungsverhalten an. Das ist auch in den nächsten Jahren weitgehend abhängig von der Gegenwart vertrauter Bezugspersonen. Ein zusätzlich vergewissernder Blick in das Gesicht der Mutter, deren Mimik die »Ungefährlichkeit« der Situation signalisiert, ermutigt zu neugierigem Erforschen und gibt einem Kind Orientierungshilfe in den diversen, für ihn noch nicht einschätzbaren Situationen. Eine skeptische Reaktion der Betreuungsperson lässt ein Kind zurückschrecken – wobei ein ängstlicher, argwöhnischer Gesichtsausdruck der Eltern übrigens eine nachhaltigere Wirkung besitzt als der Ausdruck von Freude.[98] Angeschmiegt an den Körper vertrauter Betreuungspersonen zu sein ist die beste Ausgangssituation, um sich fremden Menschen oder neuen Gegenständen zuzuwenden – doch ist das »nur« eine gute Voraussetzung, keineswegs eine Garantie. Mama und Papa können beim ersten Besuch der Großeltern noch so strahlend auf den Großvater zugehen, der Sprössling wird gegebenenfalls dennoch beim Anblick des wallenden Rauschebarts oder der buschigen Augenbrauen in Geschrei ausbrechen – auch wenn es für ihn später einmal die größte Wonne sein wird, Opas Barthaare zu zausen. Man muss sich als unerfahrenes Kerlchen eben an vieles erst gewöhnen.

»Eine aufgerichtete Körperhaltung fördert die Aufmerksamkeit bereits eines Neugeborenen, das durch den sicheren Halt zudem auch früh unvermutete motorische Aktivitätsmuster zeigen kann. Getragen kann sich ein Baby schon bald eigenständig den Umweltreizen zuwenden, die seinen momentanen Bedürfnissen entsprechen, oder sich auch eigenständig abwenden, wenn es zu viel ist.«

Nähe und Distanz – Die Selbstständigkeitsentwicklung

Elterliche Feinfühligkeit steht in enger Beziehung zu vielen positiven Verhaltensweisen eines Kindes gleich welchen Alters. Sechs bis neun Monate alte Babys feinfühliger Mütter weinten in den klassischen Untersuchungen zum Bindungsverhalten weniger, reagierten auch später seltener ärgerlich, aggressiv oder ängstlich und vertrauten in die Verfügbarkeit und Hilfsbereitschaft der Mutter. Sie suchten ihre Nähe bei Leid, lösten sich aber auch wieder von ihr, wenn sie getröstet waren. Sie zeigten insgesamt eine ausgewogene Balance zwischen selbstständigem Spiel und Freude am Kontakt mit ihr.[99] Ich möchte hier Väter keineswegs diskriminieren, doch die klassischen Untersuchungen wurden überwiegend mit Müttern durchgeführt, da sie eben die Hauptbetreuungspersonen waren. Selbstverständlich baut ein Kind eine eigene emotionale Beziehung zum Vater auf und kann ohne Weiteres selbst dann eine sichere Bindung zu ihm haben, wenn eine unsichere Bindungsbeziehung zur Mutter besteht.

Auch wenn bei der Argumentation zur Eltern-Kind-Bindung meist die Auswirkungen auf die Entwicklung des Kindes im Zentrum des Interesses steht, so sollten wir uns immer wieder bewusst machen, dass wir im wahrsten Sinne des Wortes selbst etwas davon haben, wenn die emotionale Beziehung zu unserem Kind gelingt. Wir können uns nicht nur an einem zufriedenerem und ausgeglichenerem Zwerg erfreuen. Unsere anfängliche Antwort- und Kooperationsbereitschaft wird bereits zum Ende des ersten Lebensjahres damit »belohnt«, dass schon ein Krabbelkind eher auf Anweisungen, Ge- und Verbote reagiert und ihnen nachkommt.[100] Die obige Formulierung »Sie suchten ihre Nähe bei Leid, lösten sich aber auch wieder [...]. Sie zeigten insgesamt eine ausgewogene Balance zwischen selbstständigem Spiel und Freude am Kontakt mit ihr« deutet bereits an: Kinder, die sich des Schutzes der Eltern sicher sind und sie als Rettungsanker in allen Notlagen betrachten, entwickeln eine größere Eigenständigkeit und trauen sich mehr zu. Schließlich kann man sich vor diesem Hintergrund auch auf etwas riskantere Aktionen einlassen. Ein Kind wird eher etwas wagen und Erkundungsverhalten zeigen als ängstliches Zurückweichen, wenn es sich seiner Sicherheitsbasis gewiss ist. Sozial kompetent wenden sich sicher gebundene Kinder altersgemäß anderen Interaktionspartnern zu, sind weniger irritierbar und zeigen bereits früh längere selbstständige Spielphasen. Die Befürchtung, Babys, die durch das Tragen in den ersten Lebensmonaten häufig engen Körperkontakt genießen konnten, wären zur angemessenen Zeit nicht bereit, diese Nähe aufzugeben und würden »am Rockzipfel« der Mutter hängen, ist unbegründet. Diesen Befürchtungen widersprechen die Ergebnisse der Bindungsforschung. Denn das Verhalten der Kleinen ist nicht vom Getragenwerden oder Nichtgetragenwerden abhängig, sondern von der Betreuungsqualität und der sich hieraus ergebenden Bindungsbeziehung.[101] Und wie die beschriebenen Untersuchungen von Anisfeld belegen, entwickeln getragene Kinder eher eine sichere Bindung, da die intensive Nähe durch das Tragen die Eltern zugewandter auf ihr Baby reagieren lassen (→ **Infobox 11: Die Untersuchungen der Forschungsgruppe um Elizabeth Anisfeld zum Bindungsverhalten, S. 94**).

Beobachtungen in verschiedenen Gesellschaften belegen dies zusätzlich. In Kulturen wie beispielsweise den !Kung San der südafrikanischen Steppen ist der Kontakt zwischen Eltern und Kind im Säuglingsalter sehr eng. !Kung-San-Kinder entfernten sich dennoch im jeweiligen Alter weiter von ihren Müttern als kleine gleichaltrige Engländer. Die anfangs beständige Nähe schafft keineswegs die immer wieder befürchtete Abhängigkeit der Kinder von der Mutter.[102] Der amerikanische Arzt und Anthropologe Melvin Konner kommt vielmehr zu dem Schluss: Gerade weil Babys in der ersten Zeit so häufigen Körperkontakt haben, können sie sich leicht von ihren Müttern lösen und selbstständig die Umgebung erkunden und andere Interaktionspartner aufsuchen.[103] Sicher spielen hier noch weitere Faktoren eine Rolle als Tragen und Körperkontakt. In diesen Kulturen haben Kinder schon als Säuglinge vor dem schützenden elterlichen Hintergrund positive Erfahrungen mit mehr als ein oder zwei vertrauten erwachsenen Interaktionspartnern und älteren Kindern gemacht. Zudem wachsen sie kontinuierlich und frühzeitig in altersgemischte Kindergruppen hinein, die ihnen früh vertraut sind, da sie von älteren Geschwistern in diese Gruppen mitgenommen werden. Außerdem sind die Mitglieder dieser Spielgruppen durchweg erfahren im Umgang mit Kindern im Säuglingsalter.[104] Körpernähe und Tragen in traditionalen Kulturen sind Anzeichen für ein grundlegend anderes Erziehungsverständnis. So haben in nicht-westlichen Gesellschaften Kinder im Säuglingsalter etwas 79 bis 99 % des Tages Körperkontakt mit einem ihrer Betreuungspersonen, während es in westlichen Gesellschaften lediglich 18 % des Tages sind.[105]

Inwieweit dies auf unsere Kultur übertragbar ist, bleibt dahingestellt. Doch der Trend in so manchen »westlichen« Kulturen, Kinder früh zur Selbstständigkeit zu *erziehen* – indem sie früh alleine einschlafen, alleine spielen, alleine in der Wippe liegen, sich weitgehend alleine beschäftigen sollen, um das Familiengeschehen nicht durcheinander zu bringen, sprich, »nicht verwöhnt werden sollen« –, führt zum Gegenteil von dem, was man so mühevoll versuchte anzuerziehen. Aus dem Erziehungsziel »Frühe Autonomie« wird häufig »Frühe Verunsicherung«.[106]

»Eine sichere Bindung an seine Eltern erlaubt Kindern, bald selbstständig und kompetent ihre Umgebung zu erkunden. Sich der Beziehung zu den Eltern sicher zu sein bedeutet, die Nähe zu Mutter und Vater eigenständig aufgeben und den Verhaltensspielraum erweitern zu können. Sicher gebundene Kinder sind schon zum Ende des ersten Lebensjahres eher bereit, auf Anweisungen der Eltern zu reagieren und ihnen nachzukommen. Eltern ›haben‹ also selbst schon früh etwas von ihrem anfänglichen emotionalen Input.«

TRAGEN SPEZIAL – BESONDERE SITUATIONEN UND KINDER

Gerade Kinder, die einen schweren Start ins Leben haben, profitieren von dem engen Körperkontakt zu ihren Eltern. Aber auch Sie als Eltern können durch das Tragen leichter eine emotionale Beziehung zu Ihrem besonderen Kind aufbauen.

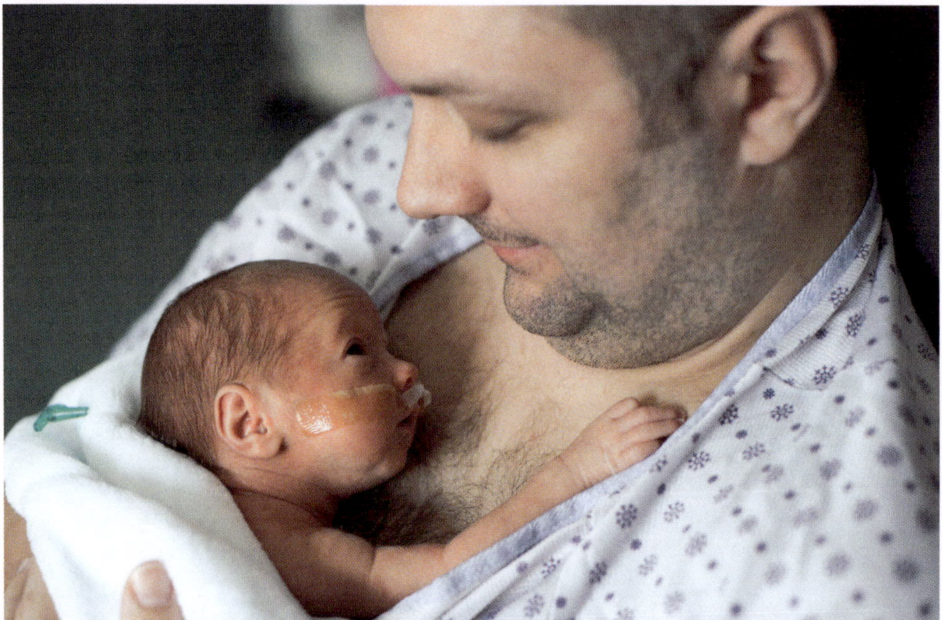

Zu früh geboren – Urlaub vom Inkubator

Körperkontakt und Nähe sind für ein Baby wichtig und auf allen Ebenen entwicklungsfördernd. Wenn dies bereits für Kinder gilt, die eine unauffällige Entwicklung durchlaufen, um wie viel bedeutsamer ist dieser Aspekt dann für die ganz kleinen Wesen, die keinen normalen Start in ihr Leben hatten? In verschiedenen Kapiteln wurden bereits einige Beobachtungen beschrieben, in deren Zentrum zu früh geborene Kinder standen, vor allem ihre Reaktionen auf intensive Hautstimulationen und Bewegungswahrnehmung (**Kapitel → Der Hautkontakt – Nahrung für Leib und Seele** und **→ Warum Liebe unter die Haut geht**), die letztendlich dazu führten, dass die Kleinen früher die Klinik verlassen durften, da sie sich insgesamt so gut entwickelten. Schon Hängematten oder sich leicht bewegende Wasserbetten sorgten bei den Winzlingen für eine gleichmäßigere Atmung, optimalere Herztätigkeit sowie einen besseren Muskeltonus. Auch günstigere Magen- und Darmfunktionen wurden beschrieben. Frühgeborene, die zusätzliche »Berührungseinheiten« genießen durften, nahmen ihre Umgebung intensiver wahr, orientierten bzw. kontrollierten sich und ihre Gefühlszustände eher, beruhigten sich schneller, waren weniger irritierbar und schrien seltener. Sie hatten also eine bessere Selbstregulationsfähigkeit, was sich natürlich auch auf die Eltern-Kind-Beziehung auswirkt. Die Nachfolgeuntersuchungen zu Hause bestätigten ihre allgemein zufriedenstellendere Entwicklung, physische Probleme waren insgesamt seltener als bei zu früh Geborenen üblich.[107] Im Ganzen also ein recht komplexes Wirkungspaket, was aufgrund der Forschungen zu der weitreichenden Wirkung des Hormons Oxytocin heute weniger überrascht. Hervorzuheben ist natürlich auch, dass sie von ihren Eltern eher emotional angenommen wurden als Kinder ohne diese »Massagesitzungen«.[108]

Bis heute hat sich zum Glück immer mehr die Einsicht durchgesetzt, dass in dieser Situation der beste »Therapieansatz« ein intensiver Körperkontakt zwischen Eltern und Kind ist. Bei der Känguru-Methode werden die Kleinen – sobald ihre Verfassung dies erlaubt – den Eltern möglichst oft direkt auf die Haut der Brust gelegt, eingepackt in ein Tuch. So warm und sicher gehalten, können sie gleichzeitig den Körperkontakt genießen. Ursprünglich war diese Methode aus der Not geboren worden. Aus Mangel an Inkubatoren nutzte man in einer Klinik in Bogota, Kolumbien, für die Stabilisierung der Temperatur der zu früh Geborenen die mütterliche Körpertemperatur und entließ sie wegen der Infektionsrisiken so bald als möglich aus der Klinik. Die Sterblichkeitsrate der so betreuten, teils extrem zu früh geborenen Kinder war bedeutend geringer als bei den in den Inkubatoren verbliebenen Babys, die durch diverse Infektionen aufgrund der mangelhaften Gegebenheiten hochgradig gefährdet waren. Sicher muss man die beschriebenen Erfolge vor dem Hintergrund der desaströsen Zustände in dem überfüllten, schlecht ausgestatteten Krankenhaus mit den notwendigen Vorbehalten betrachten. Die Situation in der Klinik und die Datenerfassung kann nicht mit den allgemeinen Standards in europäischen Kliniken verglichen werden, auch die Erfolge können nicht einfach übertragen werden. Doch selbst wenn die anfängliche Euphorie nicht angebracht war, die Ergebnisse waren wegweisend.[109] So zeigten nachfolgende Untersuchungen in immer mehr Einzelheiten, wie wichtig diese Art der Körpernähe für die gesamte Entwicklung der Frühgeborenen war, selbst wenn es sich um Leichtgewichte mit nur wenig über 700 Gramm handelte, die knapp nach der 25. Schwangerschaftswoche geboren wurden.[110] Die Kangaroo-Care-Methode rückt die Welt dieser kleinen Wesen näher an ihre ursprüngliche Umgebung im Uterus heran, kein Vergleich zu dem isolierten Dasein in einem Inkubator.

Kommen sie in den Genuss der Känguru-Methode, stabilisieren sich selbst erheblich zu früh Geborene schneller: ohne Inkubator und warm gehalten durch die Körpertemperatur der Erwachsenen stellt sich bald eine regelmäßige und im günstigen Bereich liegende Herz- und Atemtätigkeit ein. Ihr Schlaf ist tiefer, sie sind häufiger im sogenannten ruhigen Wachzustand, ihre Gewichtszunahme ist im Vergleich größer. So müssen sie insgesamt kürzer in den Inkubatoren bleiben. Inzwischen geht so manche Klinik dazu über, den Eltern auch kleine Wanderungen auf der Station zu erlauben, einschließlich der in einer Umhängetasche verstauten Versorgungs- und Alarmgeräten, sodass die proprio-vestibuläre Wahrnehmung stärker stimuliert wird. Letztendlich führt die Känguru-Methode dazu, dass sie früher als die nicht derart betreuten Babys aus der Klinik entlassen werden können.[111] Nicht zu vergessen, dass die vielen Kontrolluntersuchungen, die die Kleinen über sich ergehen lassen müssen, die zum Teil auch mit schmerzhaften Erfahrungen einhergehen, im Körperkontakt weniger stark empfunden werden und so auch besser verkraftet werden können.[112]

Die Känguru-Betreuung ist aber nicht nur für die Winzlinge wichtig, sondern genauso für die Eltern selbst. Denn Eltern können durch die Nähe während des »Känguruns« nicht nur körperlichen, sondern auch leichter emotionalen Kontakt zu ihren kleinen Sorgenkindern aufnehmen. Auffällig ist, dass Mütter und Väter verspätet dann auch oft das typische Streichelmuster nachholen, das allgemein charakteristisch ist für die erste Kontaktaufnahme direkt nach der Geburt. Etwas Anleitung und Anregung bei den ersten Gelegenheiten zum Körperkontakt genügen manchmal schon, damit sich die Eltern im Umgang mit diesem so zarten Kind mehr zutrauen. Je öfter sie ihr Kleines direkt spüren, umso eher können sie auch Vertrautheit gewinnen und emotionale Bande knüpfen.[113] Dies ist um so wichtiger, da es oft nicht einfach ist, zu einem so gar nicht nach dem »Wunschbaby« aussehenden Menschlein eine emotionale Beziehungen aufzubauen. Zum einen verstreicht ja nicht nur die Zeit direkt nach der Geburt routinemäßig oder zwangsläufig aufgrund der physiologischen Instabilität des zu früh Geborenen ohne Gelegenheit, eine körperliche und emotionale Nähe herzustellen. Zum anderen haben Eltern mit der viel zu weit vorverlagerten Geburt zu kämpfen und quasi den Einstieg ins Elternsein verpasst, da sie die normalen Umstände einer Geburt mit ihren Höhen und Tiefen übersprungen haben. Oft können Eltern wochenlang nicht »normal« mit diesem so zart und zerbrechlich aussehenden Wesen umgehen, da es den Inkubator kaum verlassen darf. Und selbst wenn es dann so weit ist und sie ihr Kleines endlich in den Arm nehmen dürfen, sind sie im Umgang gehemmt und wagen kaum, es zu streicheln. Selbst ohne die Problematik »Frühgeburt« fällt es allein wegen der oft lange andauernden Trennung durch den anfänglichen Krankenhausaufenthalt schwer, einen emotionalen Zugang zu finden. Zudem stehen aufgrund der auch weiterhin ungünstiger verlaufenden körperlichen Entwicklung vor allem Sorgen im Vordergrund. Durch all diese schwierigen Umstände sind zu früh geborene Kinder aufgrund der anfänglich fehlenden emotionalen Nähe, die teils noch lange Zeit anhält, vergleichsweise häufig nachfolgend Opfer von Misshandlungen. Faszinierend sind dagegen die Szenen in Kliniken, wenn selbst extrem zu früh geborene halbe Portionen, an die Brust ihrer Mütter oder Väter geschmiegt, zeitweise einem Inkubator entfliehen können und Eltern Kontakt zu ihnen aufnehmen – und umgekehrt.

»Zu früh Geborene, die stundenweise im direkten Hautkontakt nach der sogenannten Känguru-Methode getragen werden, entwickeln sich insgesamt besser und können üblicherweise früher aus der Klinik entlassen werden. Körperkontakt und Bewegungswahrnehmungen beruhigen nicht nur, sie wirken sich ebenfalls positiv auf die Atem- und Herztätigkeit sowie auf den kindlichen Muskeltonus aus.«

Spezielle Kinder – Kein leichter Start ins Leben

Nicht nur Frühgeborene haben es schwer, die Zuneigung ihrer Eltern zu gewinnen, da sie nicht dem Bild entsprechen, das sich Eltern üblicherweise im Laufe der Schwangerschaft von ihrem Kind machen. Auf irgendeine Art behinderte Kinder benötigen natürlich spezielle Förderungen in ihrem Problemfeld. Erfahren sie jedoch zusätzlich zu ihrem Problemschwerpunkt auch noch in einem anderen Bereich – wie der nur schwer wachsenden emotionalen Zuwendung der Eltern – mangelnde Unterstützung, wirkt sich dies zusätzlich negativ auf ihre Entwicklung aus. Ihre »Kräfte« werden dann sozusagen schon auf emotionaler Ebene eingeschränkt und gebunden, sodass sie für die Bewältigung der Problembereiche nicht mehr zur Verfügung stehen. Anders herum vielleicht einfacher formuliert: Unterstützt man behinderte Kinder auch in den Bereichen, die nicht zu ihrem direkten Problemfeld gehören, setzt man zusätzliche Kräfte frei. So können sie wahrscheinlich auch ihr Handicap eher meistern. Diese Kinder profitieren ebenso, vielleicht sogar mehr vom Tragen als alle anderen, da nicht nur ihr Grundbedürfnis nach Nähe und Körperkontakt befriedigt wird, sondern sie zudem eine zusätzliche Förderung motorischer Art durch die Anregung der verschiedenen Sinne mit den zugehörigen Gehirnarealen erfahren.

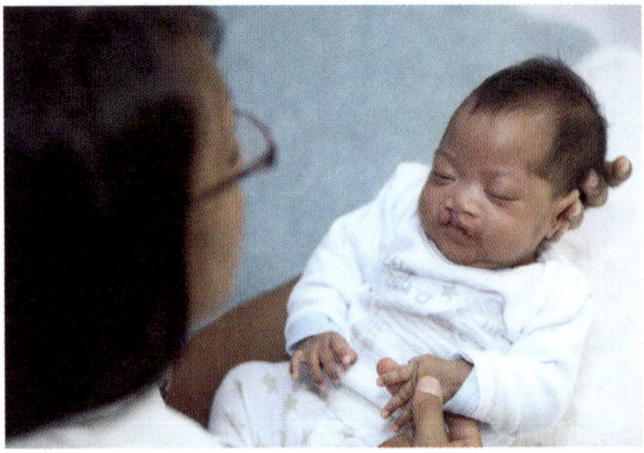

Doch bei bestimmten Behinderungen liegt die Problematik zunächst besonders aufseiten der Eltern, die große Schwierigkeiten haben, wenn das Kind nicht ihrem Vorstellungsbild entspricht. Frühgeborenen oder ganz zarten Neugeborenen fehlt der uns so sehr ansprechende »Babyspeck«, der – wenn überhaupt – erst in den letzten Wochen vor der Geburt gebildet wird. Das berühmte und so wundervoll den »Betreuungsstartknopf« anschaltende Kindchenschema ist einfach nicht ausgeprägt. Schon diese Abweichung vom Wunschbild bereitet Eltern manchmal Schwierigkeiten, sich ihrem Kleinen sofort emotional zuzuwenden. Umso mehr gilt das für Kinder, die bei der Geburt Besonderheiten aufweisen. Vor allem wenn diese den Hals-, Kopf- oder Gesichtsbereich betreffen, kann es gravierende Auswirkungen haben.

So sind Lippen- und Kiefernspalten für Eltern oft ein großes emotionales Hemmnis, umso wichtiger ist körperliche Nähe, die dann Wegbereiter für den Aufbau der Bindungsbeziehung sein kann. Und noch etwas anderes ist hier anzumerken: Tragen im Tragetuch oder in einer Tragehilfe ist auch ein »Schutz vor der Umwelt« für Vater und Mutter. Gerade für verunsicherte, hochsensible Eltern sind die irritiert abschweifenden Blicke von Passanten – nach dem anfänglich neugierigen Blick in den Kinderwagen – fast unerträglich. Sein Baby vor der Brust in ein Tragetuch eingekuschelt zu tragen, schützt vor distanzlosen Blicken und entsprechenden Reaktionen der Umwelt, vereinfacht den normalen Alltag der Eltern, macht ihnen den regelmäßigen Spaziergang leichter und nicht zum Spießrutenlauf mitleidiger Blicke.[114]

Auch Eltern von Babys mit Downsyndrom bedürfen anfangs oft dieses Schutzes, bis sie ihre emotionale Stabilität wieder gewonnen und ein inneres Schutzschild aufgebaut haben gegen diese berühmten möglichst nichtssagenden und doch so vielsagend abschweifenden Blicke ihrer Mitmenschen. Der bei diesen Kindern herabgesetzte Muskeltonus wird jedoch oft als Argument angeführt, ein Baby zunächst nicht zu tragen. Doch gerade Kinder mit Entwicklungsverzögerungen profitieren von den vielfältigen Anregungen, die ihnen durch das Tragen zuteilwerden. Alle Sinne werden stimuliert, sicher und fest eingebunden wird es von der Aufgabe befreit, zunächst den Körper stabilisieren zu müssen, so kann es sich auch anderen, von

außen eintreffenden Anregungen zuwenden. Aufgrund des herabgesetzten Muskeltonus muss natürlich besonders großer Wert auf eine gute Bindetechnik gelegt werden. Viel länger als sonst benötigt der Rumpf eines Babys mit Downsyndrom intensive Unterstützung in den richtigen Bereichen, die die individuelle Situation berücksichtigen muss. Aber so kann man den Fördereffekt der ständigen kleinen motorischen Ausgleichsbewegungen im Tuch ausnutzen, die die Bewegungen der Eltern zwangsläufig mit sich bringen und auf das Kind einwirken. Eine tägliche »Trainingseinheit«, die dem Baby im Kinderwagen entgehen würde. Gegebenenfalls kurzfristiges Tragen ohne Tuch kann zusätzlich die motorischen Anforderungen erhöhen und unterstützend eingesetzt werden, was selbstverständlich allgemein für Kinder gilt, deren Muskelspannung vergleichsweise gering ist. Natürlich gibt es gerade im Falle des Downsyndroms keine allgemeinen Empfehlungen, wie man sein Kind am besten einbinden bzw. ohne Tuch tragen sollte. Zu vielfältig sind die individuellen Faktoren, die berücksichtigt werden müssen. Je nach Grad der Hypotonie muss sehr sorgfältig verfolgt werden, wie sich das Tragen auf die motorische und skelettale Entwicklung auswirkt. Eine Zusammenarbeit mit entsprechend ausgebildeten Therapeuten, Trageberatern und Ärzten ist unumgänglich – aber sehr lohnenswert.[115]

»Kinder mit Behinderungen jeder Art, aber auch ihre Eltern profitieren vom Tragen. Zum einen ist es eine der besten Möglichkeiten, eine emotionale Beziehung durch Nähe herzustellen. Zum anderen benötigen Eltern diesen emotionalen Schutz, bis sie ihre innere Stabilität gefunden haben. Und natürlich sind die Anregungen, die ein Kind erfährt, gerade im Falle von Defiziten wichtig.«

Wenn etwas schiefläuft mit den Kleinen – Babys mit Asymmetrien

In den letzten Jahrzehnten scheint zunehmend häufiger die sogenannte lagebedingte Plagiocephalie, eine Abflachung des kindlichen Kopfes, aufzutreten. Häufig wird die inzwischen gängige Praxis, Babys aus Angst vor dem plötzlichen Kindstod (Sudden Infant Death Syndrome – SIDS) zum Schlafen stets auf den Rücken zu legen, als Ursache gesehen. Inzwischen ist man sich aber weitgehend einig, dass dies nicht der einzige Punkt sein kann. Auch wenn man sich über die genauen Zusammenhänge noch nicht klar ist, so können verschiedene, sowohl prä-, peri- als auch postnatale Faktoren eine Rolle spielen. So sind zum Beispiel erstgeborene Kinder, Jungen und eher etwas phlegmatischere Kinder stärker gefährdet, vor allem wenn sie in ihren wachen Zeitabschnitten nur wenige Minuten in Bauchlage verbringen. Kommt dann womöglich noch der übermäßige Gebrauch einer Trageschale, Wippe oder eines Kindersitzes hinzu, die einem Baby kaum Lageveränderungen des Körpers und des Kopfes erlauben und zudem nicht nur kurz oder nur während der Autofahrten eingesetzt werden, so sorgt ein ganzes Paket dafür, dass der schwere Kopf mit seinen noch weichen Strukturen zunehmend abflacht. Mit etwa vier oder fünf Monaten ist dies dann oft am deutlichsten erkennbar. Ungünstigerweise verstärkt sich eine einmal begonnene Asymmetrie fast von selbst, da ein Baby eine andere Kopfhaltung anstrengender empfindet, sodass es die kritische Seite weiterhin bevorzugen wird – natürlich auch beim Schlafen auf dem Rücken, wo man ja üblicherweise eine möglichst entspannte Haltung einnimmt. Heute ist ein abgeflachter Kopf eine der am häufigsten auftretenden Auffälligkeiten. Auch wenn er sich üblicherweise während der ersten beiden Lebensjahre zum großen Teil »auswächst«, kann er in bestimmter Ausprägung verschiedene Störungen und krankhafte Entwicklungen zur Folge haben, sodass gegebenenfalls Gegenmaßnahmen notwendig werden.[116]

Eine Maßnahme ist, ein Baby möglichst weitreichend aus der waagrechten Liegeposition und vor allem aus der vom Kind bevorzugten Stellung herauszulösen. Kleine motorische Trainingsprogramme, mit denen Eltern ihr Kind aus seiner wiederkehrenden Haltung herauslockten, zeigten Wirkung, insbesondere wenn die einseitige Lagerung der Grund für die Asymmetrie war.[117] Ein Kind auch während der Schlafphasen am Tage aus der Rückenlage in eine andere Position zu bringen, gelingt Eltern am einfachsten und für beide Seiten am zufriedenstellendsten (wenig überraschend) durch das Tragen ihres Babys in aufrechter Haltung – eine Empfehlung, die glücklicherweise heute auch von ärztlicher Seite zunehmend unterstützt wird. Nicht zu vergessen, ein Baby »trainiert« so seine Kopfmuskulatur ausgewogen, das unverhältnismäßig hohe Gewicht des Kopfes ruht bei einer aufrechten Haltung zentral auf dem Körper, kleine Bewegung bedeuten kleine Abweichungen und beständige kleine Übungseinheiten für die den Kopf stabilisierende Muskulatur, die heute durch die häufige Rückenlage aufgrund der SIDS-Gefahr nicht ausreichend gestärkt wird. Wie erwähnt gelingt heute einem Baby bedeutend später die Kopfkontrolle (**Kapitel → Tragen – »Frühförderung spezial«**).

In »Schieflage« kann aber leider nicht nur der Kopf, sondern auch der ganze Körper kommen. Zeigen die Kleinen schon in den ersten Lebenstagen eine seitliche Verbiegung der Wirbelsäule, also eine Skoliose, kann dies vielfältige Gründe haben. Meist werden derartige Asymmetrien der Wirbelsäule bei den ganz Kleinen durch eine intrauterine Zwangslage verursacht. Im Laufe des ersten Lebensjahres bilden sie sich überwiegend spontan und vollständig zurück, ohne dass therapeutische Maßnahmen notwendig sind.[118]

Manchmal verliert sich die in Rückenlage gezeigte Schiefhaltung sogar schon, sobald Säuglinge in aufrechter Haltung getragen werden. Durch die Wahl der Trageposition kann bewusst und gezielt einer bevorzugten Seite entgegengearbeitet werden. Je nachdem ob ein Kind auf der rechten oder linken Hüfte bzw. mehr oder weniger nach vorn verschoben getragen wird, können Eltern ohne Anstrengung beim Tragen mit dem Arm einen den kindlichen Rücken begradigenden Druck ausüben. Je nach Alter des Kindes und inwieweit es an der Umgebung interessiert ist, muss es sich zudem beim Hüftsitz verstärkt in die eine oder andere Richtung wenden, will es mit der Umwelt oder den Eltern kommunizieren. Üblicherweise bevorzugen Mütter – überwiegend auch Linkshänderinnen – zwar ein Tragen auf der linken Hüfte. Hintergrund scheint die unterschiedliche Dominanz der beiden Gehirnhemisphären bei der Verarbeitung der sozialen Reize zu sein. Orientieren sich Eltern jedoch an der körperlichen Situation ihrer Kinder, können sie durch aufmerksame Beobachtung, eine bedachte Wahl des kindlichen Sitzes und entsprechende aktive Unterstützung eine gute Haltung ihres Kindes forcieren.[119]

»Aufrechtes Tragen erweist sich auch im Falle einer Tendenz zu Schiefhaltungen und der Plagiocephalie, dem sogenannten ›Schiefkopf‹, als Möglichkeit, Babys aus ihrer bevorzugten Liegehaltung herauszulösen und der Auffälligkeit entgegenzuarbeiten.«

BITTE KEINE IDEOLOGIE!

Trotz aller Vorteile des Tragens bleibt die wichtigste Frage: Passt das Tragen meines Babys in Tuch oder Tragehilfe auch zu mir?

Vielleicht habe ich mit all den Aspekten zum Tragen bei Ihnen offene Türen eingerannt, und Sie wollten nur noch eine letzte Bestätigung. Gegebenenfalls wünschten Sie sich schwarz auf weiß Argumentationshilfen gegen die immer wieder und überall aufflackernden warnenden Stimmen in Ihrer Umgebung. Vielleicht waren Sie sich auch unsicher, hatten einige Zweifel und benötigten Informationen, um sich letztendlich entscheiden zu können, ob, ab wann und wie Sie Ihr Baby tragen wollen. Überzeugt kaufen Sie nun eine geeignete Tragehilfe, die heute Komforttrage, Mei Tei, Ringsling usw. heißt, und packen Ihr Kleines hinein. Möglicherweise entschließen Sie sich zu einem Tragetuch, gegebenenfalls haben Sie Glück und eine passionierte Trageberaterin oder Tragetuchverwenderin führt Sie in geeignete Bindetechniken ein, zeigt Ihnen all die kleinen Kniffe, die einem das Leben erleichtern, und worauf man unbedingt achten sollte.

Sie kommen auf Anhieb gut zurecht damit: *Beschwingt laufen Sie los, Ihr Baby genießt die Körpernähe, Sie ebenfalls – und Sie zusätzlich die neu gewonnenen Freiheiten.*

Sie sind nicht mehr hin- und hergerissen zwischen anfallenden alltäglichen Arbeiten und dem quengelnden Baby mit seinen berechtigten »Forderungen« nach Nähe. Jetzt sitzt der kleine Wonneproppen im Tragetuch, schlummert manchmal sofort ein oder schaut interessiert bei Ihren Aktivitäten zu, mischt sich vielleicht auch hin und wieder ein, eine im doppelten Sinne »ertrag-bare« Variante. Wie sehr die Bereitschaft, ihr Baby zu tragen, das alltägliche Leben erleichtern kann, haben inzwischen viele Eltern erfahren und reichlichst im Internet oder sonst irgendwo beschrieben. Die Bedürfnisse eines Säuglings krempeln üblicherweise den Ablauf eines Tages gründlich um, Planung ist eine nicht verwirklichbare Illusion, es geht um gelungene Koordination und manchmal auch einfach nur um Katastrophenmanagement. Den Nachwuchs umgebunden lässt sich vieles leichter mit seinen momentanen Kontaktbedürfnissen in Einklang bringen. Nicht immer jedoch kann und sollte sich alles nur ums Baby drehen, auch Sie haben begründete Ansprüche an den Tagesverlauf, genauso wie der Rest der Familie. Da gilt es eben, für alle Beteiligten tragbare Kompromisse zu finden. Auch wenn immer von den wundervollen Interaktionsmöglichkeiten während des Tragens gesprochen wird, der Abwasch muss trotzdem erledigt, das Gemüse geschrubbt, der Kühlschrank eingeräumt oder Geschwisterchen Nummer 1 mit einem Pflaster und Trost versehen werden. Und genau dann fängt der Nachwuchs jämmerlich an zu krähen. Ihn schnell auf den Rücken zu binden ist allemal besser als das Gequengele aus Wippe oder Kinderwagen bzw. das hektische Schrubben der Teller und Töpfe oder den Aufgabenberg gar wieder in die viel zu raren Schlafstündchen der lieben Kleinen zu verlegen – und sich dabei knapp an der eigenen Belastbarkeitsgrenze entlangzuhangeln. Überlegen Sie sich in der Alltagssituation ruhig, welche Tragevariante *momentan für alle* Beteiligten günstig ist, nicht nur für Ihr Baby. Sie lieben es deswegen nicht weniger, wenn Sie auch an sich denken. Beides »färbt« auf Ihr Kind ab, Ihre Unzufriedenheit und ihre Ausgeglichenheit. Selbst wenn das »Drumherum« nicht optimal für Ihr Baby ist, Sie geben ihm etwas Wichtiges: Ihre Nähe.

Vielleicht sehen Ihre Erfahrungen mit dem Tragen aber etwas anders aus: *Beschwingt laufen Sie los, Ihr Baby genießt die Körpernähe, Sie ebenfalls – vorübergehend.*

Nach einer Viertelstunde beginnt Ihr Rücken zu schmerzen. Sie kontrollieren den Sitz des Tragetuches oder der Komforttrage, die plötzlich gar nicht mehr so komfortabel ist, sondern schlicht und ergreifend drückt und für verspannte, schmerzende Muskelstränge sorgt. Sie ziehen nochmals Ihre tragebegeisterte Freundin zu Rate, Sie nehmen an einem Tragekurs teil, Sie fragen die Kursleiterin. Es hilft nichts, spätestens nach einer halben Stunde Tragen müssen Sie regelmäßig etwas verzweifelt aufgeben. Noch lange spüren Sie die Schmerzen im Rücken und Schulterbereich. Dabei wollten Sie Ihrem Baby so viel Körpernähe wie möglich zugestehen. Ihr schlechtes Gewissen wächst, schließlich enthalten Sie Ihrem Kind ja vielfältige Erfahrungen vor! – Lassen Sie beides, sowohl das stundenlange Tragen wie das schlechte Gewissen. Ihr Baby kann sich kaum an Sie ankuscheln und die Nähe genießen, wenn sich Ihre Muskulatur allmählich dem Zustand eines harten Waschbretts nähert. Die einzigen Gedanken, die Sie sich in so einer Situation machen sollten, sind, ob es vielleicht eine Tragevariante gibt, mit der Ihr Körper eher zurechtkommt. Vielleicht geht es besser, wenn Sie es auf dem Rücken tragen, vielleicht wechseln sie vom Tragetuch zur ergonomisch austarierten Komforttrage etc. – oder umgekehrt von einer dieser Tragemöglichkeiten zum Tragetuch. Wenn auch das nicht hilft und Sie Ihr Baby auf diese Weise bestenfalls 20 Minuten lang genussvoll tragen können, dann belassen Sie es bei genau den 20 Minuten. Auch in solchen kurzen Zeiten vermitteln Sie Ihrem Baby wichtige Erfahrungen, jede Minute zählt, auch wenn ansonsten bei ausgedehnten Spaziergängen der Kinderwagen seine Dienste leistet. Sehen Sie es so: Papa kann endlich einmal etwas, was Sie nicht können, und Ihre Beiden werden die langen Spaziergänge ebenso genießen.

Die Frage ist, ob Sie mit dem Tragen gegebenenfalls erst zu einem recht späten Zeitpunkt begonnen haben. Falls Ihr Kind also schon ein ganz ordentliches Gewicht hatte, als Sie mit Ihrem »Trageprogramm« starteten, fehlte Ihnen der Trainingseffekt, den jeder ganz automatisch erzielt, der das Kleine bereits in den ersten Lebenswochen als Leichtgewicht mit »herumschleppt«. Nur eine kurze Anmerkung: Aufgrund der Beschwerden beim Tragen ihres Babys stellte man bei so mancher Mutter überhaupt erst Wirbelsäulenschäden oder sonstige Haltungsfehler fest. Eine Kontrolluntersuchung wäre vielleicht in so einem Falle nicht unangebracht.

Und dann gibt es noch die Situation: *Beschwingt laufen Sie los, Ihr Baby genießt die Körpernähe, Sie ebenfalls. Sie möchten Ihrer Freundin und deren Kind diese Erfahrung natürlich nicht vorenthalten.*

Sie hatte eine problematische Geburt mit Kaiserschnitt, und das Kleine musste dann auch noch eine Weile im Krankenhaus bleiben. Da kann viel Körperkontakt ja nur guttun! Trotz aller Mühe, die Sie sich geben, Ihre Freundin lässt sich für das Tragen nicht besonders begeistern. Sie bieten ihr ein Tragetuch an – damit kommt sie nicht zurecht. Sie besorgen eine gute Tragehilfe – Sie stellen nach einiger Zeit fest, dass sie ungenutzt im Schrank verstaubt. Sie haben sich so viel Mühe gegeben, um Ihre Freundin davon zu überzeugen, wie wichtig das Tragen für die Eltern-Kind-Beziehung ist. Und dann passiert einfach nichts. Sie insistieren und erhalten schließlich von Ihrer Freundin die Antwort, dass sie dieses »Eingeschnürtsein« unerträglich beenge. Sie empfinde das Tragen nicht als bereichernd. Belassen Sie es dabei! Ihre Freundin erlebt das Tragen und den damit verbundenen engen Körperkontakt zum Kind eben nicht als so wundervoll wie Sie, sondern eher als negativ. Es würde der Mutter-Kind-Bezie-

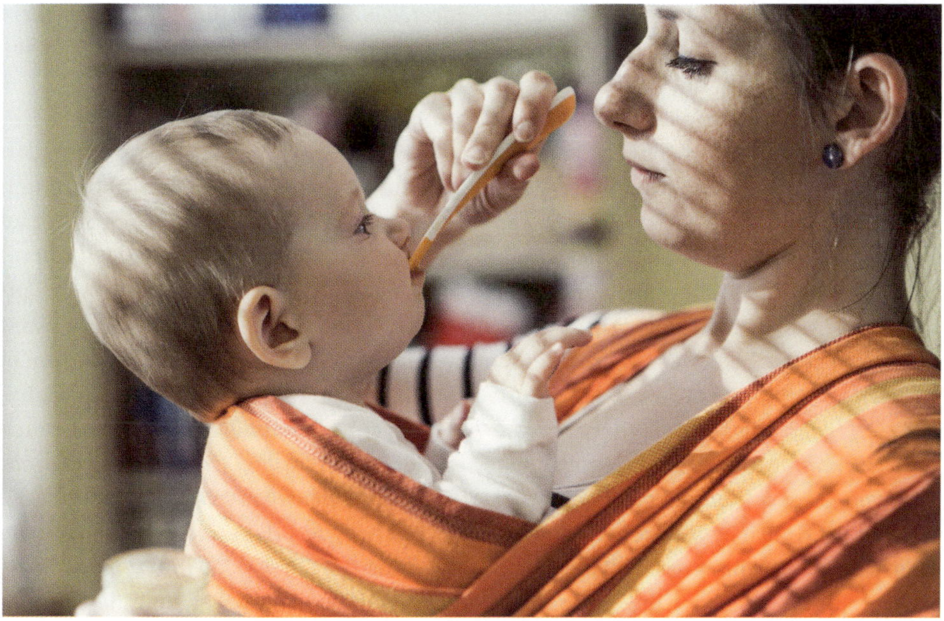

hung auf Dauer nicht besonders gut bekommen, wenn Tragen zum Zwang würde, sei es durch die Überredungskunst einer guten Freundin, sei es durch eigene, rein rationale Überlegungen einer Mutter, die ja so viel über die positive Wirkung gelesen hat und sich daher zum Tragen verpflichtet fühlt – und die intensive Nähe dennoch nicht als angenehm empfindet. Den Aufbau der emotionalen Beziehung zwischen Mutter – das gilt natürlich auch für einen Vater – und Kind wird das pflichtgemäße Tragen eher belasten als unterstützen, wenn die innere Ablehnung nach den anfänglichen Versuchen auch weiterhin bestehen bleibt. Das würde den Sinn des Ganzen konterkarieren. Körperkontakt und Nähe sollen für alle Beteiligten positiv empfunden werden, dann kann sich all das über die Seiten hinweg Beschriebene auch entfalten. Die Erfahrungen, die einem Säugling während des Tragens vermittelt werden, sind in dieser Kombination sinnlicher Anregungen natürlich einmalig, und die Tragezeiten frei auf dem Arm ohne Hilfe sind doch meist zeitlich stark beschränkt. Nun heißt es eben, einem Baby die sinnlichen Stimulierungen möglichst auf anderem Wege zu bieten. Das ist selbstverständlich machbar, auch wenn es einen bedeutend größeren Aufwand auf Elternseite erfordert. Für entsprechende Bewegungserfahrungen können verschiedenste Bewegungsspiele herhalten. Und Körperkontakt kann auch durch intensive Interaktionsphasen, regelmäßige Babymassagen, ausgedehnte Schmusezeiten, viele kleine Streicheleinheiten vermittelt werden. Das mag nicht so ins Gewicht fallen, wenn Ihr Baby vergleichsweise wenig Körpernähe für seine Zufriedenheit braucht. Jedes Kind ist anders, jedes benötigt sein eigenes Maß an Nähe. Und wenn Sie ihm selbst dies via Tragevariante nicht vermitteln können, so tut es vielleicht ein anderes Familienmitglied, überlassen Sie ruhig einmal ein Terrain dem begeisterten Papa. Man/Frau muss nicht alles können. Ideologie ist hier fehl am Platze. Das Gesamtpaket muss stimmen. Und ein Kind kann auch ohne, dass es je einen Tag in einer Tragehilfe verbracht hat, glücklich heranwachsen, ohne Körperkontakt jedoch nicht.

Auch das ist möglich: *Sie haben ein wunderschönes Tragetuch gekauft, sich in einem Kurs zeigen lassen, wie es geht – und Ihr Baby will nicht getragen werden.*

Es ist nicht immer leicht herauszufinden, warum ein Kind nicht getragen werden möchte. Die wenigen, mir direkt bekannten Fälle hatten sehr wahrscheinlich damit zu tun, dass die Kinder fast ein halbes Jahr alt waren, als die Mütter mit den ersten Trageversuchen begannen. Sicher, man kann nicht ganz ausschließen, dass bei einem solch späten Tragebeginn auch das Unbehagen der Eltern eine Rolle spielt, das sich in der Ablehnung des Kindes widerspiegelt. Es gibt so manche Beispiele aus anderen Bereichen, bei denen sich unbehagliche Gefühle der Eltern auf ihre Kinder übertragen. Das enge Eingebundenwerden kann ein Baby, das dieses nicht gewöhnt ist, sicherlich ohne Weiteres auch irritieren, es als unangenehm empfinden und daher sich dagegen wehren lassen. Ein Neugeborenes wird das Eingepacktsein in ein Tragetuch dagegen als etwas Vertrautes aus der Zeit im Uterus wahrnehmen. Rundum eingehüllt gibt ihm das Getragenwerden die Geborgenheit dieser Zeit zurück.

Die Kleinen bemerken sicherlich die Unsicherheit und die Ungeschicklichkeit der Eltern bei den ersten Trageversuchen, quengeln anfangs gegebenenfalls, doch scheinen sie es ihnen keineswegs auf Dauer übel zu nehmen. Wenn sich Eltern zum Tragen entschließen, dann beginnen heute viele bereits in der ersten Lebenswoche damit, und mehr als die Hälfte der Babys haben ihren »Tragestart« im Verlaufe der ersten drei Lebenswochen.[120] Manche Eltern berichten, dass ihre Kinder in der Anfangszeit erst einmal gegen das Einpacken in ein Tragetuch oder eine sonstige Trage protestierten. Wenn, genügten fast immer ein paar Kniebeugen oder Schritte, um Babys Stimmung von Unmut in sichtliches Behagen zu schaukeln. Meist gibt sich das anfängliche Quengeln nach Kurzem, es mag an der Gewöhnung und an dem zunehmenden Geschick der Eltern liegen, sodass sich das Ganze bald eingespielt hat.

Gegebenenfalls ist Ihr Kind auch hochsensibel oder empfindlich gegenüber stärkeren Körperstimulationen oder Druckwahrnehmungen. Hier kann vielleicht ein Wechsel der Tragehilfe oder der Einsatz eines elastischen Tragetuchs Abhilfe schaffen. Eine erfahrene Trageberaterin kann sehr häufig eine Lösung finden. Sollte Ihr Kind jedoch tatsächlich konsequent hinsichtlich seiner Trageablehnung sein, bleiben Ihnen immer noch die zuvor genannten Alternativen, um ihm Körpernähe und Bewegungserfahrungen zu vermitteln – ohne schlechtes Gewissen Ihrerseits!

Getragenwerden ist weder eine unabdingbare Voraussetzung noch eine Garantie für eine gelungene Entwicklung im Babyalter und eine positiv verlaufende Eltern-Kind-Beziehung – aber eine gute Vorgabe. Weder sollten Sie sich dazu zwingen, Ihr Kind stundenlang am Tag zu tragen, wenn Sie sich selbst dabei nicht wohlfühlen, noch die Bedürfnisse Ihres Babys nach eigenen Aktivitäten ignorieren, in dem Glauben, dass Tragen nun prinzipiell rundum gut sei für Ihr Kleines. Es braucht den regelmäßigen Körperkontakt mit Ihnen, aber auch hinreichend Gelegenheit zu eigenständigem Erfahrungserwerb. Zeiten, in denen es den eigenen Körper erforschen, seine Fertigkeiten üben und verschiedenste Gegenstände erkunden kann, sind für seine Entwicklung ebenso unabdingbare Notwendigkeit wie die Nähe zu Ihnen. Wann, wie lange und wie oft, das ist genauso abhängig vom Alter wie von den individuellen Eigenheiten Ihres Kindes. Wer meint, hier Richtlinien vorgeben zu können, überschreitet seine Kompetenzen und unterschätzt die der Eltern und ihrer Kinder, die, sind sie aufeinander eingespielt und aufnahmebereit, wahrnehmen und signalisieren können, welche Aktivitäten nun angebracht sind. Hier ist das Feingespür und die Aufmerksamkeit der Eltern gefragt.

Gute Eltern, schlechte Eltern – gute Kindheit, schlechte Kindheit, das hat ganz und gar nichts damit zu tun, ob Eltern ihre Babys tragen oder nicht – auch wenn im ersten Augenblick dieser Satz alles infrage zu stellen scheint, was in diesem Buch geschrieben wurde. Kinderwagenschieber und Kindertrager, beide wollen und können gute Eltern sein und ihrem Baby den besten Start ins Leben bieten. Wer sein Baby trägt, ist der Überzeugung, dass er das Richtige tut, und wer sein Baby schiebt, ebenso. So manches Mal scheint mit dem Tragetuch auch eine Weltanschauung demonstriert zu werden. Bei einigen Eltern mag dies stimmen, sie möchten ihr Leben völlig auf die Bedürfnisse der Kinderwelt abstimmen, das ist in Ordnung – für sie. Bei anderen stehen vor allem praktische Argumente im Vordergrund, auch das ist absolut in Ordnung, es erleichtert das Leben einer Familie gewaltig.

Manchmal wird hinter dem Tragetuch jedoch mehr gesehen. Man scheint mit dem Tragetuch auch die Elternliebe »gepachtet« zu haben – ohne Frage, dem ist sicher nicht so. Andere vermuten hinter dem »Stück Stoff«, wie es der Völkerkundler Timo Heimerdinger so treffend beschreibt, dass die Frau als Mutter nun nicht mehr an den Herd, sondern an das Tuch mit Kind gefesselt wird, und via Kinderliebe zur Selbstaufgabe wie in früheren Zeit verführt wird – und sehen gar die Errungenschaften der Frauenbewegung in Gefahr.[121] Auch das ist eine recht einseitige Sichtweise. Die Bedürfnisse von Säuglingen erfüllen zu wollen, bedeutet nicht zwangsläufig die völlige Aufgabe der eigenen Bedürfnisse. Wie immer wieder erwähnt, Unzufriedenheit mit der momentanen Lebenssituation ist keine gute Voraussetzung für das Gelingen einer emotionale Beziehung zwischen Eltern und Kind. Das Tragen erweitert die Handlungsfreiheit der Mütter und dass immer mehr Väter ihren Nachwuchs in Tüchern oder Tragen herumschleppen, ist nicht einfach nur ein Lichtstreif am Horizont. Auch sie haben sowohl die praktische Seite entdeckt als auch die genussvolle Seite des Körperkontaktes und den besseren emotionale Zugang zu ihrem Kind.

Gleich wie man diese Diskussion sieht, kritisch wird es, wenn aus der Tatsache des Tragens, aus der Art des Tragens oder gar aus der Art der Bindetechnik eine Wertung abgeleitet wird. Information ist gut, Wertungen haben hier jedoch nichts zu suchen, außer wenn es die Qualität des Tuches oder der Traghilfe betrifft, die die kindliche Gesundheit gefährdet. Schön wäre es, wenn das Thema »Tragen ja oder nein« alleine davon abhängen würde, was zu Eltern und Kind als Zweier- bzw. Dreier-Team am besten passt. Schön wäre es auch, wenn Tragen genauso wie der Kinderwagen eine allgemein anerkannte, akzeptierte Betreuungspraxis würde und beide gleichberechtigt nebeneinander stehen könnten – was manche Eltern im Alltag ja schon seit Langem praktizieren – ohne weltanschaulichen Signalcharakter an die Umwelt und ohne Wertung seitens der Umwelt. Denn das hieße, dass Eltern einfach wählen, weil es ihnen richtig und wichtig erscheint, genauso wie man sich dazu entschließt, an einem Babyschwimm- oder Babymassagekurs teilzunehmen – oder nicht –, genauso wie man sich für diesen oder jenen Kindersitz entscheidet oder für einen blauen oder grünen Strampelanzug – oder eben nicht.

»Getragenwerden ist weder eine unabdingbare Voraussetzung noch eine Garantie für eine gelungene Eltern-Kind-Bindung, wenn auch eine gute Vorgabe, die zudem auch noch den Alltag mit einem Kind im Säuglingsalter erleichtert.«

Teil 2

TRAGEN: AB WANN, WIE UND WORIN?

DIE GROSSE FRAGE: WELCHE TRAGE?

Babytragen und -tücher gibt es mittlerweile fast wie Sand am Meer. Aber wie können Eltern bei dem Angebot einen Überblick behalten und die für sie richtige Trage finden?

Tragen ist nicht gleich Tragen

Nachdem Sie im ersten Teil des Buches erfahren haben, dass Tragen die motorische, sensorische und kognitive Entwicklung Ihres Babys fördert, eine gute Eltern-Kind-Bindung unterstützt, sich Kompetenz und Selbstvertrauen Ihres Babys eher entwickeln, auch Sie selbst nicht unbeeinflusst von den Trageerlebnissen bleiben, des Weiteren ebenfalls keine Haltungsschäden für Ihr Kind zu befürchten sind, kommen wir letztendlich zu dem Punkt: Wie trägt man sein Baby am besten? Mit einem Tragetuch oder einer tragetuchähnlichen Hilfe, in einer Känguru-Trage oder einem Ringsling oder – um es mit der in den letzten Jahren aufgekommenen Wortkreation zu sagen – in einer »Komforttrage«?

Gleich ob Tragetuch oder andere Tragevariante, die grundlegenden Anforderungen bleiben die gleichen. Der erste Anspruch gilt für alle Tragemöglichkeiten gleichermaßen, nämlich die Abstimmung auf die anatomischen und physiologischen Eigenschaften Ihres Babys in *jedem* Altersabschnitt, bei *jeder* Größe und *jedem* Gewicht.

Die früher oft vorgebrachten Vorbehalte gegen das Tragen eines Babys in aufrechter Haltung waren bei den anfänglich angebotenen Tragemöglichkeiten nicht ganz unbegründet. Es gab – und es gibt leider immer noch – Trageweisen und Tragehilfen auf dem Markt, die nicht den Anforderungen genügen, die man stellen sollte, oder die gänzlich ungeeignet sind. Das heißt konkret vor allem, dass sie ein Baby nicht adäquat im Rückenbereich unterstützen, und/oder nicht die optimale Beinhaltung garantieren. Sicherlich, eine nicht optimale Situation führt keineswegs automatisch zu nicht wiedergutzumachenden Entwicklungsdefiziten oder Schäden. Das heißt im Falle des Tragens, dass bei einem Kind durch eine mangelhafte Trageweise nicht automatisch eine Dysplasie entstehen wird. Aber man beugt ihr eben nicht vor, falls eine Veranlagung vorhanden ist. Und warum sollte man sich mit einer suboptimalen Lösung zufriedengeben, wenn es optimalere Möglichkeiten gibt, um die man weiß? Stellen wir also die höchsten Anforderungen, sie sind berechtigt – und Sie sind berechtigt sie zu stellen, schließlich sind Sie die verantwortlichen Eltern oder Betreuer.

Mit der Klärung der Frage, ob man ein Tragetuch verwenden will oder eine andere tragetuchähnlichere Variante bzw. eine Komforttrage ist man erst einen Schritt weiter. Denn sie führt gleich zum nächsten Punkt: Welches Tragetuch und welche Bindeweise, welche der auf dem Markt befindlichen Tragehilfen ist richtig für Ihr Kind? Nicht jede Bindeweise ist für jedes Alter gleichermaßen gut geeignet, die Struktur mancher Tücher macht einem das Leben, also das Binden unnötig schwer. Nicht jede käufliche Tragehilfe ist gleichermaßen tauglich oder zweckmäßig, was die kindliche oder die Erwachsenenseite betrifft oder gar beides. Neueinsteiger tun sich schwer bei der großen Auswahl an Tüchern und Tragehilfen, das Richtige zu finden. Auf die Beratung in Baby-Ausstattungsläden kann man sich keineswegs verlassen. Hier entscheidet oft eher das Design oder ein gängiger Markenname als die Qualität darüber, welches Fabrikat geführt und empfohlen wird. Daneben werden immer mehr Tragen im Internet angeboten. Begeisterte Kommentare von Nutzerinnen werden dann gleich mitgeliefert. Immer mehr international angebotene Produkte, viele aus den USA zum Beispiel, sind auf diese Weise leicht beziehbar, müssen aber mit besonders kritischen Augen betrachtet werden, da ausländische Hersteller sehr oft andere Kriterien zugrunde legen als im deutschsprachigen Raum üblich, der eine längere »moderne Tragegeschichte« vorweisen kann.

Das ganze Thema ist ausgesprochen komplex und bei jeder Veranstaltung werden andere Produkte vorgestellt. Entscheiden Sie sich für eine ungeeignete Tragevariante, tun Sie gegebenenfalls weder sich selbst noch Ihrem Baby einen Gefallen. Wenn Sie nach kurzer »Tragezeit« bretthharte Muskelzüge quälen, werden Sie weder begeistert Ihr Baby tragen noch beglückt seine Nähe genießen können. Haben Sie das Gefühl, Ihr Kind rutscht womöglich aus dem Tuch oder der Tragehilfe heraus oder sitzt nicht stabil genug, wird wohl bald das erworbene Stück in einer Ecke ein vergessenes Dasein fristen. Es ist nicht einfach, doch bevor Sie sich einen Autokindersitz zulegen, informieren Sie sich ja auch gründlich.

Heute können Sie auf diverse Tests in entsprechenden, thematisch kompetenten Zeitschriften wie *Stiftung Warentest* oder *Ökotest* mit umfassenden Informationen zurückgreifen und sich ebenso im Internet auf kompetenten Webseiten vorinformieren. So kann man zumindest schon einmal gänzlich ungeeignete Tragevarianten ausschließen. Dass Schadstoffe in den Bereichen nichts zu suchen haben, mit denen ein Baby direkt in Hautkontakt kommt und die es mit Gesicht und Mund berührt, steht außer Frage. Welchen Stellenwert man Bleichmitteln in Markenschildchen und Spuren von unerwünschten Mitteln

INFOBOX 12: TRAGEN – WIE LANGE UND AB WANN?

Tragen soll weder zum Zwang noch nach Stunden pro Tag »abgeleistet« werden. Es ist eine Frage des Alters und der individuellen Eigenheiten von Mutter und Kind. Manche Babys sind besonders »liebebedürftig« und brauchen viel Körpernähe. Ein Baby möchte aber auch heute mehr und morgen vielleicht weniger getragen werden. An einem Tag ist es etwas unausgeglichener oder durchläuft einen verunsichernden Entwicklungsschub und benötigt dann ständig Ihre Nähe, am nächsten Tag ist es ausgeglichen und möchte eher alleine bzw. mit sich selbst spielen und eigene Körpererfahrungen sammeln. Beobachten Sie und vertrauen Sie Ihrem Gespür.

Ab dem Krabbelalter reduziert sich das Tragen fast automatisch, denn jetzt ist der Boden ein Abenteuerspielplatz, auf dem die eigenen motorischen Fähigkeiten geübt werden *können* und auch *müssen*.

Hinsichtlich des Tragebeginns gibt es nur eine Einschränkung: Nicht bevor Sie und Ihr Kleines sich dabei wohlfühlen. Und auch nicht bevor Sie eine Trageweise gefunden haben, bei der Sie sich sicher fühlen. Sie können Ihr Baby von Anfang an aufrecht tragen. Je früher Sie mit dem Tragen beginnen, desto eher können Sie und Ihr Baby die Vorteile der intensiven Nähe wahrnehmen und »nutzen«, aber eben nur wenn es sich für Groß und Klein gut anfühlt. Und ein früher Beginn mit einem Leichtgewicht ist für Ihre körperliche Beanspruchung günstiger, als erst mit einem gehörigen Wonneproppen zu starten.

in unzugänglichen Bereichen oder Nähten einräumt, muss jeder für sich abwägen. Bei den Tests sollten Sie jedoch nicht einfach nur die Endbeurteilung der jeweiligen Produkte beachten, sondern den einzelnen Beurteilungskriterien Aufmerksamkeit schenken. So ist eine nicht optimale Körperhaltung Ihres Babys ein weit wichtigeres Kriterium als eine ungeschickt formulierte Anleitung. Die kann man gegebenenfalls im Internet nochmals recherchieren oder anderweitig Informationen beziehen.

Das A und O beim aufrechten Tragen Ihres Babys – Die richtige Haltung

Ich möchte an dieser Stelle noch einmal die Punkte zusammenfassen, die eine gute Haltung in einem Tragetuch oder anderen Tragehilfen ausmachen, wenn Sie Ihr Baby aufrecht sitzend tragen, gleich ob frontal, auf der Hüfte oder auf dem Rücken. Die folgenden wesentlichen Punkte sollen Ihnen die Entscheidung erleichtern, ob Sie Ihr Baby gut in ein Tuch eingebunden haben oder ob die Tragehilfe, die Sie verwenden wollen, überhaupt geeignet ist. Auch wenn sich die nachfolgenden Formulierungen auf Tragenhilfen und nicht explizit auf Tragetücher beziehen (das ergäbe einfach zu unübersichtliche Satzungetüme), ein Kind sollte so in ein Tuch gebunden sein, wie es hier als Anforderung an Tragehilfen wie Komforttragen etc. formuliert ist:

- **Die Beinhaltung des Kindes:** Die Beinchen sollten wirklich stärker als rechtwinklig angehockt sein, *besser mehr als 100°*. Vor allem bei Neugeborenen und während der ersten drei bis vier Monate ist gerade die starke Hockstellung wichtig, denn es geht ja um die Orientierung des Oberschenkelkopfes zum Hüftgelenk. Die tatsächliche Stellung der Oberschenkelknochen wird schon alleine durch die niedlichen Speckpölsterchen kaschiert. Außerdem sorgt ein dickes Windelpaket zusätzlich dafür, das die Beinchen weniger stark angehockt sind, als es die Tragehilfe zunächst vermuten lässt. Wenn Sie den Eindruck haben, die Beinchen sind 110° oder mehr angehockt, ist es keinesfalls falsch, ganz im Gegenteil.

  Eine Tragehilfe muss also so gearbeitet sein, dass die Hockstellung wirklich sichergestellt wird (**Kapitel → Hüftdysplasie und Tragen**). Das ist nur dann gegeben, wenn der Steg, der sich unter dem Po des Kindes und zwischen den Oberschenkeln hindurchzieht, so breit ist, dass er bis an die beiden Kniekehlen heranreicht (**→ Abb. 17**). Oder aber das Strecken der Beinchen wird anderweitig verhindert durch einen Übersack beispielsweise. Auf die Forderung, dass die Kniekehlen höher als das Windelpaket sein sollten, wird bei den Tragetuchanleitungen immer wieder verwiesen und gilt selbstverständlich auch für die verschiedenen Typen von Tragemöglichkeiten. Die Tragehilfen, die im Windelbereich sozusagen »ausgebeult« sind, erfüllen diese Forderung am besten. Schließlich steckt Ihr Baby in einem mehr oder weniger dicken Windelpaket. Damit sein Po auch dann noch tiefer als die Kniekehlen ist, muss hier genügend Raum für das Windelungetüm plus Babys Hinterteil sein, sonst sind gegebenenfalls die Beinchen nicht genügend angehockt.

  An diesem Punkt wird bereits deutlich, dass ein Tragen »gegen die Fahrtrichtung« (Face-out-Orientierung) – das heißt, das Baby schaut nicht Sie an, sondern sitzt von Ihnen weg orientiert in einer gängigen Tragehilfe oder einem wie üblich gebundenen Tuch vor Ihrer Brust – kaum die korrekte Beinhaltung unterstützen kann. Auch wenn so manche Komforttragen-Hersteller gerade mit dieser Art des Tragens als besonders modern und besonders anregend für die Kleinen werben, sie kann – wenn hier nicht besondere Vorkehrung getroffen worden sind – prinzipiell nicht die Anforderungen erfüllen, die man an die Haltung seines Babys stellen sollte. Das ist jedoch nur ein Fakt, weswegen diese Trageorientierung ungünstig ist. Mehr hierzu finden Sie im letzten **Kapitel → Tragen verkehrt – In Fahrtrichtung oder »face out«**.

- **Ausreichende Unterstützung des kindlichen Rückens:** Solange ein Baby nicht selbst stabil sitzen kann, ist es besonders wichtig, dass das Rückenteil der Trage das Kind eng umschließt und so stützt, dass es nicht in sich zusammensinkt und nicht seitlich eingeknickt in der Trage hängt. Es muss sich vielmehr am Körper des Tragenden aufrichten und so Halt finden können. Dies setzt zumeist gleichzeitig voraus, dass sich das Baby eng an die Mutter anschmiegt. Aber selbst wenn ein Baby schon sicher sitzen kann, sollte es im Schlaf nicht in sich zusammensinken. Es benötigt also auch als Älteres noch die Anlehnung an den Tragenden und Unterstützung.
- **Stütze des Köpfchens:** Die Tragehilfe muss vor allem bei den ganz Kleinen das Köpfchen beständig sicher stützen, damit es auch dann, wenn die Eltern einmal eine ungeschickte Bewegung machen müssen, nicht unkontrolliert hin- und herfällt. Das ist besonders in den ersten Lebenswochen wichtig, solange ein Baby noch keine ausreichende Kopfkontrolle besitzt. Aber auch später ist ein Halt während des Schlafens noch immer notwendig. Eine Kopfstütze muss sowohl stabil als auch groß genug sein, um die Anforderungen erfüllen zu können. Natürlich darf sie nicht das Köpfchen rundum einpacken, damit eine ausreichende Luftzirkulation gegeben ist und das Kleine frei atmen kann. Und auch bei einem Tragetuch muss ein Tuchstrang dem Kopf hinreichend Halt geben, ohne das Köpfchen gänzlich einzuschließen. Man muss also auf recht viele Punkte achten, gerade im Winter, wenn man den kleinen Zwerg mit unter den Mantel packen möchte.

Kleine Entscheidungshilfe

Diese drei Punkte sollten Sie immer kontrollieren, auch wenn Sie ein Tragetuch benutzen. Möchten Sie sich eine Komfort- oder andere Traghilfe zulegen, vergessen Sie dabei nicht, dass Ihr Baby schnell wächst. Die Hilfe sollte in der gesamten Zeit, in der Sie Ihr Kind tragen wollen, auf seine jeweiligen körperlichen Gegebenheiten abgestimmt sein, sie hat also ausreichend »mitzuwachsen« oder es muss bald eine neue her. Manche Hersteller bieten sogenannte Neugeboreneneinsätze für ihr Produkt an, um die Eignung auch auf die Allerkleinsten auszudehnen. Das Ergebnis mag den anatomischen Erfordernissen durchaus gerecht sein, gegebenenfalls lässt die Handlichkeit dann aber zu wünschen übrig bzw. die Handhabung wird kompliziert. Oder aber das Ganze passt dann in einer bestimmten »Zwischengröße« nicht, sodass eine andere

Tragehilfe notwendig wird. Viel Eltern nutzen heute tatsächlich mehrere verschiedene Tragemöglichkeiten gleichzeitig, um für jede der momentanen Erfordernisse gewappnet zu sein, auch um unterschiedliche Vorlieben verschiedener tragender Personen abzudecken. Benutzten in den 1980er und 90er Jahren Eltern meist nur eine Tragehilfe, gegebenenfalls Ende des ersten Lebensjahrs noch eine Kiepe, Kraxe etc., so besitzen Eltern heute Großteils drei oder gar vier verschiedene Tragesysteme.[122]

Ein »Problem« mit dem rapiden Wachstum Ihrer Kleinen haben Sie nicht, entscheiden Sie sich für ein Tragetuch. Es »wächst« stufenlos mit, die Bindeweisen können entsprechend des Alters variiert werden. Dennoch muss man sich anfangs für eine Tuchlänge entscheiden, also schon in etwa wissen, welche Trage- und Bindeweise man nutzen möchte – oder man muss überflüssige Länge fantasievoll unterbringen. Auch die Platzierung am Körper kann mit einem Tuch am variabelsten gestaltet werden. Und für Sie als Tragenden selbst ist die Belastung durch das Gewicht Ihres Babys am geringsten, wenn es möglichst eng an Ihren Körper angeschmiegt ist – ein Pluspunkt für ein Tragetuch oder eine tuchähnliche Hilfe wie Ringslings. Auf der anderen Seite gibt es heute ergonomische Komforttragen, die das Gewicht des Kindes teils auf den Hüftbereich des Tragenden verlagern und so seine Rücken- und Schulterpartie entlasten. Wessen Rücken sowieso eine Problemzone darstellt, ist vielleicht – vor allem mit zunehmendem Gewicht des kleinen Wachstumswunders – besser mit einer derartigen Traghilfe beraten.

Im Endeffekt gilt auch hier der Spruch: »Probieren geht über Studieren«. Eine Tragehilfe mag ja für Ihre Freundin und ihr Baby optimal sein, aber einfach nicht zu Ihrer eigenen Anatomie oder den Proportionen Ihres Kleinen passen. Trageberaterinnen, Elternzentren, Hebammen etc. stellen manchmal verschiedene Artikel und Modelle zum Test zur Verfügung. In einem Kurs haben Sie meist genügend Gelegenheit, gute und weniger gute Traghilfen und Tücher kennenzulernen, und erfahren dabei, warum dem so ist. Manche Hersteller, Geschäfte oder Internetshops kommen ihrer Kundschaft ebenfalls entgegen und stellen Produkte zum Ausprobieren zur Verfügung bzw. nehmen sie zurück, wenn es einfach nicht passt.

TRAGEHILFEN JEGLICHER COULEUR

Wenn Eltern wissen, worauf es beim Kauf einer Tragehilfe zu achten gilt, können sie gute Modelle von schlechten unterscheiden.

Worauf Eltern beim Kauf achten sollten

Bei den meisten Konstruktionen werden Kinder vor der Brust, also in Face-to-Face-Orientierung getragen. Zum großen Teil ist auch eine »Rucksack-Trageweise« möglich, seltener der Hüftsitz. Mit den meisten Produkten können auch Ungeübte sofort umgehen, das ist ein Vorteil. Je mehr Möglichkeiten die Traghilfe erlaubt, desto komplizierter wird jedoch auch das Anlegen des guten Stücks.

Die im Handel angebotenen Modelle müssen – wie gesagt – sehr kritisch unter die Lupe genommen werden, denn zu viele Hersteller berücksichtigen die kindliche Anatomie zu wenig oder gar nicht, wie Überprüfungen und Tests immer wieder belegen. Kontrollieren Sie als Erstes die Beinhaltung Ihres Kindes in der Tragehilfe, meist können Sie dann bereits eine ganze Reihe der Fabrikate als nicht geeignet zur Seite legen. Bereits die Werbeaufnahmen der Herstellerfirmen sagen etwas über die Eignung ihrer Produkte aus und zeigen gegebenenfalls bereits, dass der Steg zwischen den Beinchen zu schmal ist, also nicht von Kniebeuge zu Kniebeuge reicht, die Beine hängen dann mehr oder weniger gestreckt in den Hüftgelenken herunter (→ **Abb. 16**).

Entsprechendes gilt für einen Steg, der aus zu weichem Material gefertigt ist und so leicht zusammengedrückt werden kann. Und das werden die kleinen Racker irgendwann sicher tun, wenn sie agiler werden. Da Ihr Kind schnell wächst, muss der Steg ebenfalls mitwachsen können. Einige Her-

DAS BESONDERE

- Die Tragen sind nicht unbedingt, doch oft einfacher in der Handhabung.
- Gute Tragen berücksichtigen die kindliche Anatomie.
- Verschiedene Tragen verlagern, ähnlich wie gute Rucksäcke, ein Teil des Gewichts auf die Hüfte des Tragenden, entlasten somit die Rücken- und Schulterpartie.

ZU BEDENKEN

- Einige Produkte sind allgemein aufgrund ihrer Konstruktion nicht zu empfehlen, da sie die erwähnten wichtigen Kriterien bezüglich der kindlichen Körperhaltung und -unterstützung nicht erfüllen!
- Meist das größte Manko: kein Forcieren der optimalen Hockstellung, also 110° oder gar mehr, oft hängen die Beinchen sogar mehr oder weniger stark herunter.
- Die Unterstützung im Rückenbereich ist oft nicht ausreichend und so manches mal auch im Kopfbereich nicht.

Abb. 16: Herabhängende Beinchen sind ungünstig für die Entwicklung der kindlichen Hüftgelenke.

Abb. 17: Wichtig bei einer Traghilfe ist ein breiter und stabiler Steg.

steller haben hier kreative und geeignete Lösungen gefunden.

Der Tipp, sich mittels Testzeitschriften über die Eignung verschiedener Tragehilfen zu informieren, ist zwar wichtig, doch so manches durchaus geeignetes Modell wird man dort nicht finden. Es wird immer nur eine Auswahl vorgestellt, wenn auch meist die gängigsten Produkte dabei sind.

Am besten ist natürlich, eine Hilfe mit Kind auszuprobieren. In diesem Falle bin ich der Meinung, dass Sie keine Hemmungen haben und die Geduld von Ladenbesitzern und Verkäuferinnen auf die Probe stellen sollten, schließlich geht es um die Gesundheit Ihres Babys. Und auch die Bemühungen mancher Hersteller oder (Internet)-Shops sollte man honorieren, die – wie bereits erwähnt – Testprodukte offerieren, das Internet hilft auch hier weiter.

Zurück zur Mängelliste: Manchmal sind die Öffnungen für die Babybeinchen sogar geradezu nach unten orientiert. Ein Anhocken der Beine wird auf diese Weise nicht nur unmöglich, vielmehr werden aufgrund der Face-to-Face-Orientierung die Oberschenkel des Säuglings zusätzlich noch an den Körper des Erwachsenen gedrückt. Ihr Baby lässt also nicht nur die Beinchen mangels Unterstützung der Hockstellung herunterhängen, durch diesen zusätzlichen Druck auf die Oberschenkel wird auch noch die Streckung in den Hüftgelenken verstärkt, somit eigentlich eine Dysplasie gefördert, statt ihr vorzubeugen oder entgegenzuwirken. Noch negativere Auswirkungen hat eine solche Konstruktion in Kombination mit mangelhaften Anpassungsmöglichkeiten an den Tragenden, was dann vor allem für kleine, zierliche Frauen zutrifft. Können die Träger nicht hineichend verkürzt werden, hängt das Baby so tief, dass die Knie des Säuglings bis an die Oberschenkel der Eltern heranreichen – der Effekt: Mit jedem Schritt der Eltern werden die Knie des Babys nach hinten – vom Kind aus gesehen – gedrückt, Schritt für Schritt wird also ein starker Druck auf seine Oberschenkel ausgeübt. Werden dieser Druck und die Streckung in den kindlichen Hüftgelenken zu stark, kann sich das Baby nur durch eine veränderte Beckenstellung Erleichterung verschaffen: Das Becken wird nach »unten gekippt«, was automatisch mit einem Hohlkreuz einhergeht, einer unphysiologischen Wirbelsäulenstellung im ersten Lebensjahr. In einer solchen Haltung fallen dann Schultern und Köpfchen des Babys nach hinten, eine Signalstellung, die zeigt, dass diese Tragehilfe absolut untauglich ist.

Ein Teil der Tragen unterstützen den Rücken des Babys nicht ausreichend. Bilden die Zugkräfte zweier Träger, die das Rückenteil des Tragebeutels straffen, den einzigen Halt für den kindlichen Rumpf, bleibt manchmal zu viel Platz zwischen Tragendem und Baby. Vor allem sehr kleine Säuglinge sacken dann in sich zusammen, sofern die Eltern nicht aushelfen und ihr Kind ständig mit einem Arm an sich drücken und aufrichten. Die Hersteller haben verschiedene Lösungen für dieses Problem gefunden, manchmal sorgt ein zusätzlich quer verlaufendes Band für Stabilisierung, manchmal raffiniert verlaufende Träger und Zugkräfte.

Bei einigen Traghilfen knicken die Kopfstützen sofort nach hinten weg, sobald man

Abb. 18: Eine zu weit vom Kind entfernte oder zu tief angesetzte Kopfstütze bietet dem Köpfchen keinen Halt.

nur leicht dagegen drückt, ganz zu schweigen davon, was passiert, wenn das relativ schwere Köpfchen eines Babys nach hinten fallen würde. Andere sind von vornherein zu niedrig oder zu weit entfernt vom Kind angesetzt, als dass sie eine sichere Stütze darstellen könnten. Teils sind sie auch nicht so konzipiert, dass sie den Kopf seitlich hinreichend abstützen (→ **Abb. 18**).

Manche der Tragen vereinigen tatsächlich alle Mängel in sich. Nicht angesprochen habe ich den Tragekomfort für die Eltern. So manche Tragehilfe werden Sie gleich beim ersten Ausprobieren – vor allem mit Kind – zur Seite legen. Hier können die Träger nicht straff genug gezogen werden, dort drückt eine Schnalle und da schneidet etwas ein. Die Unzulänglichkeiten fallen individuell verschieden ins Gewicht, Sie werden sie schnell selbst feststellen. Am besten ist es nun einmal, wie schon erwähnt, sich zunächst den anvisierten Tragebeutel auszuleihen und mit Baby auszuprobieren.

Nur ganz kurz: **Tragegestelle, Rücken-Tragen, Kraxen, Kiepen etc.** sind für ältere Kinder gedacht, die ihren Körper schon sicher kontrollieren und langfristig frei und sicher sitzen können, sie sind üblicherweise für Kinder über neun Monate oder älter konstruiert. Hier gelten teils völlig andere Beurteilungskriterien, auf die hier nicht weiter eingegangen werden soll.

TRAGEN IM TRAGETUCH

Tragen will gelernt sein. Daher lohnt sich am Anfang ein Einführungskurs in die Bindeweisen Ihres Tragetuchs oder ein Besuch bei einer Trageberaterin.

Aller Anfang ist (manchmal) schwer

Für eine korrekte Beinhaltung sorgen, dem Rücken guten Halt geben, das Köpfchen stützen – das alles gleichzeitig und dann noch mit dem Tuch kämpfen, das gegebenenfalls verflixt lang und voluminös ist, das klingt ziemlich kompliziert. Und genau dann, wenn es am schwierigsten ist, nämlich wenn an dem Frischling noch nicht viel dran ist, beginnt man mit dem Binden. Eine gründliche Einführung in das korrekte Einwickeln des Nachwuchses dürfte für die meisten Eltern – abgesehen von begnadeten und talentierten Autodidakten – sehr hilfreich sein, damit das Tragen nicht gleich wieder aus dem Repertoire gestrichen wird. Vielleicht bietet ja Ihre Hebamme einen Kurs an, in dem Sie die verschiedenen Bindetechniken schon frühzeitig lernen und üben können oder eine Trageschule bzw. Trageberaterin ist in Ihrer Nähe. Sie machen sich hierdurch das Leben wirklich leichter. Bei einer kompetenten Tragefachfrau oder einem kompetenten Tragefachmann – auch das gibt es heute, auch Tragekurse speziell für Männer – können Sie all die Fragen stellen, die Ihnen auf der Seele liegen, und üben. Sie erfahren nicht nur, welche Bindetechnik für welches Alter und warum geeignet ist. Sie erfahren auch viele kleine und große Tricks, die Ihnen den Umgang mit diesem Stück Stoff, das sich zu einem wahren Ungetüm auswachsen kann, erleichtern. Und dabei geht es nicht immer »nur« um Bindetechniken und Ihr eingepacktes Kind, sondern auch um Sie selbst, das heißt darum, was zu Ihnen passt bzw. Ihnen ganz individuell Schwierigkeiten macht und was nach der Schwangerschaft wichtig ist zu wissen.

DAS BESONDERE

- Das Tuch ist geeignet für alle Altersstufen, es »wächst« stufenlos mit.
- Es ist sehr variabel: vorn, auf dem Rücken oder der Hüfte – jede dieser Tragepositionen ist möglich.
- Da sich das Baby eng an den Tragenden schmiegt, ist die Gewichtsverteilung für den Tragenden günstig.

ZU BEDENKEN

- Die Bindetechniken sind für manche nicht einfach zu erlernen.
- Etwas Geduld und Übung sind erforderlich, damit die geeigneten Bindetechniken auch richtig angewendet werden.

Auf jeden Fall gilt: Lassen Sie Ihre ersten Bindeversuche nicht in Stress ausarten, weder für Sie noch für Ihr Baby. Ein weinendes, sich im Körper versteifendes Kind macht normalerweise ein korrektes Einbinden zunichte. Verschieben Sie das Ganze, bis der kleine Schreihals wieder in ausgeglichener Stimmung ist und Sie selbst wieder etwas cooler die Sache angehen können – machen Sie eine »Trockenübung« mit Puppe oder Teddy, auch wenn das nur annähernd an die Realität herankommt. Man kann sich kaum vorstellen, wo und wie sich diese kleinen Babyfüßchen überall verhaken können, wie Händchen in geschlossene Hemdtaschen geraten, wieso das eigentlich enge T-Shirt plötzlich unzählige Falten zum Verhakeln von allen möglichen Babykörperteilen bekommt. Für die ersten Versuche wünschte sich so manche Mutter einen hautengen Taucheranzug – ein Body tut's gegebenenfalls auch.

Was das Leben erleichtert

Waschen, waschen, waschen! Packen Sie Ihr schönes, brandneues Tragetuch erst einmal in die Waschmaschine, benutzen Sie es als voluminösen Schal, schlafen Sie drauf, ziehen und zerren Sie es, tun Sie alles, damit es nicht mehr neu ist und griffig wird. Ein neues Tragetuch macht Ihnen das Binden schwer. Ist es steif, schmiegt es sich nicht an Ihr Kind an und der Knoten ist schwieriger zuzuziehen. Vielleicht können Sie sich für den ersten Übungsversuch ein gebrauchtes Tuch von Ihrer Freundin ausleihen. Man sieht es von Weitem, ob es sich um ein neues oder gut eingetragenes Tragetuch handelt.

Die Farbwahl

Bei der Farbwahl steht der Geschmack ja meist im Vordergrund. Heute gibt es hinreißende Muster und Farbabstufungen, der Fantasie der Hersteller sind kaum Grenzen gesetzt und man kann begeistert in Farbkompositionen schwelgen. Dennoch sollten Sie sich als Bindeanfänger überlegen, ob Sie sich das Leben nicht ein bisschen einfacher machen und hier einen Kompromiss eingehen sollten. Bei den Bindevarianten müssen ja üblicherweise einzelne Stofffalten nachgezogen werden. Ist das Tuch längsgestreift, erkennen Sie die zu verfolgende lockere Bahn leichter wieder, auch wenn sie sich versehentlich auf Ihrem Rücken verdreht hatte – vor allem wenn die Streifen asymmetrisch angeordnet sind. Natürlich kann man sich zunächst auch mit auffälligen, der Länge nach in das Tuch eingezogenen Fäden behelfen, bis man sicher genug im Umgang mit diesem Stoffmonster ist, um den Farbwunsch nicht gänzlich aufgeben zu müssen. Das müssen Sie selbst entscheiden.

Die Mittelmarkierung

Bei den meisten Bindetechniken benötigt man die Mitte als Anhaltspunkt über die Längenverteilung des Tuches. Die Hersteller kennzeichnen diesen Punkt üblicherweise zumindest durch eine kleine eingewebte Markierung, aufgenähte Schildchen etc. Anfangs ist es aber praktisch, wenn die Markierung quer über das gesamte Tuch verläuft, da man das Tuch ja oft zum Bindestart zusammenrafft oder die Kante umschlägt und so ein Schildchen schnell zwischen den Falten verschwindet. Auch hier können Sie sich anfangs mit Nadel und auffälligem Faden behelfen.

Der Knoten

Die verschiedenen Bindetechniken enden üblicherweise mit einem Doppelknoten, es sollte aber kein x-beliebiger sein. Der berühmte Flachknoten – auch Kreuz- oder Weberknoten – ist hier zu empfehlen (→ **Abb. 19a und b**). Nachdem man die beiden Tuchteile das erste Mal miteinander verschlungen hat, kommt es darauf an, dass man beim zweiten Verknoten das *oben* liegende Tuchende *auf* das andere Tuchende legt und dann fertig bindet.

Der Vorteil dieses Knotens ist, dass er flach anliegt, daher nicht drückt, und auch leicht zu lockern ist, sollte man einzelne Stofffalten zum Schluss doch noch einmal nachziehen müssen. Ein anderer Doppelknoten würde sich zusammenziehen, sobald das Gewicht des Kindes das Tuch strafft, wodurch das Tuch insgesamt auch etwas lockerer wird.

Die Tuchlänge und -breite

Meist sind die Tücher heute etwa 70 cm (plus/minus 10 cm) breit, es finden sich aber, wenn nötig, auch andere Breiten. Speziell für Frühgeborene und ganz kleine, zarte Kinder werden oft schmalere Tragetücher vorgezogen, sowohl elastische (**Kapitel → Elastische Tragetücher für die Kleinen**) als auch normal gewebte.

Für die Stofflänge ist keine einfache Antwort möglich, denn je nachdem welche Bindevariante Ihnen vorschwebt, benötigen Sie eine andere Mindestlänge, auch die Körpergröße bzw. Kleidergröße spielt eine Rolle. Die benötigten Maße werden bei den jeweiligen Varianten für eine durchschnittliche Körpergröße (Kleidergröße 38/40) angeben.

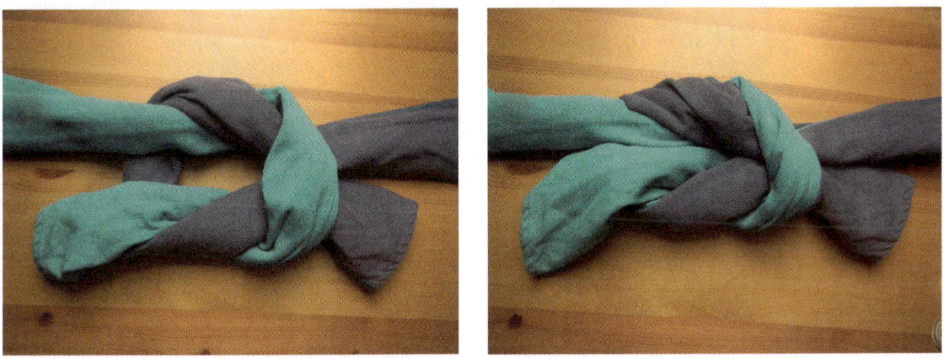

Abb. 19a und b: Der sogenannte Flach- oder Weberknoten ist, wenn nötig, leicht wieder zu lockern.

Üblicherweise haben Tragetuchhersteller Listen zusammengestellt, aus denen Sie die für Ihr Körperformat und die einzelnen Bindeweisen richtige Länge entnehmen können. Sie sollten also vor dem Kauf bereits in etwa wissen, wie Sie Ihr Kind tragen möchten. Tendieren Sie aber eher zu einem etwas längeren Tuch. Es ist ärgerlich, falls Sie später aufgrund fehlender Zentimeter nicht die Bindetechnik anwenden können, die Ihnen letztendlich am praktischsten erscheint. Anstückeln ist nicht der Sinn der Sache. Trageberaterinnen und Hebammen, Eltern- und Mütterzentren fungieren jedoch oft als regelrechte »Tragetuch-Umschlagbörsen«, es findet sich im Falle einer Fehlentscheidung also meist eine Lösung, auch das Internet steht natürlich zur Verfügung. Wobei sich bei der Befragung von Eltern zu Ihren Tragegepflogenheiten zeigte, dass sie heute oft mehrere Tragetücher und zusätzlich verschiedene Tragesysteme besitzen, das scheint also oft eigentlich kein großes Problem zu sein. Manches Tragetuch lernt eine ganze Menge Kinder kennen und fristet später als voluminöser Winterschal, als kleine Hängematte oder zu einem Mei Tai verarbeitet noch lange ein munteres Dasein.

Abb. 20a und b: Die Bindetechnik dieser Mutter aus Mauretanien mit einem einfachen Tuch empfinden manche Frauen wegen des Drucks im Brustbereich als unangenehm.

Die Qualität von Tragetüchern

Sicherlich kann man ein Tragetuch auch selbst nähen, schließlich benutzen Frauen in den verschiedenen afrikanischen Kulturen ja eigentlich ganz normale Stofftücher. Nur sollten Sie bedenken, dass in diesen Regionen andere Bindetechniken üblich sind als im europäischen Raum und daher für Sie vielleicht eher ungewohnt sind. Oft werden dabei zwei Tücher übereinander gebunden, was man bei den gängigen Aufnahmen kaum erkennen kann. Lockert sich dann etwas, wird schnell neu gebunden. Das geht traumhaft automatisch, man muss das aber gewöhnt sein. Außerdem wäre das

INFOBOX 13: TUCHQUALITÄT

Gute Tücher zeichnen sich aus durch

- **eine aufwendige Webtechnik:** Eine einfache Leinwandbindung kann die Ansprüche an ausreichende Festigkeit und Elastizität – vor allem in Diagonalrichtung – nicht erfüllen. Ein dünner, einfach gewebter Stoff schneidet ein, falls sich die Falten zusammenschieben. Diese Gefahr besteht besonders im Hals-/Schulterbereich des Kindes und vor allem in den Kniekehlen, die Beinchen können so schnell »einschlafen«, da die Blutzirkulation behindert wird. Von der Wirkung auf die Schultern der Eltern will ich gar nicht reden.
- **eine geeignete Oberflächenstruktur und Zwirnung der Fäden:** Kett- und Schussfäden unterscheiden sich. Der Stoff darf nicht zu glatt sein, sonst gibt der Knoten allmählich nach. Eine zu raue Oberflächenstruktur dagegen erschwert das Festzurren des Knotens und die Tuchfalten sind kaum nachzuziehen, da die Fäden stärker aneinanderhaften und nicht aneinander vorbeigleiten. Außerdem bleibt bereits normale Babykleidung zu sehr am Tuchstoff hängen, wenn Ihr Kind in ein bereits umgebundenes Tuch hineingleiten soll. Das verlängert diese Prozedur unnötig und stimmt den Zwerg schnell ungnädig.
- **doppelt gearbeitete Tuchkanten:** Die Kanten sollten doppelt umgenäht sein, da die normalen, einfachen Webkanten nach kurzer Zeit nachgeben und ausleiern, regelrecht wellig werden.
- Früher wurden auch abgeschrägte Tuchenden als praktisch angesehen und galten als Beurteilungskriterium. Das wird heute nicht mehr so gehandhabt.

bei uns vor allem in der kälteren Jahreszeit mehr als störend. Bei den hier üblichen Bindetechniken ist daher ein anderer Anspruch an das Gewebe zu stellen.

Stabil in Längs- und Querrichtung – Sprungelastisch in der Diagonale

Das Gewebe darf nicht in Längs- und Querrichtung – also in Kette und Schuss – nachgeben, denn dann würde der Sitz, bleibt Ihr Kind länger darin, bald außer Form geraten.

Sprungelastisch in der Diagonalen heißt, dass das Tuch in Querrichtung nachgibt, sich aber auch wieder zusammenzieht, wenn der Druck nachlässt. Hier hebt sich vor allem ein gutes Tuch von einem mittelmäßigen bzw. vor allem von einem einfachen Gewebe ab. Ein Baby muss ja eng eingebunden sein, damit seine aufrechte Körperhaltung auch ausreichend stabilisiert wird. Nach den ersten Handgriffen wird jede zu lockere Falte nachgezogen, damit das Tuch insgesamt den Körper des Kindes eng umschließt. Ist der Stoff zu steif und unnachgiebig, gelingt das nicht besonders gut bzw. ist mühevoll und langwierig. Die eine Falte ist zu locker, die andere schnürt gegebenenfalls das Ärmchen ein, wenn Ihr Baby sich bewegt. Auch der Knoten ist nur schwer zusammenzuziehen. Ist das Gewebe zu nachgiebig, leiert der Stoff dagegen leicht aus und eine Bewegung Ihres Kindes bringt gegebenenfalls das Ganze völlig außer Form: Da liegt das Tuch noch an, dort ist eine Falte zu locker. Sie müssen, genauso wie im Falle zu nachgiebiger Kett- und Schussfäden, immer wieder neu binden und Falten nachziehen.

Auch bei guten, anspruchsvoll gewebten Tüchern gibt es Unterschiede. Erfahrene Tragetuchverwenderinnen können hier mit Rat und Tat zur Seite stehen, auch die bereits erwähnten Testzeitschriften gehen immer wieder auf das Thema ein und greifen neue Produkte auf. Sicherlich wird auch ein gutes Tuch mit der Zeit etwas nachgeben, doch es leiert nicht derart schnell aus, dass Sie während einer Tragesession korrigieren müssen, damit Ihr Kind genügend gestützt wird. Gerade wenn eine Bindetechnik es zulässt, dass ein fertig gebundenes Tuch immer wieder eingesetzt werden kann, ist es ärgerlich, diesen Vorteil durch ungeeignete Stoffeigenschaften zu verschenken und fast jedes Mal neu binden zu müssen.

Elastische Tragetücher für die Kleinen

Bei elastischen Tüchern können Sie Ihr Kind üblicherweise einfach in eine ganze Reihe bereits fertig gebundener Bindevarianten hinein »verfrachten«. Seine Haltung kann recht problemlos korrigiert werden, denn ein gutes, elastisches Tuch lässt sich überall leicht dehnen und schmiegt sich dennoch sofort wieder gut an. Gerade bei sehr empfindlichen, zarten und zu früh geborenen Winzlingen ist das elastische

Tragetuch für manche Kinder *die* Alternative. Um genügend Halt zu garantieren, ist eine »dreilagige« Bindeweise wichtig. So hat sich die Wickel-Kreuz-Trage (Bauchbinde »außen« und »innen« → **Abb. 23** und → **Abb. 25**) als besonders günstig für die ganz Kleinen herausgestellt, auch weil die Eltern noch bindeunerfahren und zunächst recht unsicher sind. Das Baby kann auch bei dieser Bindevariante vor allem bei elastischen Tragetüchern problemlos mehrfach herausgenommen und wieder hineingesetzt werden und dennoch schmiegt sich der Stoff weiterhin hinreichend eng an.

Das Binden dieser elastischen Tücher benötigt besondere Sorgfalt, um wirklich sicherzustellen, dass es die Körperhaltung des Kleinen ausreichend und richtig stützt. Es muss im Vergleich zu »normalen« Tüchern ausgesprochen fest gebunden werden, damit das Baby auch stabil gehalten wird. Ungeübte Eltern sollten sich unbedingt von kompetenter Seite in die richtige Handhabung einführen lassen und nach Ausprobieren entscheiden, ob ein elastisches oder aber ein normal gewebtes Tuch geeigneter für sie ist.

Inzwischen kommen immer mehr elastische Tücher auf den Markt, die oft auch mit dem englischen Wort für Tragetücher als »Wraps« bezeichnet werden. Nicht alle erfüllen die Qualitätskriterien »ausreichend nachgiebig«, aber gleichzeitig »hinreichend fest genug«, um die Haltung des Kindes genügend zu stabilisieren. Teils wird die äußerst dehnbare Kunstfaser Elasthan eingearbeitet, im amerikanischen Sprachraum wird dafür auch der Begriff Spandex verwendet. Dieser Kunstfaserbestandteil oder ähnliche können vor allem an heißen Tagen für Eltern und Kind unangenehm werden, auf der anderen Seite kühlen zarte Kinder durch dieses Material im Vergleich zu Tüchern aus reiner Baumwolle schneller aus. Lassen Sie sich von erfahrenen »Userinnen« beraten.

Je nach Eigenschaft sind elastische Tragetücher speziell für Frühchen oder Neugeborene gefertigt und demnach auch etwas schmaler, das heißt etwa 45 cm breit. Gängig breite Tücher werden von den Herstellern teils für Kinder mit einem Gewicht von bis zu neun oder zehn Kilo als geeignet empfohlen. Doch hier scheiden sich die Geister und vielen, das »normale« Tragetuch gewohnten Trägerinnen ist ein elastisches Tuch schon bei bedeutend geringeren Gewichtsklassen zu nachgiebig und es stabilisiert ihnen das Baby zu wenig. Ab einem Gewicht von etwa sechs Kilo sollten Sie auf jeden Fall ständig überprüfen, ob das Tuch nach wie vor ihrem Kind genügend Halt bietet, ab dem achten Kilo sollte man zu einer normalen Tuchvariante wechseln. Prinzipiell gilt immer, gleich wie schwer Ihr Kind ist, sobald Sie das Gefühl haben, dass Ihr Baby das elastische Tuch außer Form bringen kann, sollten Sie zu einem normal gewebten Tuch wechseln, auch wenn Sie auf einige praktische Komponenten verzichten müssen.

BINDETECHNIKEN KONKRET

Mit etwas Geduld können Eltern Schritt für Schritt die verschiedenen Bindetechniken erlernen und entscheiden, welche Variante für sie die beste ist.

Wie erwähnt, heute gibt es fast überall kompetente Beratungen zu den verschiedenen Bindetechniken, es werden regelmäßig Tragekurse angeboten, einige Hebammen bieten eine Infostunde an, mit den Tragetüchern werden meist auch ausführliche Beschreibungen geliefert und Internet-Videos helfen der Erinnerung auf die Sprünge. Daher hatte ich mit dem Gedanken gespielt, hier konkrete Bindeanleitungen gänzlich wegzulassen. Aber ein Buch, das sich zentral um das Thema Tragen von Babys dreht, ohne jegliche Bindeanleitung widerstrebte mir dann doch. Ich werde mich daher auf die mir am wichtigsten erscheinenden klassischen Bindevarianten beschränken, die auch für die ganz Kleinen geeignet sind. Eltern, die mit dem Tragen liebäugeln und sich rundum informieren wollen, können sich so wenigstens eine gewisse Vorstellung vom Binden eines Tuches machen und wissen dann zumindest ungefähr, worauf sie sich da einlassen wollen. Das hilft hoffentlich dabei, sich für ein geeignetes weiteres Infoangebot zu entscheiden. All die anderen, durchaus ebenfalls geeigneten Bindemöglichkeiten überlasse ich gerne den kompetenten Trageberaterinnen aller Couleur.

Eine gute Trageberaterin wartet mit einer ganzen Palette von bewährten Tipps auf, die Ihnen ganz individuell den Umgang mit dem Tuchungetüm und dem »dazugehörigen« Kind erleichtern, und hat natürlich auch die Seite der tragenden Person mit ihren individuellen »Beschaffenheiten« im Blick. Nur ein paar generelle Punkte möchte ich hier noch ansprechen.

Allgemeingültiges für verschiedene Bindetechniken

Gewichtsverteilung oder: Wie hoch ein Baby umgebunden sein sollte

Sie sollten Ihr Kind recht hoch umgebunden tragen, dann ist die Gewichtsverteilung für Sie als tragende Person günstiger. Je tiefer der Schwerpunkt liegt, desto anstrengender wird das Tragen. Auf der anderen Seite sollte, sofern Sie Ihr Kind frontal vor der Brust tragen, nicht die Gefahr bestehen, dass Sie in einem unbedachten Moment mit Ihrem Kinn die anfangs noch sehr empfindliche Fontanelle Ihres Kleine treffen. Das Köpfchen sollte Sie zudem möglichst wenig in Ihrer Sicht behindern. Sie können sich sicher gut vorstellen, wie schnell man ins Stolpern geraten kann, nimmt man beispielsweise die nächste Stufe nicht mehr wahr. Gerade beim Treppensteigen sollten Sie größte Vorsicht walten lassen. Es gibt zur optimalen Tragehöhe verschiedene Merksätze, zum Beispiel sollte man das Köpfchen noch küssen können oder das Kind – zumindest die Kleinen – sollte oberhalb des Bauchnabels sitzen.

Was zusätzlich für eine gute Unterstützung sorgt

Dem Körper der Kleinen sicheren Halt geben, hierauf wurde und wird immer wieder angespielt. Da es ein derart wichtiger Punkt ist, möchte ich es noch einmal explizit aufgreifen. Für eine gute Unterstützung müssen die Stoffbahnen Ihr Baby eng umschließen. Das heißt natürlich nicht, dass Sie es derart einschnüren sollen, das es sich kaum bewegen oder atmen kann. Es muss immer möglich sein, die flache Hand zwischen Sie und Ihr Kind schieben zu können. Es gut einzupacken gelingt meist nicht auf Anhieb. Sobald Ihr Kind im Tuch sitzt, müssen die Stoffbahnen, die zu locker sind, Falte für Falte oder – wie es oft auch beschrieben wird – Strähnchen für Strähnchen nachgezogen werden, und zwar von der Mitte des kindlichen Rückens aus nach rechts *und* links, damit nicht ein

Abb. 21a: Ziehen Sie die Stoffkante, die über den Nacken-Rückenbereich Ihres Kindes verläuft, über Ihre Schulter nach unten. Das Tuch umschließt nun entweder Ihr Baby im oberen Rückbereich enger oder gibt dem Köpfchen kleinerer Babys besseren Halt. Der Druck wird so auch von Ihrem Halsbereich genommen und die Last auf der gesamte Schulter verteilt.

einseitiger Zug Ihr Baby zu einer schiefen Haltung verleitet. Daher ist es sinnvoll, einen Knoten nicht von vornherein ganz festzuziehen, sondern erst, nachdem die Falten sitzen und ordentlich im Knoten eingereiht wurden.

Einschlagen der Tuchkanten: Üblicherweise ist ein Tuch breiter als benötigt, das hat Vorteile. So kann man auf jeder Seite über die gesamte Länge hinweg das Tuch etwas einschlagen, sodass es im Schulter- und im Kniekehlenbereich Ihres Kindes doppelt liegt. Die doppelte Lage im Schulter-Rücken-Bereich des Babys stabilisiert seinen Rücken zusätzlich. Sie können diese doppelte Tuchlage gegebenenfalls auch hochziehen und so das Köpfchen extra stützen.

Noch mehr Halt erreichen Sie, wenn Sie zusätzlich ganz am Schluss die Tuchkante über Ihre Schultern »herunterziehen«, wie es auch als Abschluss des seitlichen Hüftsitzes zu sehen ist (→ **Abb. 21a**). Weiteren Halt erreichen Sie, wenn Sie das Tuch über Ihrer Schulter herunterziehen und dabei »verkreuzen« (→ **Abb. 21b und c**).

Abb. 21b und c: Sie können auch die halsnahe Kante auf Ihrer Schulter »unten durch« ziehen. Greifen Sie hierzu unter dem Tuch im Schulterbereich hindurch und fassen Sie die Tuchbahn, die über den Nacken-Rückenbereich Ihres Kindes verläuft. Ziehen Sie diese Kante nun »unten durch« und über die Schulter herunter.

➔ DER KLASSISCHE SEITLICHE HÜFTSITZ

Wenig überraschend – vom verhaltensbiologischen Standpunkt aus, der die menschliche Stammesgeschichte berücksichtigt jedenfalls – ist der seitliche Hüftsitz eigentlich die ursprüngliche Art des Tragens, gleich ob mit oder ohne Stoff. Aber auch ohne stammesgeschichtliche Überlegungen gibt es Punkte, die für diese Trageweise sprechen. Nochmals zusammengefasst, was den Hüftsitz so besonders geeignet macht:

- Die Beinchen umfassen den Körper der tragenden Person in einer stark angehockte, leicht gespreizte Beinstellung. Dabei werden die Bewegungsreize stärker als im Falle der frontalen Trageweise auf die anfangs noch knorpeligen Hüftgelenkstrukturen übertragen, was die Durchblutung fördert und somit deren gesunde Entwicklung, es beugt also einer Dysplasie eher vor (**Kapitel → Hüftdysplasie und Tragen**).
- Durch den seitlichen Sitz sind die Atemwege bei gerader, symmetrischer Kopfhaltung freier und das Gesicht wird weniger in die Kleidung des Tragenden gedrückt als im Falle der frontalen Trageweise, selbst wenn das Kleine gerne seine Nase in den kuscheligen Pullover drücken möchte, der so gut nach Mama oder Papa riecht. Das Gesichtchen des Kindes ist für den Tragenden durch den leicht seitlich nach unten gerichteten Blick eher »einsehbar«.
- Auch aufseiten des Kindes ist es in dieser seitlichen Position leichter, schräg nach oben in das Gesicht der Eltern zu schauen, als im Falle des frontalen Tragens. Das Minenspiel der Eltern ist so eher für die Blicke des Kindes zugänglich und eine Kommunikation leichter, als wenn es den Kopf stark in den Nacken neigen muss, um dann doch mehr ihr Kinn zu sehen als ihr Gesicht.
- Die Kleinen können selbstständig entsprechend ihrer momentanen Stimmung Kontakt mit den Eltern aufnehmen oder sich der Umwelt zuwenden. Selbst Frischlinge, die eigentlich ihren Kopf noch nicht kontrolliert halten können, sind in der Lage, sich selbstbestimmt dem gerade ihrer Stimmungslage entsprechenden Ausschnitt der Welt zuzuwenden – oder sich eben abzuwenden, wenn es sich zurückziehen möchte. Wichtig vor allem für agile Ältere, die »etwas von der Welt« sehen wollen und die sich bei frontaler Trageweise einfach langweilen. Sie stemmen dann nicht selten die Arme gegen die Brust der Eltern, um sich für einen freieren Blick in die Welt etwas wegzudrücken und sich nach hinten zu beugen. Im seitlichen Sitz haben sie einen freien Blick, fühlen sich in das Geschehen eingebunden und bekommen die Mimik der Eltern mit.
- **Der Nachteil:** Die einseitige Belastung für den Körper des Erwachsenen.

TUCHLÄNGE

Ca. 2,75 m oder länger

ANMERKUNG

Ist das Tuch einmal richtig gebunden, kann es so die nächsten Male immer wieder verwendet werden.

VORBEREITUNG

- Markieren Sie die Tuchmitte.
- Legen Sie die obere und untere Tuchkante fest und markieren Sie diese (das ist wichtig, wenn Sie das gebundene Tuch später wieder korrekt umlegen wollen).
- Bei ganz Kleinen beide Tuchkanten der Länge nach umschlagen, um die Breite zu reduzieren.

SO GEHT ES BEIM ERSTEN BINDEN

- Platzieren Sie die Tuchmitte auf der Schulter gegenüber der Seite, auf der Ihr Kind sitzen soll. Möchten Sie Ihr Kind auf der linken Hüfte tragen, müssen Sie das Tuch also über die rechte Schulter legen oder eben umgekehrt.
- Binden Sie das Tuch mit einem Flachknoten (Weberknoten) auf der gegenüberliegenden Seite etwa in Hüfthöhe, zurren sie ihn aber noch nicht ganz fest – das Tuch liegt jetzt diagonal über Ihrem Oberkörper. Bei ganz Kleinen müssen Sie die Schlaufe etwas kleiner planen (→ **Abb. 22a**).
- Schieben Sie den Knoten nach hinten zwischen Ihre Schulterblätter.

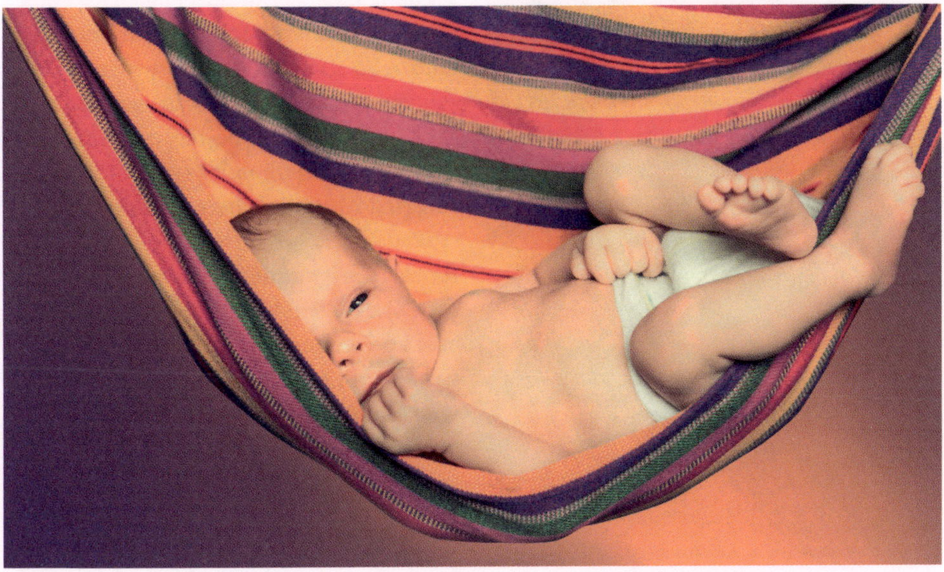

- Lassen Sie Ihr Kind von der Schulter herab in das Tuch gleiten (→ **Abb. 22b**). Am Anfang ist es vielleicht für Ihr Sicherheitsgefühl geschickt, den linken Fuß irgendwo erhöht aufzustellen. Sitzt Ihr Kind im Tuch auf Ihrem Oberschenkel reduziert dies zudem bei größeren und schwereren Wonneproppen sein Gewicht, bis das Tuch sortiert ist.
- Bringen Sie die Beinchen beim Ins-Tuch-gleiten-Lassen schon etwas in die Spreiz-Anhock-Stellung, wenn Sie von unten in das Tuch fassen.
- Sitzt Ihr Kleines auf der Hüfte, kontrollieren Sie nochmals die Beinstellung – das Tuch kann in den Kniekehlen ruhig einen kleinen Wulst bilden, es schnürt dann sicher nicht in den Kniekehlen ein. Wichtig: Die Beinchen des Kindes müssen stark angewinkelt sein (→ **Abb. 22c**), ansonsten haben Sie das Gefühl, Ihr Baby rutscht heraus – ein recht sicheres Zeichen, dass es nicht richtig im Tuch sitzt.
- Unterstütztzen Sie die Körperhaltung Ihres Kindes, während jemand den Knoten auf Ihrem Rücken gegebenenfalls wieder etwas löst, um lockere Stoffbahnen nochmals nachzuziehen – lassen Sie sich dabei Zeit, denn das gründliche Nachziehen der Falten garantiert den guten Sitz Ihres Babys.
- Sobald Ihr Baby gut eingebunden ist, kann der Knoten fest zugezogen werden.

Abb. 22a–d: Beim klassischen seitlichen Hüftsitz kann das Tuch, ist es einmal gebunden, immer wieder verwendet werden.

- Ist das Tuch im Schulter- und Kopfbereich Ihres Kindes doppellagig, können Sie das Tuch – vor allem bei ganz Kleinen – etwas über das Köpfchen ziehen, um es besser zu stützen.
- Wenn Sie die Stoffkante an Ihrem Hals (= Kante im Kopf-Rücken-Bereich Ihres Kindes) über die Schulter nach unten in Richtung Oberarm ziehen, umschließt zum einen das Tuch Ihr Baby im Kopf-Schulter-Bereich enger, zum anderen verteilt sich gleichzeitig die Last auf Ihrer gesamten Schulter, ein unangenehmer Druck im Halsbereich wird so vermieden (→ **Abb. 22d**).

SO GEHT ES BEI BEREITS GEBUNDENEN TÜCHERN

- Ist das Tuch einmal gebunden, können Sie die ganz Kleinen auf das gebundene Tuch legen, schlüpfen Sie dann mit einem Arm in die Schlaufe samt Kind und richten Sie sich mit ihm auf. Man kann sich anfangs die Stelle des Tuches markieren, wo das Kind etwa gesessen hat, um es richtig zu platzieren, und vor allem auch markieren, welche Kante oben und im Beinbereich lag.
- Ist Ihr Kind etwas älter, können Sie es auf Ihren angewinkelten Oberschenkel setzen und das Tuch von oben über Ihr Kind ziehen. Auch hier sollten Sie wissen, welche Kante oben und welche unten war.

ANMERKUNG

Es gibt natürlich noch andere Varianten dieser Bindeweise, sowohl was das Binden, die Position des Knotens als auch die Länge des Tuches betrifft. Auch die »Wickel-Kreuz-Trage« kann auf Hüftsitz »getrimmt« werden, wenn man ein langes Tuch besitzt. Für warme Jahreszeiten ist aber die luftigere Variante mit einem kurzen Tuch angenehmer.

DIE KLASSISCHE WICKEL-KREUZ-TRAGE ODER WICKEL-X-TRAGE

TUCHLÄNGE

Ca. 4,75 m und länger

ANMERKUNG

- Von Anfang an eignet sich diese frontale Tragevariante ganz besonders für Kleine, vor allem da ungeübte Eltern damit schnell gut zurechtkommen und die richtige Haltung des Babys so am ehesten garantiert ist.
- Das Tuch wird üblicherweise jedes Mal neu gebunden, das Kind kann aber auch herausgenommen und wieder hineingesetzt werden, insbesondere bei der Variante »Bauchbinde außen« im Falle von elastischen Tragetüchern (**→Abb. 25**).
- Anfangs ist es geschickt, das ganze Geschehen in einem großen Spiegel nachzuverfolgen, um den Sitz von Tuch und Kind nachzukontrollieren.

VORBEREITUNG

- Markieren Sie die Tuchmitte.
- Schlagen Sie gegebenenfalls das Tuch der Länge nach auf beiden Seiten etwas um, insbesondere bei den ganz Kleinen.

SO GEHT ES – ZUNÄCHST OHNE BABY

- Schlingen Sie sich das Tuch mittig wie eine hochsitzende Bauchschärpe um (**→Abb. 23a und b**), die umgeschlagenen Kanten liegen außen (!), die obere Einschlagkante kann ruhig bis in die Achselhöhle reichen.

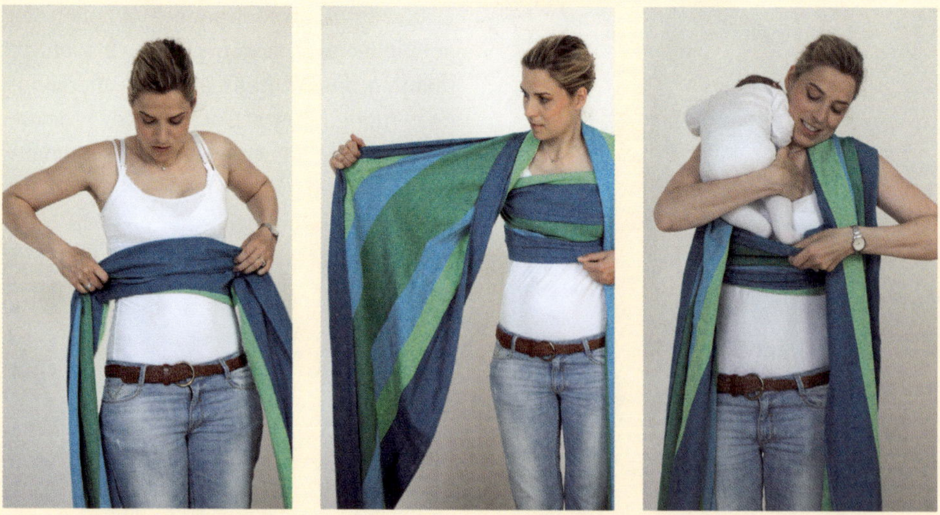

Abb. 23a–f: Die klassische Wickel-Kreuz-Trage oder Wickel-X-Trage eignet sich auch für die ganz Kleinen.

- Ziehen Sie ein Tuchende nach dem anderen quer über Rücken und Schultern wieder nach vorne – das Tuch überkreuzt sich auf Ihrem Rücken (→ **Abb. 23b**). Achten Sie darauf, dass die Bahnen nicht in sich verdreht sind, das erleichtert nicht nur das Nachziehen der Stofffalten.
- Ziehen Sie erst die untere der auf dem Rücken liegenden Tuchbahnen insgesamt etwas nach, dann die obere Bahn – die Bauchschärpe liegt nun eng an.
- Prüfen Sie nochmals besonders die Einschlagkanten nach und ziehen Sie diese gegebenenfalls kräftig nach, das heißt besonders die Falten, die später in den Kniebeugen Ihres Kindes liegen werden (untere Einschlagkante Ihrer Bauchbinde), und diejenigen, die später das Köpfchen und die Schultern umschließen (obere Einschlagkante Ihrer Bauchbinde)(→ **Abb. 23b**).

Hinweis: Die Tuchbahnen, die in den Kniebeugen entlanglaufen werden, müssen gut nachgezogen sein, das sorgt für die starke Hockstellung. Das Nachziehen des Tuches kann tatsächlich so stark sein, dass man kaum glaubt, dass da noch ein Baby dazwischen passen soll, aber das Tuch gibt an den richtigen Stellen nach. Ist das Tuch jetzt bereits eng, müssen Sie weniger Mühe auf das Nachziehen mit Kind aufwenden.

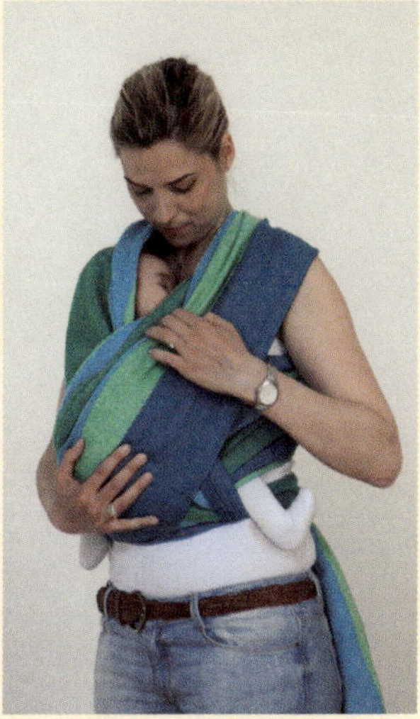

SO GEHT ES WEITER – JETZT MIT BABY

Es ist nicht so schwierig, wie es beim Lesen bzw. beim ersten Versuch vielleicht aussehen mag. Wenn Sie bisher alles geschafft haben und Ihr Baby nach wie vor in ausgeglichener Stimmung ist, dann geht es weiter:

- Legen Sie sich Ihr Baby über eine Schulter und lassen Sie es langsam von oben, zunächst noch mit etwas gestreckten Beinchen, in Ihre Bauchbinde hineinrutschen (→ **Abb. 23c**).
- Versuchen Sie aber möglichst bald, seine Beinchen etwas zu spreizen und anzuhocken. Dazu müssen Sie wahrscheinlich mit einer Hand von unten in das Tuch fassen.
- Sortieren Sie die Beinchen in aller Ruhe, Sie wissen gar nicht, wo und wie sich Füßchen überall verhaken können. Sobald die Beine in Spreiz-Anhock-Haltung sind und die Unterschenkel unten aus dem Tuch hervorlugen, haben Sie es eigentlich schon geschafft. Wurde das Tuch anfangs eng nachgezogen, können

Abb. 24 a und b: Eine klassische Wickel-Kreuz-Trageweise, bei der die Tuchbahnen zur seitlichen Stabilisierung nicht ausgebreitet werden, sondern rechts und links am Rücken des Kindes vorbei verlaufen.

Sie davon ausgehen, dass es bereits jetzt Ihr Kind sicher hält, obwohl das Tuch noch gar nicht verknotet ist (→**Abb. 23d**). Sie können nun in Ruhe weitermachen.

- Ziehen Sie den Stoff Falte für Falte nochmals mit Kind nach. Dabei können Sie auch den anfangs umgeschlagenen oberen Tuchbereich über das Köpfchen ziehen, um ihm Halt zu geben, wenn Ihr Baby noch klein ist. Sind Sie sicher, dass Ihr Kind eng eingepackt ist und die richtige Haltung einnimmt, geht es geruhsam weiter.

- Jetzt ziehen Sie die Tuchbahnen, die über Ihren Schultern liegen, kräftig nach unten und überkreuzen Sie diese unter dem Po Ihres Kindes (→**Abb. 23e**), indem Sie die Tuchenden jeweils unter dem gegenüberliegenden Beinchen hindurch nach hinten auf Ihren Rücken ziehen und sie dort verknoten.
- Die Hockstellung wird durch die unter den Kniekehlen durchgeführten Stoffbahnen nochmals forciert.
- Zum Schluss die Tuchbahnen von Kniekehle zu Kniekehle auseinanderziehen und im Rückenbereich auseinanderbreiten (→**Abb. 23f**).

ANMERKUNG

Natürlich gibt es auch hier zig Varianten. Neigt sich Ihr Kind bevorzugt zu einer Seite, breitet man die standardmäßig quer über den Rücken verlaufenden Tuchbahnen nicht auseinander, sondern führt sie rechts und links am Rücken des Kindes nach unten, um es so seitlich zu stabilisieren, wie in →**Abbildung 24 a und b** zu sehen ist. Man kann die Tuchenden zusätzlich noch zu einem richtigen Strang verdrehen, um die ganz Kleinen seitlich sicher abzustützen. Bei einem kürzeren Tuch kann man den Knoten unter dem Po des Kleinen plazieren.

VARIANTE BAUCHBINDE AUSSEN

Besonders geeignet ist diese Variante für elastische Tragetücher. Die Schritte sind zunächst diesselben wie zuvor → **So geht es – zunächst ohne Baby**.

Ab dem Punkt → **So geht es weiter – jetzt mit Baby** weichen Sie allerdings von der zuvor beschriebenen klassischen Wickel-Kreuz-Trage oder Wickel-X-Trage ab:

- Die beiden herunterhängenden Tuchenden werden von oben in die Bauchschärpe »gestopft« und nach unten durchgezogen. Die Bauchbinde liegt also außen über den beiden nach unten hängenden Tuchenden.
- Die Tuchenden werden dann, sobald das Baby im Tuch sitzt, innerhalb der Schärpe ebenfalls unter dem Po des Babys überkreuzt.
- Anschließend werden sie – genauso wie zuvor beschrieben – jeweils unter dem gegenüberliegenden Beinchen hindurchgezogen und auf Ihrem Rücken verknotet.

Diese Variante (→ **Abb. 25**) ist fast identisch mit der beschriebenen klassischen Bauchbinde innen, sie erfordert aber etwas Übung, da man nicht alle Bewegungen im Spiegel beobachten kann und es etwas schwieriger ist, das Tuch gut nachzuziehen – zumindest anfangs.

Abb. 25: Die »Bauchbinde außen« eignet sich besonders für die ganz Kleinen und für elastische Tragetücher.

INFOBOX 14: FÜSSCHEN REIN ODER FÜSSCHEN RAUS?

Wickel-Kreuz-Trage und Känguru-Trage beispielsweise können derart abgewandelt werden, dass das Tuch auch die Füßchen mit einschließt. Wie üblich gibt es hier unterschiedliche Methoden und unterschiedliche Ansichten. Entweder werden die ursprünglich unter dem Po gekreuzten Stoffbahnen speziell gebunden und so die Füßchen mit »eingearbeitet« und gestützt. Oder aber das Tuch, das sonst bis in die Kniebeuge reicht, wird lediglich nach unten gezogen, bis Unterschenkel und Füßchen vom Tuch ganz eingehüllt sind. Dies geht meist jedoch auf Kosten einer gut unterstützten starken Hockstellung.

Manche Neugeborenen mögen sich durch das Einbinden der Füßchen ruhiger verhalten. So können bei ihnen über einen bestimmten Druck auf die Fußsohlen zum Beispiel Verdauungsprobleme kompensiert werden, wie aus der Kinesiologie bekannt ist, doch benötigen Sie hier eine Einführung in die Bindetechnik von kompetenter Seite. Denn auch Reflexreaktionen können durch einen Druck auf die Fußsohlen angeregt werden, sodass Ihr Kind hierdurch gegebenenfalls unruhig wird. Etwas ältere Kinder stemmen sich vielleicht mit den Füßchen im Tuch ab und drücken sich auf diese Weise nach oben, was die gesamte Bindetechnik außer Form bringen kann. Die Füßchen ins Tuch zu packen und dennoch eine korrekte Hockstellung von 100° oder gar 110° einzustellen, ist schwierig und bedarf einer sachkundigen Beratung.

Auf manchen Webseiten wird das Einbinden der Füßchen für die ersten vier Monate geradezu gefordert. Für ein derartiges »Muss« gibt es keine stichhaltigen Argumente. Zudem werden die Füße bei derartigen Tragetechniken gegebenenfalls über Stunden in einer bestimmten Haltung fixiert, was Fehlstellungen forcieren kann. Und, wie erwähnt, meist ist die Anhockhaltung dann nicht mehr korrekt. Reicht das Tuch lediglich bis zu den Kniekehlen, gewähren Sie Ihrem Baby etwas mehr eigenständige Bewegungsmöglichkeiten.

DIE RUCKSACKTRAGE

TUCHLÄNGE

Ab ca. 3,75 m

ANMERKUNG

- Diese Trageversion eignet sich vor allem für etwas Ältere, die schon eine gute Kopfkontrolle haben und über die Schulter schauen wollen, um etwas mehr sehen zu können als im Sitz vorn.
- Auch über Zweijährige können so noch gut getragen werden, da die Bindeweise einem eng anliegenden Rucksack ähnelt.
- Etwas geübtere Tragetuchnutzer können schon ganz Kleine nach hinten packen, um sie vorn aus dem Gefahrenbereich während des Kochens oder sonstiger Aktionen herauszuhalten. In diesem Fall muss natürlich auch das Köpfchen hinreichend gestützt sein, das heißt, es sitzt insgesamt tiefer, damit das Tuch auch den Kopf umschließt. Ein Blickkontakt ist dann zwar nicht mehr möglich, aber bei den Kleinen wählt man die Rücken-Trageweise ja meist, weil man sie vorne momentan einfach nicht gebrauchen kann.
- Das Tuch wird jedes Mal neu gebunden.
- Wichtig: Die Rücken-Trageweise ist etwas kompliziert, da Ihr Baby außerhalb Ihres direkten Blickfeldes und damit außerhalb Ihres direkten Zugriffs ist. Anfangs ist es immer geschickt, jemanden als Unterstützung neben sich zu haben, da das Unsicherheitsgefühl vor allem bei den ganz Kleinen doch recht groß ist. Mit etwas Routine werden Sie das Ganze problemlos auch alleine hin-

Abb. 26a–c: Die Rucksacktrage eignet sich vor allem für ältere Kinder.

bekommen, aber anfänglich vereinfacht eine helfende Hand und ein zusätzliches Augenpaar das Prozedere immens.

VORBEREITUNG – FÜR ÄLTERE KINDER

- Breiten Sie das Tuch am besten mittig über einen tiefen Armsessel (über Rücken- und Armlehne) aus.
- Setzen Sie Ihr Baby in das Tuch und drapieren Sie den Stoff schon einmal ordentlich in den Kniekehlen.

SO GEHT ES

1. Ziehen Sie das Tuch unter den Achseln des Kindes durch.
2. Setzen Sie sich vor Ihr Kind und lehnen Sie sich etwas zurück.
3. Ziehen Sie die Tuchenden über Ihre Schultern nach vorn – am besten mehrfach durch die Hand gleiten lassen, damit die Stofffalten parallel liegen – und fassen Sie beide Tuchbahnen vor der Brust (→ **Abb. 26a**).
4. Beugen Sie sich weit nach vorn – Ihr Kind liegt jetzt auf Ihrem Rücken (→ **Abb. 26b**).
5. Kontrollieren Sie, ob die Beinchen stark genug angehockt sind.
6. Ziehen Sie gegebenenfalls die Tuchbahn um die Schultern des Kindes enger.
7. Während Sie sich allmählich aufrichten, können Sie zwischen zwei verschiedenen Varianten wählen:
   - **Variante eher für Mütter:** Die Tuchenden direkt unter den Achseln nach hinten ziehen wie die Träger bei einem Rucksack (→ **Abb. 26b**).
   - **Variante eher für Väter:** Die Tuchenden vor Ihrer Brust verkreuzen und unter den Armen hindurch nach hinten ziehen.
8. Die Tuchenden unter dem Windelpaket überkreuzen und danach unter den Kniekehlen der Beinchen hindurch jeweils wieder nach vorne ziehen, anschließend vorne verknoten (→ **Abb. 26c**). Ist das Tuch etwas kürzer, können Sie die Enden gleich hinten unter dem Po des Kindes zu einem Flachknoten binden.

VARIANTE – AUCH FÜR KLEINE BABYS

- Legen Sie Ihr Baby auf ein etwas verschmälertes Tuch (es sollte von Kniekehle bis zum Köpfchen reichen).
- Schieben Sie eine Hand von hinten unter Ihr Kind, sodass es auf Ihrer Hand sitzt, sein Rücken und Kopf schmiegt sich an Ihren Unterarm und in Ihre Armbeuge.
- Heben Sie Ihr Kind hoch und stützen Sie es dabei mit der anderen Hand.
- Schieben Sie es langsam seitlich unter Ihrem Arm hindurch um Ihre Hüfte bzw. Taille nach hinten auf Ihren Rücken – alles möglichst weit oben an Ihren Körper.
- Beugen sie sich nach vorne, während Sie Ihr Baby, das jetzt auf Ihrem Rücken liegt, weiterhin mit einer Hand festhalten.

- Holen Sie nun ein Tuchende nach dem anderen über Ihre Schulter nach vorn (→ **Abb. 27**) – bei einem langen Tuch haben Sie genügend Spielraum dafür. Sorgen Sie für eine gute Spreiz-Anhock-Haltung, Sie können sich hierbei auch sicherheitshalber hinsetzen.
- Ziehen Sie nun das Tuch zurecht, überprüfen Sie den Sitz des Tuches und kontrollieren Sie, ob die Beinchen ausreichend angehockt sind.
- Verfahren Sie weiter wie in den Punkten 7 und 8 beschrieben.

VARIANTE FÜR KLEINE UND DURCHTRAINIERTE ELTERN

Ganz Kleine können Sie auch auf das ausgebreitete Tuch legen, setzen Sie sich dann davor. Nun müssen Sie sich zwar weit nach hinten lehnen, während Sie die Tuchenden über Ihre Schultern ziehen, das trainiert dann aber immerhin auch Ihre Bauchmuskeln. Sie müssen hier natürlich auch darauf achten, dass das Köpfchen gut eingehüllt ist. Danach können Sie mit Punkt 4 fortfahren.

VARIANTE FÜR DIE GANZ KLEINEN UND SEHR SELBSTSICHERE ELTERN

- Platzieren Sie Ihr Baby mittig auf das in der Breite bereits etwas angepasste, das heißt der Länge nach eingeschlagene Tuch, es sollte das gesamte Köpfchen einschließen und bis in die Kniekehlen der angehockten Beinchen reichen.
- Die Tuchenden mit *einer* Hand knapp über dem Rumpf des Babys so zusammenraffen, dass Ihr Kind mit leicht gerundetem Rücken und schon etwas angehockten Beinchen wie in einer Wiege liegt – ist Ihr Kleines etwas unruhig, kann man es leicht wiegen und so beruhigen. Hierfür wird auch der Begriff Storchengriff verwendet.
- Heben Sie das kleine Bündel bis zur anderen Schulter an, unterstützen Sie es mit der anderen Hand und dem angewinkelten Arm. Platzieren Sie das Bündel mit ein klein wenig Schwung und Unterstützung des anderen Arms über Ihre Schulter. War Ihr Kind tatsächlich mit gut angehockten Beinchen wie ein Bündel »verschnürt«, liegt es nun mit Köpfchen und Bauch sicher im Tuch eingepackt über Ihrer Schulter.
- Fassen Sie nun die beiden Tuchenden jeweils mit einer Hand und lassen Sie das Kleine langsam nach unten rutschen.
- Zwischendurch – das sagt sich so schön, aber es gibt wirklich kein Rezept für das Wann – führen Sie den Arm über den Kopf, sodass nun die beiden Tuchenden jeweils rechts und links über Ihren Schultern liegen.
- Sobald Ihr Kind in der richtigen Höhe sitzt, verfahren Sie weiter wie unter Punkt 7

und 8 beschrieben. – Fertig! Beim ersten Mal werden Sie es wahrscheinlich auch sein.

ELEGANTE VARIANTE FÜR BABYS MIT SCHON RECHT GUTER KOPFKONTROLLE

Ich möchte Ihnen nur noch eine letzte der vielen Varianten vorstellen. Probieren Sie einfach aus, bei welcher Sie sich am wohlsten fühlen.

- Legen oder setzen Sie Ihr Kind mittig auf das Tuch, das vor Ihnen auf dem Boden ausgebreitet ist.
- Knien Sie sich dahinter.
- Beugen Sie sich über Ihr Kind – die obere Tuchkante liegt über seinen Schultern – und richten Sie es etwas auf.
- Fassen Sie Ihr Kind samt Tuchkante von oben/vorn unter den Achseln – Daumen greifen unter die Achseln, Handflächen auf der Brust (die Handhaltung ist dabei kurzfristig etwas unbequem für Sie).
- Heben Sie Ihr Kind mit dem Tuch über Ihren Kopf nach hinten – die gleich langen Tuchenden hängen nun bereits rechts und links über Ihren Schultern herunter.
- Beugen Sie sich nach vorne – Ihr Baby liegt jetzt recht weit oben auf Ihrem Rücken.
- Fassen Sie die beiden Tuchenden und lassen Sie Ihr Kind bis zur richtigen Höhe nach unten rutschen – Falten nachziehen, auf die Hockstellung achten und wie unter Punkt 7 und 8 beschrieben fortfahren.

Das hier ist sicher nur ein Ausschnitt der verschiedenen Möglichkeiten, ein Kind auf den Rücken zu packen. Und wie bereits erwähnt: Holen Sie sich anfangs am besten Unterstützung, bis Sie und Ihr Kleines etwas Übung haben.

Abb. 27: Kind samt Tuch unter einem Arm hindurch nach hinten geschoben – eine Variante, wie man sein Kleines sicher auf den Rücken platzieren kann.

Und die vielen anderen Trageweisen?

Auch die Känguru-Trageweise gehört wie die Kreuz-Trage zu den klassischen Trageweisen. Das gleiche gilt für die Wiege-Trageweise (→ **Infobox 16: Liegend getragen – die Wiege-Trageweise, S. 174**). Man kann auch die Wickel-Kreuz-Trage als Rücken-Trage- oder als Hüftsitz-Version binden, es gibt die Doppelkreuz-Trage, die Känguru-Trage mit gedrehten Trägern, die Hüftschlinge und so weiter. Probieren Sie einfach aus, welche Variante zu Ihnen und Ihrem Kind passt, worauf es ankommt, gilt für alle und sollte mit den diversen Bindetechniken möglich sein.

INFOBOX 15: DIE RUNDRÜCKENHALTUNG UND DIE SOGENANNTE TOTALKYPHOSE

Gut gestützt und leicht gerundet soll sie sein: die kindliche Rumpfhaltung im Tragetuch. Doch wie die korrekte Rückenhaltung eines Kindes konkret aussehen soll, scheint noch immer umstritten, und das nicht nur in »Tragekreisen«. Selbst in gängiger medizinischer Literatur findet man fehlerhafte Darstellungen und Beschreibungen.

Nochmals zur Erinnerung: Der insgesamt gerundete Eindruck der Silhouette des kindlichen Rückens im Babyalter entsteht durch die noch wenig ausgeprägte Lendenlordose, vor allem aber wohl aufgrund der kaum vorhandenen Halslordose, wodurch der Oberkörper nach vorne gebeugt und gerundet erscheint (**Kapitel → Die besondere Physiologie und Anatomie im Säuglingsalter – Die Wirbelsäule**). Die auffällige Halslordose entwickelt sich, sobald ein Säugling beginnt, seinen Kopf zu heben. Die anfangs geringe Lendenlordose prägt sich mit der Fähigkeit des Kindes, sich aufzurichten, und dem Beginn seiner ersten Laufversuche allmählich weiter aus, je mehr Übung es darin bekommt.

In diesem Zusammenhang kursierte immer wieder der Begriff »Totalkyphose« – eine ausgesprochen ungeschickte Wortwahl, die dazu führte, dass man die Wirbelsäule eines Kindes tatsächlich als ein durchgängiges Halbrund ansah, was teils zu absonderlichen Bindevarianten führte und Eltern überforderte. Nebenbei bemerkt: In der Medizin bezeichnet dieser Begriff eine schwere krankhafte Verformung der Wirbelsäule. Das Wort ist nicht nur negativ belegt, es trifft auch nicht zu. Bereits in der Fetalzeit um die 20. Schwangerschaftswoche ist sowohl eine leichte Krümmung zur Lendenlordose als auch zur Halslordose erkennbar. Dass der Rücken eines Babys dennoch rund – von außen gesehen – erscheint, liegt an der ausgeprägten Brustkyphose, die optisch der dominierende Bereich des Säuglingsrückens ist. Hinzu kommt eine geringe Beckenneigung in Kombination mit einer kaum ausgeprägten Gesäßmuskulatur, die erst beim aufrechten Laufen benötigt wird.

Ein Baby sollte daher beim Tragen nicht in eine starke Rundung gezwungen werden, vor allem nicht im Halswirbelbereich. Es muss vielmehr die Möglichkeit haben, sich im Schulterbereich aufzurichten und das Köpfchen anzuheben, da die Halslordose durch »Beanspruchung« gefördert wird, das heißt durch die dazu benötigten Muskelaktivitäten. Während des Tragens sollte es möglichst eigenständig in das Gesicht der Eltern blicken können, da dies zum Anheben des Kopfes anregt, das trainiert die entsprechende Muskulatur und fördert somit ebenfalls die Entwicklung der Halslordose und die Kopfkontrolle. Hier eine extreme Rundung zu fordern ist unphysiologisch. Außerdem entzieht es einem Baby die Möglichkeit für dieses kleine Trainingsprogramm. Die Rundung im Rückenbereich werden Eltern automatisch richtig »einstellen«, wenn sie für eine gute Hockstellung sorgen und sich das Baby an ihren Körper anlehnen und auch aufrichten kann. Die Rückensilhouette wird also wohl eher einem lang gestreckten unvollständigen C entsprechen denn einer Halbkreisrundung.[123]

Die Förderung der Halslordose ist heute wichtig geworden, da viele Babys als Vorbeugung gegen den plötzlichen Kindstod einen großen Teil des Tages in Rückenlage verbringen. Es fehlt so eine recht große Zeitspanne, in der es Arme und Halsmuskulatur durch seine Versuche trainieren kann, sich aus der Bauchlage heraus hochzustemmen, alleine nur schon um seine Umgebung betrachten zu können. Babys, die vorzugsweise auf dem Rücken schlafen und auch ansonsten sicherheitshalber kaum auf den Bauch gelegt werden, brauchen länger, bis sie sich umdrehen, sitzen, krabbeln und sich hochziehen können (**Kapitel → Tragen – »Frühförderung spezial«**).

RINGSLINGS, MEI TAIS, ONBUHIMOS …

Welche Tragehilfe ist denn nun die richtige? Was sind die Vorteile und was die Nachteile von bestimmten Tragehilfen?

Es gibt inzwischen eine ganze Reihe von Tragehilfen, die dem Tragetuch mehr oder weniger nachempfunden und oft auch aus sogenanntem Tragetuchstoff gefertigt sind. Die Handhabung soll durch Bänder, Ringe oder einige Schnallen insgesamt vereinfacht werden. Aufwendiges Binden oder Faltennachziehen fällt teils oder sogar gänzlich weg. Die Lösungen sind zum Teil sehr kreativ und gut durchdacht. Manchmal erscheinen sie etwas kompliziert, doch mit etwas Übung sitzen die Handgriffe letztendlich dann recht flott. Die Übergänge von Tuchtragen zu Komforttragen sind fließend, die Bezeichnungen werden oft uneinheitlich gehandhabt. Zusätzlich drängen ausländische Produkte aus dem englischsprachigen Raum auf den Markt, einen groben Überblick über die gängigen Benennungen sind in der → **Tabelle 2** zusammengestellt.

Der Markt wird vor allem durch Einkäufe via Internet immer unübersichtlicher, so werden natürlich auch ungeeignete Produkte an den Mann/die Frau gebracht, die auf den ersten Blick - da einfach in der Handhabung - recht praktisch erscheinen. Daher gilt wieder, auch wenn ich mich langsam wie eine Schallplatte mit Sprung anhören sollte: Eine gründliche Vorinformation ist unbedingt nötig sowie ein aufmerksames Auge für die üblichen Punkte bezüglich Körperhaltung und Position des Kindes.

DAS BESONDERE

- Sie sind schnell anzulegen und das Baby lässt sich leicht darin platzieren.
- Da sich das Kleine (meist) ähnlich wie beim Tragetuch eng an den Tragenden anschmiegen kann, ist die Gewichtsverteilung für die Eltern üblicherweise günstig.

ZU BEDENKEN

- Manche dieser Tragen können zwar recht variabel eingesetzt werden, doch nicht immer sind sie hinreichend anpassbar, was – zumindest in bestimmten Altersabschnitten – auf Kosten einer korrekten Beinhaltung oder Unterstützung im Rückenbereich geht.
- Je besser diese Tragen anzupassen sind, umso diffiziler wird die Handhabung, doch diese ist erlernbar, genauso wie das Tragetuchbinden.

Tabelle 2: Überblick über die gängigsten Benennungen der Tragemöglichkeiten

Tragetücher (engl. wrap, woven wrap)	Im englischen Sprachraum werden sie manchmal auch (ungenau) als Sling bezeichnet; hierzu gehören auch Rebozos, kleine Tücher aus Südamerika, die teils aus synthetischen Textilfasern hergestellt sind.
Slings	Tragetuchähnliche Schlingen mit (Ringslings) und ohne Ringe, mit Riemen und kleinen Schnallen, mithilfe derer die Trage an die unterschiedliche Größen des Babys oder Babyträgers angepasst werden kann. Sie sind unter anderem aus elastischem Material gefertigt, bestehen manchmal auch aus zwei quer übereinander zu tragenden Schlaufen.
diverse Tragehilfen aus Asien (engl. asian style carrier)	Mei Tai, Onbuhimo, Podaeigi usw. haben ursprünglich lange Bänder, die gebunden werden müssen; die Bezeichnungen werden recht unsystematisch verwendet. Die als Onbuhimos bezeichneten Hilfen besitzen keinen Bauchgurt, die Träger sind heute meist mit einer Schnalle versehen, ggf. besitzen sie ähnlich wie Komforttragen noch weitere Schnallen.
Komforttragen (engl. soft structured carrier)	Allgemeiner Begriff für Tragehilfen mit zahlreichen, diversen Schnallen und Bändern für eine gute Anpassung an die Größe von Kindern und Eltern.
Half buckle	Tragehilfe im asiatischen Stil mit einer Schnalle am Bauchgurt um die Taille und langen Schultergurten, die gebunden werden müssen. Die Bezeichnungen diverser Modelle sind recht unsystematisch und überschneiden sich.
Full buckle	Tragehilfe mit zahlreichen Schnallen und Riemen (zumindest an Trägern und Bauchgurt) zum Anpassen an Kind und Tragenden; im Prinzip kann man auch von Komforttragen sprechen.

Ringslings

Ringslings entsprechen im Großen und Ganzen einem für den seitlichen Hüftsitz gebundenen Tragetuch, wobei man ein Baby aufrecht sitzend auch nach vorn verschoben frontal darin tragen kann. Hier muss aber darauf geachtet werden, dass die Kinder nicht in leichte Schräglage geraten, was bei Kleineren schnell passieren kann. Häufig wurden bzw. werden darin ungünstigerweise auch ganz Kleine liegend getragen (→ **Infobox 16: Liegend getragen – die Wiege-Trageweise, S. 174**).

DAS BESONDERE

- Vom Prinzip her (!) sind sie für alle Altersstufen geeignet.
- Sie können schnell angelegt und – ähnlich einem Tragetuch – angepasst werden.
- Ein Baby kann darin im seitlichen Hüftsitz oder nach vorn verschoben getragen werden.

Der Knoten des Tragetuches wird sozusagen durch ein Doppelringsystem ersetzt, durch welches das zweite Tuchende zusammengerafft gezogen wird. Es bildet sich so ein »Sitzbeutel« – entsprechend der Hüfttrageweise im Tragetuch –, in den man das Baby von der Schulter aus hinein rutschen lassen kann. Bei geeignetem Ringsystem und guter Stoffqualität bzw. -verarbeitung kann das Tuch im Ringbereich Falte für Falte nachgezogen und so ans Kind angepasst werden. Inzwischen sind viele Modelle aus sogenanntem Tragetuchstoff in guter Qualität gearbeitet. Es gibt aber auch vor allem für die ganz Kleinen ungeeignete Ringslings, deren Stoffqualität, gegebenenfalls vorhandene Polsterungen oder Verstärkungen ein Nachziehen der Falten im Rückenbereich nicht hinreichend erlauben. Manche Ringe sind zu klein dafür, manche Ringsysteme lockern sich aufgrund der Größe bzw. Materialbeschaffenheit bei Belastung, manchen Stoffen fehlt die notwendige Sprungelastizität. Es ist also wichtig, auszuprobieren und Vorinformationen über das jeweilige Produkt einzuholen. Ansonsten ist das Ringsling-Prinzip eine schnell umzubindende Alternative zum Tragetuch, wenn auch nicht ganz so variabel.

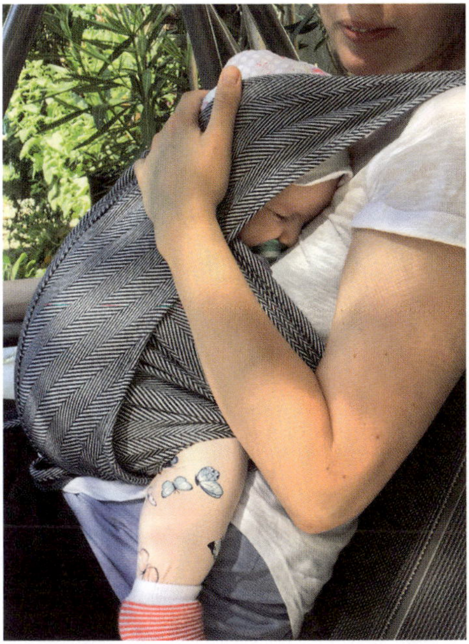

Abb. 28: Auf Tuchfühlung genießen Kind und Mutter die Nähe in einer tragetuchähnlichen Hilfe.

Abb. 29: Ein Ringsling eignet sich vor allem für die Hüfttrageweise.

Pouches

Als Pouch werden recht unterschiedliche, ganz aus Stoff bestehende Tragemöglichkeit bezeichnet, die durch diverse Abnäher und Nähte den Sitzbereich für ein Baby formen. Im Allgemeinen handelt es sich um hängematten-, tragetuch- oder slingähnliche Produkte, die manchmal auch aus elastischem Material hergestellt werden. Vom Prinzip her sind sie somit im alltäglichen Gebrauch nicht verstell- und folglich auch nicht anpassbar. Pouches erfreuen sich in den USA großer Beliebtheit und gelangen via Internetbestellung auch auf den hiesigen Markt. Gerade derartige Produkte müssen besonders kritisch begutachtet werden, da sie zum einen die tatsächlich gegebenen anatomischen Bedingungen eines Babys nur bedingt berücksichtigen können; zum anderen können sie, um mit den sich verändernden Proportionen eines Kindes schrittzuhalten oder um variierende Körperproportionen der tragenden Person zu berücksichtigen, *nur* mittels Abänderung von Nähten oder durch Abnäher nachgebessert werden. Eine recht aufwendige Aktion also, die gegebenenfalls vernachlässigt wird.

In Pouches können Babys, ähnlich wie in Ringslings, aufrecht getragen werden. Doch das vorgefertigte Design kann bei aufrechter Trageweise höchstens zeitweise genügend Halt bieten. Durch die bei Pouches oft propagierte halbliegende oder Wiege-Trageweise wird das Kind zum Teil stark eingeengt, wodurch es eine ungünstige Kör-

DAS BESONDERE

- Sie sind schnell anzulegen.
- Sie bestehen gänzlich aus zugeschnittenem Stoff und begrenzen so den Platz für das Kind.

ZU BEACHTEN

- Sie sind nur bedingt anpassbar.
- Viele der vorgeschlagenen Trageweisen sind nicht zu empfehlen oder gar gefährlich.

Abb. 30: Das Kind liegt zu stark zusammengekauert in einer der vielen Varianten eines Pouches.

perhaltung und Beinstellung einnimmt. Besonders die nicht mehr ganz so Kleinen liegen dann oft stark zusammengekauert darin, das Kinn des Kindes wird dabei auf seine Brust gedrückt. Dies behindert die Atmung, was bei kränkelnden Kindern und je nach Machart auch bereits bei Neugeborenen ausgesprochen kritisch werden kann.

Begeistert werden im Internet, in Zeitschriften und Büchern immer wieder auch ungeeignete oder gefährliche Tragevarianten empfohlen, wie sein Kind nach vorn in Fahrtrichtung in der sogenannten Buddah-Trageweise (→ **Infobox 18: Die Buddah-Trageweise, S. 185**) oder gar halbliegend auf dem Rücken zu tragen.[124] Klaffen die Kanten des Pouches aufgrund der Machart – anders als in → **Abbildung 30** – auseinander, ist die Empfehlung, sein Baby nach hinten auf den Rücken zu schieben, besonders gefährlich, da es nun außerhalb jeglichen Zugriffs ist. Auch bei frontaler Trageweise können Kinder leicht aus loseren Pouches herausfallen, wenn die Eltern beispielsweise stolpern oder sich ein Baby heftiger bewegt. Das belegt die Art der daraus resultierenden Verletzungen. Vor allem Schädelfrakturen sind die Folgen solch unbedachter Designs (→ **Infobox 17: Kritische Produktdesigns, S. 178**).[125]

INFOBOX 16: LIEGEND GETRAGEN – DIE WIEGE-TRAGEWEISE

Die Wiege-Trageweise wurde in den 1970er Jahren »eingeführt«, da zu Beginn der »Tragebewegung« im deutschsprachigen Raum auch von medizinischer Seite vehement Vorbehalte gegen das aufrechte Tragen innerhalb der ersten sechs Monate vorgebracht wurden. Viele Eltern wollten jedoch die Nähe zu ihrem Kind nicht missen und entschlossen sich, ihre Kleinen liegend im Tuch zu tragen, zumindest anfangs. In den 1990er Jahren begannen etwa ein Viertel aller Eltern mit der Wiege-Trageweise, wechselten dann aber üblicherweise innerhalb der ersten vier Wochen zu einer aufrechten Trageweise.[126]

Auch heute widerstrebt es manchen Eltern, ihr Neugeborenes aufrecht in ein Tragetuch zu setzten – sei es aus Unsicherheit hinsichtlich der Bindetechnik, sei es wegen nach wie vor existierender Bedenken oder sei es aus der Vorstellung heraus, Liegen passe eben besser zu einem Winzling. Doch es gibt keinen Grund, der Wiege-Trageweise den Vorzug zu geben. Man verschenkt vielmehr die vielen Vorteile des aufrechten Tragens – angefangen bei der Vorbeugung von Hüftdysplasie über den intensiveren Körperkontakt bis hin zur weitgehend symmetrischen Körperhaltung, bei der auch noch die Muskulatur zum Anheben des Kopfes trainiert wird.

Zusätzlich besteht das Risiko, bei ungeeigneter Bindetechnik eine ungünstige Körperhaltung zu provozieren. Liegt ein Kind im Tuch, so wird stets eine gewisse seitliche Krümmung zum Körper des Erwachsenen hin veranlasst. So kann es durchaus passieren, dass ein Baby sich – entsprechend der Körperproportionen der Eltern und der eigenen Körperkrümmung – leicht zur Seite in Richtung des elterlichen Körpers wendet. Es liegt dann mehr oder weniger stark Bauch an Bauch, oder, wie auch zu lesen ist, »tummy to tummy«. Das bedeutet zum einen, dass ein Bein leicht gebeugt und das andere verstärkt gestreckt ist. Zum anderen besteht bei diesem Zur-Seite-hin-Wenden die Gefahr, dass das Gesichtchen gegen den elterlichen Körper gedrückt und so gegebenenfalls die Atmung erschwert wird. Das kann bei vorgefertigten Pouches oder diversen Tragebeuteln kritisch werden, wie Vorfälle in den USA zeigten (→ **Infobox 17: Kritische Produktdesigns, S. 178**).

Die Atmung wird ebenfalls behindert, wenn das Kind bei ungünstiger Bindeweise oder mit zunehmendem Alter stärker gerundet im Tuch oder dem Ringsling liegt, auch bei der Verwendung von Pouches kommt dies oft vor. Gerade bei Pouches liegt ein Kind, wenn es aus dem Neugeborenenalter heraus ist, fast zwangsläufig stärker gekrümmt im Tuch: Das Köpfchen ist geneigt, das Kinn wird auf die Brust gedrückt und so die Atmung behindert. Und nebenbei bemerkt: Das Tragen wird anstrengender, da der Schwerpunkt des Kindes weiter vom Körper des Tragenden entfernt liegt.

Mei Tais

Diese traditionelle, aus Asien stammende Tuchtrage wird manchmal als Urtrage aller heutigen Möglichkeiten einschließlich der Komforttragen bezeichnet. Ursprünglich bestand sie aus einem rechteckigen Stoff als Tragebereich für das Kind, dessen vier Ecken mit Bändern verlängert wurden. Zwei lange Bänder dienen als Träger und zwei als Hüftgurt. Stoffbeschaffenheit, Breite und Ansatz der Gurte machen die Tragequalität aus. Je einfacher die Machart, desto weniger geeignet sind Mei Tais vor allem für kleine Babys, da das Prinzip keinen über den Rücken quer verlaufenden Zug vorsieht und somit die besondere Unterstützung im Rückenbereich fehlt, ein Neugeborenes kann dann in sich zusammensinken. Ein guter Schnitt und vor allem die Art des Trägeransatzes kann das weitgehend wettmachen. Ein gerade angesetzter Träger, der lediglich einen Zug nach oben bewirkt, stützt den Körper eines Babys kaum. Eine Webtechnik, die der eines guten Tragetuches entspricht, erhöht bei einem geeigneten Schnitt zusätzlichen den Tragekomfort und den Halt des Kindes in einem Mei Tai.

DAS BESONDERE

- Mithilfe von langen Bändern und Trägern können Mei Tais stufenlos an Kind und Tragenden angepasst werden.
- Sie können (!) für beinahe alle Altersstufen verwendet werden, hier entscheidet die Machart und die Stoffqualität, ob sie auch für die ganz Kleinen geeignet sind.
- Frontales Tragen, Rücken-Trageweise, Hüftsitz – üblicherweise sind alle Trageweisen möglich.

ZU BEACHTEN

- Für Neugeborene sind sie nur geeignet, wenn die Träger durch einen besonderen Schnitt für eine diagonale Unterstützung im Rückenbereich sorgen und der Kopf gestützt wird. Jedes Modell muss auf seine Eignung geprüft werden.

Verschiedene Hersteller fertigen sie heute aus geeignetem Tragetuchmaterial. Gute Mei Tais haben lange und breitere Stoffträger und Bänder, die ähnlich wie bei den Bindevarianten eines Tuches umgeschlungen werden und so auch für eine geschickte Gewichtsverteilung sorgen können.

Abb. 31: Korrekter Sitz und Halt in einem gut gearbeiteten Mei Tai.

Onbuhimos

Onbuhimos sehen im ersten Augenblick wie Mei Tais aus, doch die Bänder verlaufen lediglich wie die Schulterriemen bei einem Rucksack vom Schulterbereich des Kindes über die Schultern der Eltern bis zu seinen

DAS BESONDERE

- Eine kompakte, schnell anzulegende Tragehilfe, dessen Aufbau im Prinzip einem Rucksack entspricht.
- Als Onbuhimos werden heute manchmal auch Tragehilfen bezeichnet, die eigentlich eher Komforttragen entsprechen.

ZU BEACHTEN

- Ursprünglich sind die aus Japan stammenden Onbuhimos für die Rücken-Trageweise vorgesehen. Heute werden aber auch – teils unpräziserweise – andere Modelle als Onbuhimo bezeichnet.
- Überwiegend nur geeignet für ältere Kinder, die bereits sitzen können. Aber auch hier schwankt die Eignung stark entsprechend der Machart und Stoffqualität. Ausprobieren und eine kritische Überprüfung ist daher notwendig.

Beinchen. Ursprünglich hatten sie auch keinen Hüftgurt.

Heute verwischen die Bezeichnungen zusehends. Die Träger von manchen Onbuhimos sind mit Schnallen, Schlingen oder Ringen versehen, manchmal besitzen sie auch eine Kopfstütze, in dem Fall tendieren sie mehr in Richtung Komforttragen, die gegebenenfalls auch für kleinere Kinder geeignet sein können.

Obwohl sie eigentlich für größere Kinder ab etwa einem halben Jahr vorgesehen sind, sind einige Onbuhimos selbst für ältere Babys ungeeignet, solange ein Kind seine Arme mangels Körpergröße nicht problemlos über die Tragegurte legen kann. Sonst schnürt die obere Stoffkante bei kleineren Kindern gegebenenfalls im Halsbereich ein, der Kopf fällt dann nach hinten, wodurch zusätzlich eine ungünstige Rückenhaltung erzwungen wird. Ausprobieren ist bei all diesen Tragevarianten unbedingt notwendig.

Sonstige Designs

Es gibt noch eine ganze Reihe, teils recht einfallsreiche, gut durchdachte und geeignete Tragesysteme, die den Eltern das Tragen ihres Babys vereinfachen sollen. Ob sie überhaupt bzw. für welches Alter sie geeignet sind, muss – selbstverständlich – jeweils überprüft werden. Selbst erfahrene »Babytransporterinnen« sehen die »Haken« bei den jeweiligen Tragehilfen teils nicht auf Anhieb, manche Probleme stellen sich erst mit zunehmendem Alter des Kindes heraus.

Stets sollte – ebenfalls selbstverständlich – die Haltung des Kindes im Vordergrund stehen. Aber denken Sie auch an sich. So manche gelobte Trage wird gegebenenfalls für Sie nach längerer Nutzung zur Tortur. Dennoch sollten Sie das Tragen Ihres Nachwuchses nicht aufgeben, sondern nach geeigneteren Möglichkeiten suchen. Es rentiert sich.

Abb. 32: Onbuhimos sind nur für ältere Kinder geeignet, die schon aufrecht sitzen können.

➔ INFOBOX 17: KRITISCHE PRODUKTDESIGNS

An dieser Stelle möchte ich noch einmal besonders auf via Internet bestellbare Produkte eingehen, die weitgehend vorgefertigt und kaum an die sich verändernden körperlichen Eigenschaften von Babys angepasst werden können. Eine Reihe von Unfällen wurden vor einiger Zeit in den USA und Kanada bekannt. So fielen zum Beispiel einige Babys aus ungünstig geschnittenen Pouches oder »sling-style infant carrier« heraus und verletzten sich dabei schwer, andere Kinder erstickten gar in bestimmten Modellen.

Bei derartigen Produkten, die nicht selten von begeisterten Eltern in mühsamer Eigenarbeit und mit viel Engagement hergestellt und vertrieben wurden bzw. werden, steht zunächst der praktische Aspekt im Vordergrund, nicht jedoch die einigen der dortigen Herstellern wenig vertrauten, besonderen anatomischen Gegebenheiten eines Säuglings, die im europäischen Raum das A und O bei der Herstellung sind. Die in einer Diskussionsrunde von amerikanischen Herstellern gestellte Frage, welche Untersuchung denn belegen würde, dass die Wirbelsäule eines Babys nicht die erwachsenentypische S-Form habe,[127] zeigt deutlich, vor welchem völlig unzureichenden informellen Hintergrund und Kenntnisstand in den 2010er Jahren die Diskussionen manchmal erfolgten, aber auch Produkte hergestellt und verwendet wurden und teils auch noch werden, manchmal mit katastrophalen Folgen.

In den USA und Kanada wurde und wird teils besonders das Liegend-Tragen propagiert, ohne zu berücksichtigen, wie stark gekrümmt ein Kind dabei in den Tragehilfen wie zum Beispiel einem Pouch liegen kann (**→ Abb. 30**). In manchen Produkten ist das Baby derart stark zusammengekauert, dass die Atemwege behindert werden, da das Kinn des Kindes aufgrund der starken Krümmung regelrecht auf die Brust gepresst wird. Auch größere Firmen zeichneten sich nicht unbedingt durch besser angepasste oder durchdachte Produktkreationen aus. So waren über Jahre hinweg taschenartig, voluminöse Beutel-Modelle auf dem Markt (»bag-style-slings« oder »sling-stile infant carrier«), deren Design zu dramatischen Unfällen führte. Man hängte sich die breiten Tragegurte dieser »bag-style-slings« über eine Schulter, das Kind lag in einer Art voluminösen Hängematte oder länglichem Beutel quer vor Brust oder Bauch. Mehrere Babys erstickten, da entweder durch die starke Krümmung die Atemwege behindert wurden oder das Gesicht in den voluminösen Stoff gedrückt wurde, denn entsprechend ihrer natürlichen Körperkrümmung drehten sich die Babys in Richtung des elterlichen Körpers auf die Seite. Zudem konnten die Eltern, da sich diese »Tragetaschen« über den Kindern nahezu schlossen, ihre Babys nicht beobachten. Auch wenn die entsprechenden Produktserien spätestens Anfang der 2010er Jahre vom amerikanisch-kanadischen Markt genommen wurden[128], kommen immer wieder ähnliche ungeeignete Tragehilfen auf den Markt, durchsucht man das Internet.

TRAGEN VERKEHRT – IN FAHRTRICHTUNG ODER »FACE OUT«

Fernseh-, Film- und Internetstars machen es vor, in ganzen Filmszenen ist es zu sehen: strahlende Eltern, strahlende und agile kleine Wonneproppen in Tragen mit Blick nach vorn – das kann ja nicht verkehrt sein, oder?!

Die Kleinen modern und trendy umgekehrt in die Tragehilfen zu setzen, damit sie etwas von der Welt sehen können, davon sind junge Eltern scheinbar begeistert, wie diverse Hersteller beteuern und die Werbung auch zu vermitteln scheint.

Nur sitzen die Kleinen in Fahrt- oder Blickrichtung – also »face out« – in Tragehilfen, die dafür üblicherweise nicht vorgesehen sind, sie sitzen also verkehrt herum – und das im wahrsten Doppelsinne des Wortes. Offen zur Welt gekehrt werden meist die positiven Faktoren konterkariert, die mit dem Tragen eigentlich einhergehen.

Einfach umgekehrt in eine gängige Tragehilfe gesetzt, die für eine Face-to-Face-Position konstruiert ist, bedeutet,

1. **dass die Beinchen eines Kindes herabhängen.**

   Keine Frage, das ist ausgesprochen ungünstig für die Hüftgelenke, deren noch knorpelige Strukturen durch eine erzwungene Streckstellung in ihrer normalen Entwicklung gefährdet werden. Die Konstruktion der Tragen verstärkt gegebenenfalls zusätzlich noch die Streckung, da die Kanten der Beinöffnungen in die Leistengegend drücken.

   Hier muss erwähnt werden, dass manche Hersteller diesen Aspekt mittlerweile berücksichtigen und besondere Konstruktionen anbieten, die auch beim Tragen in Blickrichtung dafür sorgen, dass die Beinchen in dem vom Hersteller vorgesehenen Alter eine hinreichend starke Spreiz-Anhock-Stellung einnehmen. Sie hängen also nicht im Schritt, der Sitz und die Beinhaltung sind korrekt, doch das ist nur ein zu berücksichtigender Punkt.

2. **dass sich das Gewicht des Kindes verstärkt auf die noch knorpeligen Strukturen der Symphyse des Beckens verlagert.**

   Denn das Baby sitzt nicht in der Trage, sondern hängt mehr oder weniger im Schritt auf dem Steg, der zwischen den Beinchen hindurchzieht. Auch Hoden und Schambereich werden so stärker als sonst belastet – Bereiche, die für eine derartige Beanspruchung eigentlich nicht vorgesehen sind.

3. **dass, je nach Trägerverlauf, meist eine mehr oder weniger starke Aufrichtung des Oberkörpers veranlasst wird.**

   Bei der üblichen Face-to-Face-Trageweise werden die Träger über den noch leicht gerundeten Rücken und die Schultern des Kindes nach vorn gezogen, das Köpfchen kann sich an den Körper der Eltern anschmiegen, denn noch ist die Halslordose in der Entwicklung. Sitzt das Kind umgekehrt in der Tragehilfe, wird das Kind durch die Träger hingegen aufgerichtet, da die Schultern nach hinten gedrückt werden (→ **Abb. 33**). Zwar wird ein Kind beim umgekehrten Tragen angeregt, den Kopf zu heben, also die entsprechende Muskulatur trainiert, doch bereits bei leichten Ermüdungserscheinungen oder nachlassender Muskelkraft fällt der sehr schwere Kopf nach vorne, gegenläufig zu der Haltung des restlichen Körpers, der durch die nach hinten über die Schultern laufenden Träger eigentlich aufgerichtet ist.

Eine in den Hüftgelenken leicht gestreckte Haltung, ein leicht verstärkt nach vorn/unten gekipptes Becken plus der Druck von vorn auf die Schultern durch die Tragegurte forcieren eine aufgerichtete offene Körperhaltung. Das ist vom Prinzip her eine Haltung, die das Baby verstärkt anregt, unabhängig davon, ob es mental dazu bereit ist oder nicht.

4. **dass sich ein Kind nicht mehr selbstständig von den Umweltreizen abwenden kann, es ist allen Eindrücken ausgeliefert.**

In Fahrtrichtung orientiert ist ein Baby ununterbrochen den verschiedensten Reizen aus der Umgebung ausgesetzt, ohne die Möglichkeit zu haben, sich abwenden zu können, sobald es zu viel ist. Als Erwachsene haben wir gelernt, zwischen wichtigen und unwichtigen Eindrücken zu unterscheiden, verfügen über entsprechende Erfahrungen und die Fähigkeit, Signale auszublenden. Dies muss ein Kind jedoch erst noch lernen. Eine starke Reizdarbietung kann ein Kind zudem derart faszinieren und gefangen halten, dass es sich ihr nicht entziehen kann, wenn es überfordert ist, selbst wenn es hierzu in der Lage wäre. Eltern müssen dann ihrem Kind helfen, sich aus dieser Faszination zu befreien, ansonsten ist es den Umweltreizen gänzlich ausgeliefert. Da Eltern jedoch die kindliche Mimik bei dieser Trageweise nicht beobachten können und daher gegebenenfalls nicht rechtzeitig bemerken, wann ihr Kind Unterstützung und Schutz benötigt, können sie nicht adäquat reagieren.

5. **dass ein Kind keinen eigenständigen Kontakt zu den Eltern aufnehmen kann.**

Frontal getragen oder im Hüftsitz kann ein Kind Blickkontakt aufnehmen, die Mimik der Eltern beobachten und durch verschiedenste Bewegungen Kontaktbedürfnis signalisieren. Bei einer in

Fahrtrichtung orientierten Trageweise ist kein vergewissernder Blick möglich, um durch das Mienenspiel der Eltern eine gegebenenfalls verunsichernde Situation einschätzen und verarbeiten zu können. Die sogenannte soziale Rückversicherung (social referencing) wird ab dem Fremdelalter als wichtiger Aspekt der emotionale Entwicklung angesehen.[129] Zusätzlich ist der allgemein wichtige Körperkontakt auf die Rückenpartie des Babys reduziert. Beruhigung findet aber vor allem im frontalen Kontakt statt.

Eltern tragen ihr Baby in Fahrtrichtung, da sie ihm mehr Anregung bieten möchten. Gerade neugierigen kleinen Geistern ist es bald zu langweilig, werden sie nur in Face-to-Face-Richtung getragen. Sie stemmen dann oft die Arme gegen die Brust der Eltern und beugen sich nach hinten, um mehr zu sehen. Umgekehrt in die Tragehilfe oder das Tragetuch gesetzt werden die Kleinen zur Freude der Eltern oft ausgesprochen agil. Die vielen Eindrücke scheinen den Nachwuchs zu begeistern. Doch durch die offene Körperhaltung und die Orientierung nach vorne ist ein Kind

Abb. 33: Die Beinchen hängen herab und die Träger richten das Kind zusätzlich auf. Es ist weder eine Abkehr von zu vielen Eindrücken noch ein beruhigender Blickkontakt möglich.

ganz auf seine Umwelt ausgerichtet, es hat weder die Möglichkeit, sich eigenständig und selbstbestimmt dem zuzuwenden, was seinen augenblicklichen Bedürfnissen entspricht, noch sich einem Überangebot an Reizen zu entziehen, sofern es dann überhaupt noch dazu fähig ist, sich eigenständig zurückziehen. Nicht jede Anregung ist auch eine gute Anregung. Ein Überangebot ist und bleibt ein Überangebot, das letztendlich verarbeitet werden muss, was dann zumeist in den Abendstunden geschieht. Da Babys in dieser Haltung bei neuen oder beunruhigenden Situationen keinen vergewissernden Blick in das Gesicht der Eltern werfen können, fehlt ihnen eine wichtige Einordnungshilfe. Und auch die Elternseite sollte nicht vergessen werden. Denn auch Sie haben kaum eine Möglichkeit, zu erkennen, ob Ihr Kind wirklich eine Anregung erfährt oder ob die Grenze bereits überschritten wurde und die Reizüberflutung das Kleine nicht mehr aus seinem Bann lässt.

Vermutlich wird eine derartige Trageweise für eine kurze Zeit keine bleibenden Schäden zur Folge haben, Sie brauchen sicherlich keine Angst zu haben, falls Sie Ihr Kleines so getragen haben sollten. Doch selbst wenn Stars diverser Couleur und Fotos von strahlenden Kindern für diese Trageweise werben und selbst wenn sich Hersteller Gedanken um die korrekte Körperhaltung gemacht und diese gelungen umgesetzt haben, gibt es bessere Alternativen, mit denen die Neugierde kindgerechter erfüllt werden kann. Das Tragen auf der Hüfte wäre eine Möglichkeit, sofern Sie mit der daraus resultierenden einseitigen körperlichen Belastung klarkommen. Wobei anzumerken ist, dass die Schwerpunktverlagerung beim Face-out-Tragen ebenfalls ungünstig und dadurch für den Tragenden anstrengender ist. Beim Hüftsitz brauchen Sie auch nicht die Zeit im Blick zu haben. Verantwortungsvolle Firmen empfehlen die Face-out-Trageweise ab fünf oder sechs Monaten für etwa 15 bis 20 Minuten während der munteren Phasen eines Kindes. Somit ist diese Trageart im Prinzip bloß eine Alternative zum Kurz-auf-dem-Arm-Nehmen. Es bleibt jedoch die Frage, ob man wirklich für eine so kurze Dauer den Aufwand in Kauf nehmen will, sein Kind umgekehrt in der Trage zu platzieren.

Ein Alternativvorschlag wäre, Ihr Kind auf den Rücken zu verfrachten, sodass der unruhige kleine Naseweis über Ihre Schulter schauen kann. Sie haben Ihr Kind, wenn Sie Ihren Kopf seitlich wenden, zumindest teils im Blickfeld und es kann seinerseits Ihre Mimik erfassen. Zudem haben Sie so einen intensiveren Körperkontakt, der Ihnen zusätzlich Information über die Körperspannung Ihres Kindes gibt. Sie erfahren auf diese Weise unbewusst einiges über seine momentane Stimmung.

INFOBOX 18: DIE BUDDAH-TRAGEWEISE

Auch tragetuchbegeisterte Eltern liebäugeln mit dem Tragen gegen die Fahrtrichtung und haben kreative Lösungen zur Vermeidung einer gestreckten Beinhaltung gefunden: die Buddha-Trageweise. Das Baby sitzt dabei zusammengekauert in einer Art Schneidersitz im Tuch oder einem Ringsling. Die Füßchen befinden sich auf Windelpakethöhe und sind zusammen mit den Beinchen ins Tuch gepackt. Je nach Bindetechnik bzw. Variante des Ringslings oder Pouchs sind die Beine zwangsläufig stark angehockt und mehr oder weniger stark gespreizt. Die Beinchen und Füßchen werden dabei zusätzlich an den Körper gepresst. Das kann – je nach Alter – zu einem mehr oder weniger ungünstigen, nicht zentrischen Druck des Oberschenkelkopfs auf die Hüftpfanne führen. Gleichzeitig sind die Füßchen in einer unnatürlichen Stellung orientiert und weitgehend fixiert.

Die Haltung wird oft mit der einengenden Situation im Uterus verglichen und quasi als normal angesehen. Das trifft höchstens für Früh- und Neugeborene in den ersten Tagen zu, und das auch nur sehr bedingt. In manchen Kliniken wird diese Trageweise bei Frühgeborenen empfohlen, wenn auch nicht in Fahrtrichtung orientiert, sondern seitlich vor dem Körper oder zum Körper der Eltern hin orientiert. Dennoch ist die Situation im Uterus nicht vergleichbar, denn ein Kind hat im Uterus selbst kurz vor der Geburt noch gewisse Bewegungsmöglichkeiten, die »Umgebung« (der Uterus) ist flexibler als jeder Tragetuchstoff. Bald nach der Geburt ist eine derartige Haltung nicht mehr angebracht. Die Geburt stellt eine Zäsur dar: Es sind nun nicht einfach nur zwangsläufig andere Gegebenheiten vorhanden, sie sind vielmehr notwendig für eine normale Weiterentwicklung.

Insgesamt ist diese Trageweise also keineswegs zu empfehlen, vor allem nicht, um ein Kind länger in dieser Haltung zu tragen!

Teil 3

ANHANG

Evelin Kirkilionis

ist Humanethologin und Mitbegründerin der selbstständigen Forschungsgruppe »Verhaltensbiologie des Menschen« in Kandern bei Freiburg. Sie hält regelmäßig Vorträge, leitet Seminare, Workshops und Fortbildungen rund um die Themen Bindung, kindgerechte frühkindliche Betreuung und Traglingskonzept. Zudem ist sie eine erfolgreiche Sachbuchautorin.

»Tragen fördert die motorische, sensorische und kognitive Entwicklung eines Babys, unterstützt eine gute Eltern-Kind-Bindung und beugt Haltungsschäden vor.«

DANKSAGUNG

Zunächst muss ich mich bei all den Kindern und Eltern bedanken, die seit Jahren bereit sind und viele Jahre bereit waren, mich mit den verschiedensten Informationen rund um das Thema Tragen zu versorgen: Sie erlaubten mir ihre Kinder viele Stunden in ihrem privaten häuslichen Umfeld zu beobachten, sie opferten ihre Zeit für die Beantwortung von Fragebögen und ließen zig Nachfragen dazu über sich ergehen, und sie testeten für mich zusammen mit ihrem Baby als kompetentes Team verschiedenste Tragehilfen und Bindevarianten. Ich habe Hunderte von Familien über mehr als 30 Jahre damit beschäftigt. Ohne sie gäbe es dieses Buch nicht.

Über all diese Jahre hinweg habe ich viele Tragebegeisterte diverser Couleur – sprich Berufsrichtungen – kennengelernt, von deren Kenntnisse ich viel profitiert habe, all ihr Wissen ist mit in dieses Buch eingearbeitet worden. Für Fehler bin bestimmt ich verantwortlich.

Ein paar der Unterstützer möchte ich extra erwähnen, da sie sich für die Neubearbeitung des Buches besonders engagiert haben oder mich seit Jahren mit Informationen füttern. Da ist einmal Frau Eva Vogelgesang, die mir seit Jahren für Fragen zur Verfügung steht und mich mit Eltern in Verbindung brachte. Dann spannte Sarah Söldner gleich das »halbe Tragenetzwerk« mit ein, damit auch die Bebilderung in Covid-Zeiten aktuell und proper bleibt, und stand zudem immer wieder Rede und Antwort.

Und last, but not least: Bettina Attenberger, die nicht nur via Ihrer Trage-Fachlichkeit indirekt in diesem Buch verewigt ist, sondern ebenfalls Eltern aktivierte für schöne Aufnahmen einschließlich des Coverbilds und mir »ganz nebenbei« eine Menge Korrekturarbeit – und auch dem Verlag – abgenommen hat, da sie gründlichst meine Kommentare unter die Lupe nahm, und mich ebenfalls »ganz nebenbei« auf so manche gute Idee brachte.

Zur Fotoauswahl

Für die Bebilderung in dieser und der vorangegangenen Auflage dieses Buches stellten verschiedene Firmen Material und Bilder zur Verfügung. Sie waren einverstanden, dass bei den Produkten auf die Nennung der Hersteller bzw. der Firmenlogos verzichtet wurde. Ich möchte mich hier für die großzügige Unterstützung bei Anna-Mobil, Babylonia, ByKay, Didymos, Easycare, ErgoBaby, Hoppediz und Storchenwiege bedanken. Eigentlich muss ich alle anderen um Verzeihung bitten, die nicht angesprochen wurden, denn ich bin sicher, ich hätte nicht über mangelnde Unterstützung klagen können.

Die Auswahl der letztendlich zu sehenden Produkte trafen die Babys, die tatkräftig mitbestimmten, ob die erstellen Bilderserien gelangen – oder eben nicht.

Auch bei dem Erlebnis-Zoo Hannover und Frau Bettina Zeller möchte ich mich explizit dafür bedanken, dass ich die Bilder des Gorilla-Kindes verwenden durfte. Genauso muss ich Herrn Philipp Medicus und Herrn Prof. Lang für Ihre Aufnahmen danken, die ich großzügigerweise verwenden durfte. Und auch Frau Susanne Krauss möchte ich nicht unberücksichtigt lassen ebenso wie Herrn Künsting, der mir die Verwendung seiner Vorlage erlaubte.

ANMERKUNGEN

1 Sabine Decker in der Zeitschrift Eltern, 5(1979), S. 152, zit. in Heimerdinger, 2011
2 Lohaus et al., 1997; Young et al., 2017
3 Maher et al., 2012
4 Maher et al., 2012; C. Zimmer, 2005
5 Hassenstein, 2007
6 Eliot, 2010
7 Eibl-Eibesfeld, 2004, 1976; Medicus, 2012
8 Lovejoy et al., 2009; Schwartz & Tattersall, 2010; Wood & Harrison, 2001
9 Ich danke dem Erlebnis-Zoo Hannover und Frau Bettina Zeller dafür, dass ich dieses Foto verwenden darf.
10 Palmer, 2011; Lovejoy et al., 2009
11 Gezeichnet nach Knußmann, 1980
12 Ich danke Prof. Lang aus Sempach, Schweiz, für die Erlaubnis, dieses Bild von Goma verwenden zu dürfen, dem ersten im Zoo von Basel geborenen Gorillakind.
13 Kirkilionis, 1989, 1992, 1997
14 Debrunner & Hepp, 2004; Osche, 1975
15 Bowermann, 1992; Hefti et al., 2015; Kirkilionis, 2014a; Moroder, 2012; Niethardt, 2009; Rohen et al., 2010; Sohn & Holzgreve, 2012; Staudach, 1986
16 Gezeichnet nach Rohen et al. 2010; Sohn & Holzgreve, 2012; Schünke et al., 2006
17 Kirkilionis, 1989, 1992, 1997
18 Büschelberger, 1961, 1964
19 Kirkilionis, 1989, 1992, 1997
20 Fettweis, 2004; Graf, 2009; Hefti et al., 2015; Niethard, 2009; Pschyrembel, 2012; Wülker, 2005
21 Fettweis, 2004, 2010; Jonsson et al., 2021
22 Clarke, 2014; Williams et al., 2012
23 Kirkilionis, 1989, 1992, 1997
24 Büschelberger, 1961
25 Fettweis, 2004, 2010; Hefti et al., 2015; Nelitz & Reichel, 2008
26 Fettweis, 2004, 2010; Nelitz & Reichel, 2008
27 Au, 1969; Palmen, 1961, 1984
28 Salter, 1968
29 Demuth et al., 2012; Keller et al., 2002
30 Nagura, 1940
31 Fettweis, 2004; Volker et al., 2003
32 Fettweis, 2004, S. 12f.
33 Fettweis, 2004
34 Fettweis, 1992, 2004; Hutflesz et al., 2018; Niethard, 2009; Pschyrembel, 2012
35 Kirkilionis, 1989
36 Fettweis, 2004, 2010
37 Au, 1969; Büschelberger, 1964, 1981; Nagura, 1940
38 Zukunft, 1982
39 Kirkilionis, 2013, o. J.
40 Kirkilionis, 1989, 1992, 1997, 2013, o. J.
41 Kavruk, 2010
42 Kienzle-Müller, 2016; Hartz et al., 2018
43 Stening et al., 1999, 2002
44 Anderson, 1995; Klaus et al., 1997; Ludington-Hoe & Golant, 1994; Strobel, 1998

45 Haug-Schnabel, 1994; Schleid, 1997

46 Portmann, 1969

47 Portmann, 1969

48 Hassenstein, 1970, 2007

49 Gresens, 2016; Guóth-Gumberger & Hormann, 2014; Hassenstein, 2007; Masaracchia, 2007b; Schweitzer, 2009

50 Esposito et al., 2013; Hunziker & Barr, 1986

51 Kirkilionis, o. J.

52 Leon, 1995; Mizuno et al., 2004

53 Mizuno et al., 2004

54 Eliot, 2010; Spitzer, 2006

55 Elliott et al., 1988; Korner, 1979; Korner & Thoman, 1972; Kramer & Pierpont, 1979

56 Elliott et al., 1988; Korner, 1979; Korner & Thoman, 1972; Kramer & Pierpont, 1979

57 Ackermann, 2002; Field et al., 1986, 2019; Goldstein Ferber et al., 2002; Mueller & Grunwald, 2019; Scafidi et al., 1960

58 Bigelow & Williams, 2020; Field et al., 1986; Kuhn et al., 1991; Mueller et al., 2019

59 Uvnäs-Moberg, 2013, 2016; Uvnäs-Moberg et al., 2020

60 Uvnäs-Moberg, 2013, 2016; Uvnäs-Moberg et al., 2020

61 Ackerman, 2002; Cigale et al., 1997; Erlandsson et al., 2007; Mueller, 2019; Uvnäs-Moberg, 2013, 2016

62 Abraham & Feldman, 2022; Bigelow & Williams, 2020; Gettler et al., 2021; Gordon et al., 2017; Kuo et al., 2018; Norholt, 2020; Renz-Polster, 2011; Uvnäs-Moberg, 2003; Uvnäs-Moberg et al., 2015; Uvnäs-Moberg et al., 2020

63 Field, 1995; Gentsch et al., 2016; Haug-Schnabel, 1997, 2001

64 Klaus et al., 1997; Rödholm & Larsson, 1982; Tuulari et al., 2019

65 Ackerley et al., 2014; Chen et al., 2020; Croy et al., 2019; McGlone et al., 2014; Varlamov et al., 2020

66 Sailer & Ackerley, 2019; Triscoli et al., 2017; van Puyvelde et al., 2019; Varlamow et al., 2020

67 Chen et al., 2020; Eckstein et al., 2020; Gliga et al., 2019; McGlone et al., 2014, 2017; Walker et al., 2017; Wijaya et al., 2020

68 Darstellung nach McGlone et al., 2017. Ich danke Herrn Künsting für die Erlaubnis, seine Vorlage verwenden zu dürfen.

69 McGlone et al., 2014; Walker & McGlone, 2013

70 Ayres, 2002; Doering & Doering, 1996; Hofer, 2005; Keller, 2003; May-Benson & Koomar, 2010; Wiesbauer, 2012

71 Hensch, 2005, 2020

72 D.E. Zimmer, 1989

73 Everke et al., 2016; Pellegrini & Schmith, 1998; Renz-Polster, 2011; Weber, 2010

74 Hensch, 2020; Kandel, 2000; Sibley & Etnier, 2003; Thelen & Corbetta, 1994

75 Eliot, 2010; Spitzer, 2006

76 Clark et al., 1977

77 Adolph et al., 2010; Clark et al., 1977; Dennis & Dennis, 1940; Eliot, 2010;

Keller, 2011; Keller et al., 2002; Kirkilionis, 2014b; Sibley & Etnier, 2003; Thelen & Corbetta, 1994

78 Davis et al., 1998; Keller et al., 2002; Kirkilionis, 2014; Kuo et al., 2008; Majnemer & Barr, 2005

79 Eliot, 2010; Kirkilionis, 2014b; Saby et al., 2013; Sibley & Etnier, 2003

80 Ich danke Herrn Phillipp Medicus für die Bereitstellung des Fotos und die Abdruckgenehmigung.

81 Ayres, 2022; Eliot, 2010

82 Eliot, 2010; Everke et al, 2016; Grunwald et al., 1999; MacLean & Baumeister, 1982; Ornitz, 1983; Pellegrini & Schmith, 1998; Weber, 2010

83 Grossmann & Grossmann, 2012; Harms, 2016; Henzinger, 2017; Kirkilionis, 2008

84 Ahnert & Keller, 2020; Grossmann & Grossmann, 2012; Henzinger, 2017; Kirkilionis, 2008; Renggli, 2020; Salter Ainsworth et al., 2015

85 Guóth-Gumberger & Hormann 2004; Hofer, 2004; Klaus et al., 1997; Ludington-Hoe et al., 1994

86 Erlandsson et al., 2007

87 Abraham & Feldman, 2022; Abraham et al., 2014; Cong et al., 2015; Meijer et al., 2019; Swain et al., 2014; von Hopffgarte, 2021

88 Anisfeld et al., 1990

89 Ahnert & Keller, 2020; Collins et al., 2000; Grossmann & Grossmann, 2012; Henzinger, 2017; Kirkilionis, 2008; Renggli, 2020; Salter Ainsworth et al., 2015

90 Harms, 2020; Kirkilionis, 2008; Rengli, 2020

91 Anisfeld et al., 1990

92 Williams, 2020; Williams & Turner, 2020

93 Anderson, 1995; Uvnäs-Moberg, 2020

94 Pisacane et al., 2012

95 Fredrickson & Brown, 1975; Palazzi, 1984; K. Zimmer, 1993

96 Liedloff, 1995

97 Cyrille, 2017; Little et al., 2019

98 Papousek & Papousek, 1990

99 Grossmann & Grossmann, 2012

100 Ainsworth et al., 1978, 1985; Grossmann & Grossmann, 2012; Salter Ainsworth et al., 2015

101 Henzinger, 2017; Schieche & Spangler, 2005; Spangler, 1995; Spitzer, 2010; Stephan, 1995

102 Konner, 1976; Renz-Polster, 2011; Schiefenhövel, 1984

103 Konner, 1976

104 Eibl-Eibesfeld, 1976; Rosenfeld & Wissen, 2000

105 Bigelow & Williams, 2020; Hewlett & Lamb, 2002

106 Bensel, 2003

107 Klaus et al., 1997; Rödholm & Larsson, 1982; Tuulari et al., 2019

108 Ackerman, 2002; Field, 2019

109 Klaus et al., 1997; Ruiz Juan et al., 2017; Whitelaw & Sleath, 1985

110 Anderson, 1995; Klaus et al., 1997; Ludington-Hoe & Golant, 1994; Strobel, 1998; Kuhn et al., 1991; Marcovich & Huter, 2004

111 Conde-Agudelo & Díaz-Rossello, 2014; Feldman et al., 2002; Field, 2001; Gregson & Blacker, 2011; Kaffashi et al., 2013; Vogelgesang & Kirkilionis, 2019
112 Cong et al., 2012; Murmu et al., 2017
113 De Leeuw, 1987; Hommel, 2007; Klaus, 1995, 1997; Marcovich & de Jong, 2008; Nehlen, 2019
114 Honigmann, 1998; Naumann, 2010; Parsons et al., 2013; Young et al., 2017
115 Cyrille, 2018; Field, 2019
116 Bialocerkowski et al., 2008; Cavalier et al., 2011; Davis et al., 1998; Dörhage, 2010; Filisetti et al., 2020; Marshall & Shahzad, 2020
117 Filisetti, 2020; Ohman, 2013
118 Persönliche Mitteilung von Hans-Michael Straßburg, Würzburg; Hefti et al., 2015
119 Forrester et al., 2019; Packheiser et al., 2019
120 Kirkilionis, o. J.
121 Badinter, 2010; Heimerdinger, 2011
122 Kirkilionis, o. J.
123 Kirkilionis, 2014a
124 Blois, 2005
125 Kirkilionis, 2010
126 Kirkilionis, o. J.
127 Persönliche Mitteilung von B. Frome (2012, Smithfield, Utah, USA)
128 Kirkilionis, 2010; auf der Webpage der Consumer Product Safety Commission (https://www.cpsc.gov/) werden die entsprechenden Informationen immer wieder verschoben; allgemein wird man im Internet bei Angabe von »bag-style-slings« und »baby« fündig.
129 Grossman & Grossmann, 2012; Henzinger 2017

VERWENDETE LITERATUR

Abraham, E. & Feldman, R. (2022). The neural basis of human fatherhood: A unique biocultural perspective on plasticity of brain an behavior. *Clinical Child and Family Psychology Review*, vom 05.02.2022. https://doi.org/10.1007/s10567-022-00381-9

Abraham, E., Hendler, T., Shapira-Lichter, I., Kanat-Maymon, Y., Zagoory-Sharon, O. & Feldman, R. (2014). Fathers brain is sensitive to childcare experiences. *Proceedings of the national academies of sciences of the USA, 111*, 9792–9797.

Ackerley, R., Backlund Wasling, H., Liljencrantz, J., Olausson, H., Johnson, R.D. & Wessberg, J. (2014). Human C-tactile afferents are tuned to the temperature of a skin-stroking caress. *The Journal of Neuroscince, 34*(8), 2879–2883.

Ackermann, D. (2002). *Die schöne Welt der Sinne.* Hamburg, Wien: Europa Verlag.

Adolph, K.E., Karasik, L.B. & Tamis-LeMonda, C.S. (2010). Moving between cultures: Cross-cultural research on motor development. In M.-H. Bornstein (Hrsg.), *Handbook of Cultural Developmental Science* (S. 61–88). Routledge: New York.

Ahnert, L. & Keller, H. (2020). Die Bindungstheorie in der Frühpädagogik – ein Streitgespräch. *Frühe Kindheit, 3*, 44–53.

Ainsworth, M.D.S. (1985). Patterns of attachment«. *The Clinical Psychologist, 38*(2), 27–29.

Ainsworth, M.D.S., Blehar, M.C., Waters, E. & Wall, S. (1978). *Patterns of attachment. A psychological study of the strange situation.* Hillsdale/NJ: Erlbaum.

Anderson, G.C. (1995). Touch and the kangaroo care method. In T.M. Field (Hrsg.), *Touch in early development* (S. 35–51). Hillsdale/NJ: Lawrence Erlbaum.

Anisfeld, E., Casper, V., Nozyce, M. & Cunningham, N. (1990). Does infant carrying promote attachment? An experimental study of the effects of increased physical contact on the development of attachment. *Child development, 61*, 1617–1627.

Au, R. (1969). *Ethnische Unterschiede im Transport von Säuglingen und Kleinkindern im Hinblick auf die Problematik der Hüftgelenkluxation* [Dissertation]. Medizin (Charité), Humboldt-Universität Berlin.

Ayres, J. (2002). *Bausteine der kindlichen Entwicklung. Die Bedeutung der Integration der Sinne für die Entwicklung des Kindes.* Berlin: Springer.

Badinter, E. (2010). *Der Konflikt. Die Frau und die Mutter.* München: C.H. Beck.

Bensel, J. (2003). *Wie Sie Ihr Schreibaby verstehen und beruhigen. Entlastung für Eltern – Beruhigung fürs Baby.* Ratingen: OberstеBrink.

Bialocerkowski, A. E., Vladusic, S. L. & Wei Ng, C. (2008). Prevalence, risk factors, and natural history of positional plagiocephaly: A systematic review. *Developmental Medicine & Child Neurology, 50*(8), 577–586. http://dx.doi.org/10.1111/j.1469-8749.2008.03029.x

Bigelow, A. E. & Williams, L. R. (2020). To have and to hold: Effects of physical contact on infants and their caregivers. *Infant behaviour and development, 61*, 101494.

Blois, M. (2005). *Babywearing. The Benefits and Beauty of This Ancient Tradition.* Amarillo: Pharmasoft Publishing.

Bowermann, R. A. (1992). *Atlas of normal fetal ultrasonographic anatomy.* St. Louis: Mosby.

Büschelberger, J. (1961). *Untersuchungen über Eigenart des Hüftgelenks im Säuglingsalter und ihre Bedeutung für die Pathogenese, Prophylaxe und Therapie der Luxationshüfte* [Habilitationsschrift]. Dresden.

Büschelberger, J. (1964). Ätiologie, Prophylaxe und Frühbehandlung der Luxationshüfte. *Beiträge zur Orthopädie und Traumatologie, 11*, 535–548.

Büschelberger, J. (1981). Das Dyadetuch. Eine Möglichkeit zur Wiederherstellung des biologisch vorgegebenen Verhaltens bei der Pflege von Neugeborenen, Säuglingen und Kleinstkindern. *Kinderärztliche Praxis, 11*, 572–580.

Cavalier, A., Picot, M.-C., Artiaga, C., Mazurier, E., Amilhau, M.-O., Froye, E., Captier, G. & Picaud, J.-C. (2011). Prevention of deformational plagiocephaly in neonates. *Early human development, 87*(8), 537–543.

Chen, Y., Becker, B., Zhang, Y., Cui, H., Du, J., Wernicke, J., Montag, C., Kendrick, K. M. & Yao, S. (2020). Oxytocin increases the pleasantness of affective touch and orbitofrontal cortex activity independent of valence. *European Neuropsychopharmacology, 39*, 99–110.

Cigale, M., Field, T., Lundy, B., Cuadra, A. & Hart, S. (1997). Massage enhances recovery from habituation in normal infants. *Infant behavior and development, 20*(1), 29–34.

Clark, D. L., Kreutzberg, J. R. & Chee, F. K. W. (1977). Vestibular stimulation influence on motor development in infants. *Science, 196*, 1228–1229.

Clarke, N. M. P. (2014). Swaddling and hip dysplasia: an orthopaedic perspective. *Archives of Disease in Childhood, 99*, 5–6.

Collins, W. A., Maccoby, E. F., Steinberg, L., Hetherington, E. M. & Bornstein, M. H. (2000). Contemporary research on parenting: The case for nature and nurture. *The American Psychologist, 55*(2), 218–232.

Conde-Agudelo, A. & Díaz-Rossello, J. L. (2014). Kangaroo mother care to reduce morbidity and mortality in low birthweight infants (Review). *Cochrane Database of Systematic Reviews,* (4), Art.-No. CD002771.

Cong, X., Cusson, R. M., Walsh, S., Hussain, N., Ludington-Hoe, S. M. & Zhang, D. (2012). Effects of skin-to-skin contact on autonomic pain responses in preterm infants. *The journal of pain, 13*(7), 636–645.

Cong, X., Ludington-Hoe, S. M., Husaain, N., Cusson, R. M., Walsh, S., Vazquez, V., Briere, C.-E. & Vittner, C. (2015). Parental oxytocin responses during skin-to-skin contact in pre-term infants. *Early human development, 91*, 401–406.

Croy, I., Sehlstedt, I., Backlund Wasling, H., Ackerley, R. & Olausson, H. (2019). Gentle touch perception: From early childhood to adolescence. *Developmental Cognitive Neuroscience, 35*, 81–86.

Cyrille, M. (2017). *In-arms carrying. A practical guide for comfortable carrying.* Selbstverlag.

Cyrille, M. (2018). *Clinging young – Science of in-arm carrying.* Selbstverlag.

Davis, B. E., Moon, R. Y., Sachs, H. C. & Ottolini, M. C. (1998). Effects of sleep position on infant motor development. *Pediatrics, 102*, 1135–1140.

De Leeuw, R. (1987). De Kangoeroemethode. *Nederlands Tijdschrift voor Geneeskunde, 131*(34), 1484–1487.

Debrunner, H. U. & Hepp, W. R. (2004). *Orthopädisches Diagnostikum.* Stuttgart: Thieme.

Demuth, C., Keller, H. & Yovsi, R. D. (2012). Cultural models in communication with infants: Lessons from Kikaikelaki, Cameroon and Muenster, Germany. *Journal of early childhood research, 10*, 70–87.

Dennis, W. & Dennis, M. G. (1940). The effect of cradling practices upon the onset of walking in Hopi children. *Journal of Genetic Psychology, 56*, 77–86.

Doering, W. & Doering, W. (1996). *Sensorische Integration, Anwendungsbereiche und Vergleich mit anderen Fördermethoden/Konzepten.* Dortmund: Borgmann.

Dörhage, K. (2010). Ursache und Diagnostik der lagebedingten Plagiozephalie. Eine Übersichtsarbeit. *Manuelle Medizin, 48*, 125–134.

Eckstein, M., Mamaev, I., Ditzen, B. & Sailer, U. (2020). Calming effects of touch in human, animal, and robotic interaction – scientific state-of-the-art and technical advances. *Frontiers in Psychiatry, 11*, 555058. https://doi.org/10.3389/fpsyt.2020.555058

Eibl-Eibesfeldt, I. (1976). *Menschenforschung auf neuen Wegen*. Wien, München, Zürich: Fritz Molden.

Eibl-Eibesfeldt, I. (2004). *Die Biologie des menschlichen Verhaltens: Grundriss der Humanethologie*. Berlin: Blank.

Eliot, L. (2010). *Was geht da drinnen vor?* Berlin: Berlin Verlag.

Elliott, M.R., Fisher, K. & Ames, E.W. (1988). The effects of rocking on the state and respiration of normal and excessive criers. *Canadian Journal of Psychology, 42*(2), 163–172.

Erlandsson, K., Dsilna, A., Fagerberg, I. & Christensson, K. (2007). Skin-to-skin care with the father after cesarean birth and its effect on newborn crying and prefeeding behaviour. *Birth, 34*, 105–114.

Esposito, G., Yoshida, S., Ohnishi, R., Tsuneoka, Y., Rostagno, M.C., Yokota, S., Okabe, S., Kamiya, K., Hoshino, M., Shimizu, M., Venuti, P., Kikusui, T., Kato, T. & Kuroda, K.O. (2013). Infant calming responses during maternal carrying in humans and mice. *Current Biology, 23*(9), 739–745.

Everke, J., Nemeckova, E. & Woll, A. (2016). Motorik und Kognition – Teil 2: Auswirkungen einer Bewegungsförderung auf die Konzentration und das Sozialverhalten bei Kindergartenkindern am Beispiel der CoMiK-Studie. *Haltung und Bewegung, 29*(3), 18–22.

Feldman, R., Eidelman, A.I., Sirota, L. & Weller, A. (2002). Comparison of skin-to-skin (kangaroo) and traditional care: Parenting outcomes and preterm infant development. *Pediatrics, 110*, 16–26.

Fettweis, E. (1992). Das kindliche Hüftluxationsleiden. In C. Stahl (Hrsg.), *Fortschritte in Orthopädie und Traumatologie, Bd. 3*. Landsberg/Lech: ecomed Fachverlag.

Fettweis, E. (2004). *Hüftdysplasie. Sinnvolle Hilfe für Babyhüften*. Stuttgart: Trias.

Fettweis, E. (2010). Über das Tragen von Babys und Kleinkindern in Tüchern oder Tragehilfen. *Orthopädische Praxis, 46*(2), 53–58.

Field, T.M. (1995). Infant massage therapy. In ders. (Hrsg.), *Touch in early development* (S. 105–114). Hillsdale/NJ: Lawrence Erlbaum.

Field, T. M. (2001). Massage therapy facilitates weight gain in preterm infants. *Current directions in psychological science, 10*(2), 51–54.

Field, T. M. (2019). Pediatric massage therapy research: A narrative review. *Children, 6*(6), 78. https://doi.org/10.3390/children6060078

Field, T. M., Schanberg, S. M., Scafidi, F., Bower, C. R., Vega-Lahr, N., Garcia, R., Nystrom, J. & Kuhn, C. M. (1986). Tactile/kinesthetic stimulation effects on preterm neonates. *Pediatrics, 77*, 654–658.

Filisetti, M., Cattarelli, D. & Bonomi, S. (2020). Positional plagiocephaly from structure to function. Clinical experience of the service of pediatric osteopathy in Italy. *Early human development, 146*, 105028.

Forrester, G. S., Davis, R., Mareschal, D., Malatesta, G. & Todd, B. K. (2019). The left cradling bias: An evolutionary facilitator of social cognition? *Cortex, 118*, 116–131.

Fredrickson, W. T. & Brown, J. V. (1975). Posture as a determinant of visual behavior in newborns. *Child Development, 46*, 579–582.

Gentsch, A., Crucianelli, L., Jenkinson, P. & Fotopoulou, A. (2016). The touched self: Affective touch and body awareness in health and disease. In H. Olausson, J. Wessberg, I. Morrison & F. McGlone (Hrsg.), *Affective Touch and the Neurophysiology of CT Afferents* (S. 355–384). New York: Springer.

Gettler, L. T., Kuo, P. X., Sarma, M. S., Trumble, B. C., Burke Lefever, J. E. & Braungart-Rieker, J. M. (2021). Fathers' oxytocin responses to first holding their newborns: Interactions with testosterone reactivity to predict later parenting behavior and father-infant bonds. *Developmental Psychobiology, 63(5)*, 1384–1398. https://doi.org/10.1002/dev.22121

Gliga, T., Farroni, T. & Cascio, C. (2019). Social touch. A new vista for developmental cognitive neuroscience? *Developmental cognitive neuroscience, 35*, 1–4.

Goldstein Ferber, S., Kuint, J., Weller, A., Feldman, R., Dooberg, S., Arbel, E. & Kohelet, D. (2002). Massage therapy by mothers and trained professionals enhances weight gain in preterm infants. *Early Human Development, 67*, 37–45.

Gordon, I., Pratt, M., Bergunde, K., Zagoory-Sharon, O. & Feldman, R. (2017). Testosterone, oxytocin, and the development of human parental care. *Hormones and Behavior, 93*, 84–192. https://doi.org/10.1016/j.yhbeh.2017.05.016

Graf, R. (2009). *Sonographie der Säuglingshüfte und therapeutische Konsequenzen.* Stuttgart: Thieme.

Gregson, S. & Blacker, J. (2011). Kangaroo care in pre-term or low birth weight babies in a postnatal ward. *British journal of midwifery, 19*(9), 566–575.

Gresens, R. (2016). *Intuitives Stillen. Dem eigenen Gefühl vertrauen – Die Beziehung zum Baby stärken – Einfach und entspannt.* München: Kösel-Verlag.

Grossmann, K. & Grossmann, K. E. (2012). *Bindung. Das Gefüge psychischer Sicherheit.* Stuttgart: Klett-Cotta.

Grunwald, M., Ettrich, C., Assmann, B., Dähne, A., Krause, W., Beyer, L., Rost, R. & Gertz, H.-J. (1999). Haptische Wahrnehmung und EEG-Veränderungen bei Anorexia nervosa. *Zeitschrift für Kinder- und Jugendpsychiatrie und Psychotherapie, 27,* 241–250.

Guóth-Gumberger, M. & Hormann, E. (2014). *Stillen. Einfühlsame Begleitung durch alle Phasen der Stillzeit.* München: Gräfe und Unzer Verlag.

Harms, T. (2016). *Emotionelle erste Hilfe.* Gießen: Psychosozial-Verlag.

Harms, T. (2020). *Keine Angst vor Babytränen.* Gießen: Psychosozial-Verlag.

Hartz, S., Höwer, U. & Kienzle-Müller, B. (2018). *Babys im Gleichgewicht.* München: Elsevier.

Hassenstein, B. (1970). Tierjunges und Menschenkind im Blick der vergleichenden Verhaltensforschung. *Berichte des naturwissenschaftlich-medizinischen Vereins in Innsbruck 1970, 58,* 35–50.

Hassenstein, B. (2007). *Verhaltensbiologie des Kindes.* Münster: Verlagshaus Monsenstein & Vannerdat.

Haug-Schnabel, G. (1994). Der kompetente Säugling. Das Verhaltensrepertoire im 1. Jahr. In K.-F. Wessel & F. Naumann (Hrsg.), *Kommunikation und Humanontogenese. Berliner Studien zur Wissenschaftsphilosophie & Humanontogenetik, Bd. 6* (S. 275–284). Bielefeld: Kleine.

Haug-Schnabel, G. (1997). *Sexualität ist kein Tabu.* Freiburg: Herder.

Haug-Schnabel, G. (2001). Was der Kopf über den Körper weiß. *ZeT – Zeitschrift für Tagesmütter und -väter, 5,* 6–9.

Hefti, F., Brunner, R., Freuler, F., Hasler, C., Jundt, G. & Krieg, A. (2015). *Kinderorthopädie in der Praxis.* Heidelberg: Springer Medizin.

Heimerdinger, T. (2011). Verwickelt aber tragfähig. Europäisch-ethnologischer Perspektiven auf ein Stück Stoff: das Babytragetuch. *Österreichische Zeitschrift für Volkskunde, LXV/114*(3), 311–345.

Hensch, T.K. (2005). Critical period plasticity in local cortical circuits. *Nature reviewes neuroscince, 6*(11), 877–888.

Hensch, T.K. (2020). Das Gehirn neu verdrahten. *Spektrum der Wissenschaft Kompakt, Neuroplastizität, 9*, 18–25.

Henzinger, U. (2017). *Bindung und Autonomie in der frühen Kindheit. Humanethologische Perspektiven für Bindungstheorie und klinische Praxis*. Gießen: Psychosozial-Verlag.

Hewlett, B.S. & Lamb, M.E. (2002). Integrating evolution, culture and developmental psychology. Explaining caregiver-infant proximity and responsiveness in central Africa and the USA. In H. Keller, Y.H. Poortinga & A. Scholmerich (Hrsg.), *Between culture and biology: Perspectives on ontogenetic development* (S. 241–259). Cambridge: Cambridge University Press.

Hofer, M.A. (2005). The psychobiology of early attachment. *Clinical Neuroscience Research, 4*, 291–300.

Hommel, S. (2007). Beziehungs- und Bindungsentwicklung zwischen Eltern und ihren zu früh geborenen Kindern. In Bundesverband – »Das frühgeborene Kind« e.V. (Hrsg.), *Zu früh geboren* (S. 32–38). Frankfurt a.M. https://www.fruehgeborene.de/sites/default/files/field_pblctn_file/eb-00-de.pdf

Honigmann, K. (1998). *Lippen- und Gaumenspalten*. Bern: Hans Huber.

Hunziker, U.A. & Barr, R.B. (1986). Increased carrying reduces infant crying: A randomized controlled trial. *Pediatrics, 77*(5), 641–648.

Hutflesz, N., Zahn, K., Wessel, L. & Deeg, S. (2018). Outcome nach passagerer JJ-Stent-Behandlung bei angeborener Ureterstenose im Kindesalter. In Arbeitskreis Kinder- und Jugendurologie der Akademie der Deutschen Urologen (Hrsg.), *Abstract-Band. Jahrestagung 2018 am 19. und 20. Januar in Mannheim* (S. 51). Mannheim.

Jonsson, H., Magnusdottir, E., Eggertsson, H.P., Stefansson, O.A., Arnadottir, G.A., Eiriksson, O., Zink, F., Helgason, E.A., Jonsdottir, I., Gylfason, A., Jonasdottir, Ad., Jonasdottir, As., Beyter, D., Steingrimsdottir, T., Norddahl, G.L., Magnusson, O.T., Masson, G.V., Halldorsson, B.V., Thorsteinsdottir, U., Helgason, A., Sulem, P., Gudbjartsson, D.F & Stefansson, K. (2021). Differences between germline genomes of monozygotic twins. *Nature genetics, 53*(1), 27–34.

Kaffashi, F., Scher, M.S., Ludington-Hoe, S.M. & Lopa, K.A. (2013). An analysis of the kangaroo care intervention using neonatal EEG complexity: A preliminary study. *Clinical Neurophysiology, 124*, 238–246.

Kandel, E. R. (2000). The brain and behavior. In E. R. Kandel, J. H. Schwartz & T. M. Jessell (Hrsg.), *Principles of neural science* (S. 5–18). New York/NY: McGraw-Hill Companies.

Kavruk, H. (2010). *Der Einfluss des Tragens von Säuglingen und Kleinkindern in Tragehilfen auf die Entwicklung von Haltungsschäden im Schulkindalter. Untersuchungen mit der MediMouse®* [Dissertation]. Universität Köln.

Keller, H. (2003). *Handbuch der Kleinkindforschung.* Bern, Göttingen, Toronto, Seattle: Hans Huber.

Keller, H. (2011). *Kinderalltag. Kulturen der Kindheit und ihre Bedeutung für Bindung, Bildung und Erziehung.* Berlin: Springer.

Keller, H., Yovsi, R. D. & Voelker, S. (2002). The role of motor stimulation in parental ethnotheories: The case of Camoroonian Nso and German women. *Journal of cross-cultural psychology*, *33*, 398–414.

Kienzle-Müller, B. (2016). Entwicklung und Entfaltung des kindlichen Rückens – Bedeutung für das Kind in der Trageberatung|Rückenschmerzen der Eltern in der Trageberatung – Lösungsansätze. In Die Trageschule (Hrsg.), *Tagungsband. Dresdner TrageTage. Tragen als Entlastung – Entlastung durch Tragen* (S. 8–19), vom 26.–28.05.2016.

Kirkilionis, E. (1989). *Der menschliche Säugling als Tragling unter besonderer Berücksichtigung der Prophylaxe gegen Hüftdysplasie* [Dissertation]. Albert-Ludwigs-Universität Freiburg.

Kirkilionis, E. (1992). Das Tragen des Säuglings im Hüftsitz. Eine spezielle Anpassung des menschlichen Traglings. *Zoologische Jahrbücher*, *96*, 395–415.

Kirkilionis, E. (1997). Die Grundbedürfnisse des Säuglings und deren medizinische Aspekte – dargestellt und charakterisiert am Jungentypus Tragling. *notabene medici, 2*(Teil 1), 61–66; *3*(Teil 2), 117–121.

Kirkilionis, E. (2008). *Bindung stärkt.* München: Kösel-Verlag.

Kirkilionis, E. (2010). Tragen ist nicht gleich Tragen. *Deutsche Hebammenzeitschrift*, *7*, 58–61.

Kirkilionis, E. (2013). Vorteile zum Tragen kommen lassen. *Hebammenforum, 14*, 6–9.

Kirkilionis, E. (2014a). Haltung bewahren. *Hebammenforum, 15*, 434–436.

Kirkilionis, E. (2014b). Wie motorische und sensorische Anregung das kindliche Gehirn strukturiert. *Hebammenforum, 10*, 936–941.

Kirkilionis, E. (o. J.). Unveröffentliche Daten: Langzeitstudie zu elterlichen Tragegewohnheiten.

Klaus, M. H. (1995). Touching during and after childbirth. In T. M. Field (Hrsg.), *Touch in early development* (S. 19–33). Hillsdale/NJ: Lawrence Erlbaum.

Klaus, M. H., Kennell, J. H. & Klaus, P. H. (1997). *Der erste Bund fürs Leben – Die gelungene Eltern-Kind-Bindung und was Mütter und Väter dazu beitragen können.* Reinbek, Berlin: Rowohlt.

Knußmann, R. (1980). *Vergleichende Biologie des Menschen. Lehrbuch der Anthropologie und Humangenetik*. Stuttgart: G. Fischer.

Konner, M. J. (1976). Maternal care, infant behavior and development among the !Kung. In R. B. Lee & I. de Vore (Hrsg.), *Kalahari hunter-gatherers. Studies of the !Kung San and their neighbors* (S. 218–245). Massachusetts, Cambridge: University Press.

Korner, A. F. (1979). Maternal rhythms and waterbeds. In E. B. Thoman (Hrsg.), *Origins of the infant's social responsivness*. Hillsdale/NJ: Lawrence Erlbaum Association.

Korner, A. F. & Thoman, E. B. (1972). The relative efficacy of contact and vestibular-proprioceptive stimulation in soothing neonates. *Child development, 43*, 443–453.

Kramer, L. I. & Pierpont, M. E. (1979). Rocking waterbeds and auditory stimuli to enhance growth of preterm infants. *Journal of Pediatrics, 88*(2), 97–299.

Kuhn, C. M., Schanberg, S. M., Field, T., Symanski, R., Zimmerman, E., Scafidi, F. A. & Roberts, J. (1991). Tactile-kinesthetic stimulation effects on sympathetic and adrenocortical function in preterm infants«. *Journal of pediatrics, 119*(3), 434–440.

Kuo, Y.-L., Liao, H. F., Chen, P. C., Hsieh, W. S. & Hwang, A. (2008). The influence of wakeful prone positioning on motor development during the early live. *Journal of developmental and behavioural pediatrics, 29*(5), 367–376.

Kuo, P. X., Braumgart-Rieker, J. M., Burke Lefever, J. E., Sarma, M. S., O'Neill, M. & Gettler, L. T. (2018). Fathers' cortisol and testosterone in the days around infants' births predict later paternal involvement. *Hormones and Behavior, 106*, 28–34. https://doi.org/10.1016/j.yhbeh.2018.08.011

Lehmann, S. (2010). Tragen – Für einen guten Start ins Leben! *Leben mit Down-Syndrom, 63*, 36–38.

Leon, M. (1995). Touch and smell. In T. M. Field (Hrsg.), *Touch in early development* (S. 81–87). Hillsdale/NJ: Lawrence Erlbaum.

Liedloff, J. (1995). *Auf der Suche nach dem verlorenen Glück*. München: C. H. Beck.

Little, E. E., Legare, C. H. & Carver, L. J. (2019). Culture, carrying, and communication: Beliefs and behavior associated with babywearing. Infant. *Behavior and Development, 57*, 101320. https://doi.org/10.1016/j.infbeh.2019.04.002

Lohaus, A., Keller, H., Völker, S., Cappenberg, M. & Chasiotis, A. (1997). Intuitive parenting and infant behavior: Concepts, implications, and empirical validation. *Journal of genetic psychology, 158*(3), 271–286. https://doi.org/10.1080/00221329709596667

Lovejoy, C. O., Suwa, G., Simpson, S. W., Matternes, J. H. & White, T. D. (2009). The great divides: Ardipithecus ramidus reveals the postcrania of our last common ancestors with African apes. *Science, 326*(5949), 100–106.

Ludington-Hoe, S. M. & Golant, S. K. (1994). *Liebe geht durch die Haut. Eltern helfen ihrem frühgeborenen Baby durch die Känguruh-Methode*. München: Kösel-Verlag.

MacLean, W. E. & Baumeister, A. A. (1982). Effects of vestibular stimulation on motor development and stereotyped behavior of developmentally delayed children. *Journal of Abnormal Child Psychology, 10*(2), 229–245.

Maher, L. A., Richter, T., Macdonald, D., Jones, M. D., Martin, L. & Stock J. T. (2012). Twenty thousand-year-old huts at a hunter-gatherer settlement in eastern Jordan. *PLoS ONE, 7*(2), e31447. https://doi:org/10.1371/journal.pone.0031447

Majnemer, A. & Barr, R. G. (2005). Influence of supine sleep positioning on early motor milestone acquisition. *Developmental Medicine & Child Neurology, 47*, 370–376.

Marcovich, M. & de Jong, T. M. (2008). *Frühgeborene – zu klein zum Leben?* München: Kösel-Verlag.

Marcovich, M. & Huter, B. M. (2004). *Sanfte Frühgeborenenpflege. Auswirkungen auf die Bindung und emotionale Entwicklung des Kindes. Eine Nachuntersuchung der Frühgeborenen von Dr. Marina Marcovich*. Bern, Göttingen: Hans Huber.

Marshall J. M. & Shahzad, F. (2020). Safe Sleep, plagiocephaly, and brachycephaly. Assessment, risks, treatment, and when to refer. *Pediatric Annals, 49*(10), e440-e447. https://doi.org/10.3928/19382359-20200922-02

Masaracchia, R. (2007a). *Gespaltene Gefühle. Lippen-, Kiefer-, Gaumenspalten*. Zürich: Oesch.

Masaracchia, R. (2007b). *Gestillte Bedürfnisse*. Zürich: Oesch.

May-Benson, T.A. & Koomar, J.A. (2010). Systematic review of the research evidence examining the effectiveness of interventions using a sensory integrative approach for children. *The American Journal of Occupational Therapy, 64*(3), 403–414.

McGlone, F., Cerritelli, F., Walker, S. & Esteves, J. (2017). The role of gentle touch in perinatal osteopathic manual therapy. *Neuroscience and Biobehavioral Reviews, 72*, 1–9. http://doi.org/10.1016/j.neubiorev.2016.11.009

McGlone, F., Wessberg, J. & Olausson, H. (2014). Discriminative and affective touch: Sensing and feeling. *Neuron, 82*(4), 737–755. https://doi.org/10.1016/j.neuron.2014.05.001

Medicus, G. (2012). *Was uns Menschen verbindet. Humanethologische Angebote zur Verständigung zwischen Leib- und Seelenwissenschaften*. Berlin: VWB.

Meijer, W.M., van IJzendoorn, M.H. & Bakermans, M.J. (2019). Challenging the challenge hypothesis on testosterone in fathers: Limited meta-analytic support. *Psychoneuroendocrinology, 110*, 104435. https://doi.org/10.1016/j.psyneuen.2019.104435

Mizuno, K., Mizuno, N., Shinohara, T. & Noda, M. (2004). Mother-infant skin-to-skin contact after delivery results in early recognition of own mother's milk odour. *Acta Paediatrica, 93*(12), 1640–1645.

Moroder, W. (2012). Ultraschall des fetalen Skelettes in 3D in der 19. Schwangerschaftswoche [Video]. http://commons.wikimedia.org/wiki/File:Fetal_spine_19_weeks_Dr_Wolfgang_Moroder.theora.ogv (06.03.2022).

Mueller, S.M. & Grunwald, M. (2019). Frühgeborenenmassage. Taktile Körperstimulation in der Neonatalmedizin. *Manuelle Medizin, 57*(4), 260–265.

Müller-Oerlinghausen, B. & Kiebgis, G.M. (2018). *Berührung: Warum wir sie brauchen, und wie sie uns heilt*. Berlin: Ullstein.

Murmu, J., Venkatnarayan, K., Thapar, R.K., Shaw, S.C. & Dalal, S.S. (2017). When alternative female Kangaroo care is provided by other immediate postpartum mothers, it reduces postprocedural pain in preterm babies more than swaddling. *Acta Paediatrica, 106*, 411–415.

Nagura, S. (1940). Angeborene Hüftverrenkung und Volksgewohnheit (zugleich Beitrag zur Kenntnis der sogenannten ›Dysplasie‹ der Pfanne bei angeborener Hüftverrenkung). *Zentralblatt für Chirurgie, 24*, 1042–1050.

Naumann, S. (2010). *Frühförderung bei Kindern mit Lippen-Kiefer-Gaumen-Sebel-Fehlbildung*. Idstein: Schulz-Kirchner.

Nehlen, E. (2019). Das Leben mit Frühgeborenen. Entwicklungsfördernde Neonatalbegleitung. Bodenwerder Ausbildungszentrum Laktation und Stillen. https://www.stillen.de/wp-content/uploads/2021/06/Das-Leben-mit-frueh geborenen-Babys.pdf

Nelitz, M. & Reichel, H. (2008). Konservative Behandlung der Hüftreifungsstörung. *Der Orthopäde, 37*(6), 550–555.

Niethard, F.U. (2009). *Kinderorthopädie.* Stuttgart: Thieme.

Norholt, H. (2020). Revisiting the roots of attachment: A review of the biological and psychological effects of maternal skin-to-skin contact and carrying of full-term infants. *Infant behaviour and development, 60*, 101441. https://doi.org/10.1016/j.infbeh.2020.101441.

Ohman, A (2013). A pilot study, a specially designed pillow may prevent developmental plagiocephaly by reducing pressure from the infant head. *Health, 5*(6B), 32–37.

Ornitz, E.M. (1983). Normal and pathological maturation of vestibular function in the human child. In R. Romand (Hrsg), *Development of auditory and vestibular system, Bd. 1* (S. 479–536). New York: Academic Press.

Osche, G. (1975). Zur Evolutionsbiologie des Menschen. Historische Aspekte der menschlichen Anatomie. In A. Benninghoff & K. Goertler (Hrsg.), *Lehrbuch der Anatomie des Menschen. Makroskopische und mikroskopische Anatomie unter funktionellen Gesichtspunkten, Bd. 1* (S. 3–17). München, Berlin, Wien: Urban & Schwarzenberg.

Packheiser, J., Schmitz, J., Berretz, G., Papadatou-Pastou, M. & Ocklenburg, S. (2019). Handedness and sex effects on lateral biases in human cradling: Three meta-analyses. *Neuroscience & Biobehavioral Reviews, 104*, 30–42.

Palazzi, S. (1984). Die Motorik des Neugeborenen. *Die Umschau, 84*(2), 50–84.

Palmen, K. (1961). Preluxation of the hip joint: Diagnosis and dislocation of the hip joint in Sweden during the years 1948–1960. *Acta Paediatrica, 50*(Suppl. 129), 1–71.

Palmen, K. (1984). Prevention of congenital dislocation of the hip: The swedish experience of neonatal treatment of hip joint instability. *Acta orthopaedica scandinavica, 55*(Suppl. 208), 1–107.

Palmer, D. (2011). *Die Evolution des Menschen.* Hamburg: National Geographic Deutschland.

Papousek, M. & Papousek, H. (1990). Intuitive elterliche Früherziehung in der vorsprachlichen Kommunikation – Teil 1:

Grundlagen und Verhaltensrepertoire. *Sozialpädiatrie in Praxis und Klinik, 12*(7), 521–527.

Parsons, C. E., Young, K. S., Mohseni, H., Woolrich, M. W., Thomsen, K. R., Joensson, M., Murray, L., Goodacre, T., Stein, A. & Kringelbach, M. L. (2013). Minor structuralabnormalities in the infant face disrupt neural processing. A unique window into early caregiving responses. *Social Neuroscience, 8*(4), 268–274.

Pellegrini, A. D. & Schmith, P. K. (1998). Physical activity play: The nature and function of a neglected aspect of playing. *Child development, 69*(3), 577–598.

Pisacane, A., Continisio, P., Filosa, C., Tagliamonte, V. & Continisio, G. I. (2012). Use of baby carriers to increase breastfeeding duration among term infants: The effects of an educational intervention in Italy. *Acta Paediatrica, 101*, 434–438.

Portmann, A. (1969). *Biologische Fragmente zu einer Lehre vom Menschen.* Basel: Schwabe & Co.

Pschyrembel, W. (2012). *Klinisches Wörterbuch*. Berlin: de Gruyter.

Renggli, F. (2020). *Verlassenheit und Angst – Nähe und Geborgenheit. Eine Natur- und Kulturgeschichte der frühen Mutter-Kind-Beziehung*. Gießen: Psychosozial-Verlag.

Renz-Polster, H. (2011). *Menschenkinder. Plädoyer für eine artgerechte Erziehung.* München: Kösel-Verlag.

Rödholm, M. & Larsson, K. (1982). The behavior of human male adults at their first contact with a newborn. *Infant behaviour and development, 5*, 121–130.

Rohen, J. W., Yokochi, C. & Lütjen-Drecoll, E. (2010). *Anatomie des Menschen fotografischer Atlas der systematischen und topografischen Anatomie*. Stuttgart: Schattauer.

Rosenfeld, A. A. & Wissen, N. (2000). *The over-scheduled child: avoiding the hyper-parenting trap*. New York: St. Martin's Griffin.

Ruiz Juan, G., Charpak, N., Castillo, M., Bernal, A., Ríos, J., Trujillo, T. & Córdoba, M. A. (2017). Latin american clinical epidemiology network series e paper 4: Economic evaluation of kangaroo mother care. Cost utility analysis of results from a randomized controlled trial conducted in Bogotá. *Journal of Clinical Epidemiology, 86*, 91–100.

Saby, J. N., Meltzoff, A. N. & Marshall, P. J. (2013). Infants' somatotopic neural responses to seeing human actions: I've got you under my skin. *PLOS ONE, 8*(10), e77905. https://doi.org/10.1371/journal.pone.0077905

Sailer, U. & Ackerley, R. (2019). Exposure shapes the perception of affective touch.

Developmental cognitive neuroscience, 35, 109–114.

Salter Ainsworth, M. D., Blehar, M. C., Waters, E. & Wall, S. N. (2015). *Patterns of attachment. A psychological study of the strange situation.* New York: Psychological Press.

Salter, R. B. (1968). Etiology, pathogenesis and possible prevention of congenital dislocation of hip. *The Canadian Medical Association Journal, 98*(20), 933–945.

Scafidi, F. A., Field, T. M., Schanberg, S. M., Bauer, C. R., Tucci, K., Roberts, J., Morrow, C. & Kuhn, C. M. (1960). Massage stimulates growth in preterm infants: A replication. *Infant behavior and development, 13*, 167–188.

Schieche, M. & Spangler, G. (2005). Individual differences in biobehavioral organization during problem-solving in toddlers: The influence of maternal behavior, infant-mother attachment, and behavioral inhibition on the attachment-exploration balance. *Developmental Psychobiology, 46*(4), 293–306. https://doi.org/10.1002/dev.20065

Schiefenhövel, W. (1984). Bindung und Loslösung. Sozialisationspraktiken im Hochland von Neuguinea. In C. Eggers (Hrsg.), *Bindung und Besitzdenken beim Kleinkind* (S. 51–80). München, Wien, Baltimore: Urban & Schwarzenberg.

Schleid, M. (1997). Die humanethologische Perspektive. In H. Keller (Hrsg.), *Handbuch der Kleinkindforschung.* Bern, Göttingen, Toronto, Seattle: Hans Huber.

Schneider, W. & Lindenberger, U. (Hrsg.). (2018). *Entwicklungspsychologie* [Hrsg. früherer Ausg.: R. Oerter & L. Montada]. Weinheim, Basel: Beltz.

Schünke, M., Schulte, E. & Schumacher, U. (2006). *Atlas of anatomy. General anatomy and musculoskeletal system.* Stuttgart, New York: Thieme.

Schwartz, J. H. & Tattersall, I. (2010). Fossil evidence for the origin of Homo sapiens. *American Journal of Physical Anthropology, 143*(51), 94–121.

Schweitzer, D. (2009). *Stillen.* Stuttgart: Trias.

Sibley, B. A. & Etnier, J. L. (2003). The relationship between physical activity and cognition in children: A meta-analysis. *Pediatric exercise science, 15*, 243–256.

Sohn, C. & Holzgreve, W. (2012). *Ultraschall in der Gynäkologie und Geburtshilfe.* Stuttgart: Thieme.

Spangler, G. (1995). Die Rolle kindlicher Verhaltensdispositionen für die Bindungsentwicklung. In G. Spangler & P. Zimmermann (Hrsg.), *Die Bindungstheorie.*

Grundlagen, Forschung und Anwendung (S. 178–190). Stuttgart: Klett-Cotta.

Spitzer, M. (2006). *Nervenkitzel – Neue Geschichten vom Gehirn*. Frankfurt a. M.: Suhrkamp.

Spitzer, M. (2010). *Medizin für die Bildung. Ein Weg aus der Krise*. Heidelberg: Spektrum Akademischer Verlag.

Staudach, A. (1986). *Fetale Anatomie im Ultraschall*. Berlin: Springer.

Stening, W., Nitsch, P., Kribs, A., Weiß, R., Fricke, L., Wassmer, G. & Roth, B. (1999). Beobachtung der Vitalparameter früh- und reifgeborener Kinder während des Tragens in Tragehilfen [Poster Kinderärztekongress]. München.

Stening, W., Nitsch, P., Wassmer, G. & Roth, B. (2002). Cardiorespiratory stability of premature and term infants carried in infant slings. *Pediatrics, 110*(5), 879–883.

Stephan, C. (1995). Bindungsbeziehung – Spielbeziehung – Kompetenzentwicklung. In G. Spangler & P. Zimmermann (Hrsg.), *Die Bindungstheorie. Grundlagen, Forschung und Anwendung* (S. 265–280). Stuttgart: Klett-Cotta.

Strobel, K. (1998). *Frühgeborene brauchen Liebe. Was Eltern für ihr »Frühchen« tun können*. München: Kösel-Verlag.

Swain, J. E., Kim, P., Spicer, J., Ho, S. S., Dayton, C. J., Elmadih, A. & Abel, K. M. (2014). Approaching the biology of human parental attachment. Brain imaging, oxytocin and coordinated assessments of mothers and fathers. *Brainresearch, 1580*, 78–101. https://doi.org/10.1016/j.brainres.2014.03.007

Thelen, E. & Corbetta, D. (1994). Exploration and selection in the early acquisition of skill. *International review of neurobiology, 37*, 75–102.

Triscoli, C., Croy, I., Olausson, H. & Sailer, U. (2017). Touch between romantic partners: Being stroked is more pleasant than stroking and decelerates heart rate. *Physiology and Behavior, 177*, 169–175. https://doi.org/10.1016/j.physbeh.2017.05.006

Tuulari, J. J., Scheinin, N. M., Lehtola, S., Merisaari, H., Saunavaara, J., Parkkola, R., Sehlstedt, I., Karlsson, L., Karlsson, H. & Björnsdotter, M. (2019). Neural correlates of gentle skin stroking in early infancy. *Developmental Cognitive Neuroscience, 35*, 36–41.

Uvnäs-Moberg, K. (2003). *The oxytocin factor: Tapping the hormone of calm, love, and healing*. Cambridge: Da Capo Press.

Uvnäs-Moberg, K. (2013). *The hormone of closeness. The role of oxytocin in relationships*. London: Pinter & Martin.

Uvnäs-Moberg, K. (2016). *Oxytocin, das Hormon der Nähe. Gesundheit – Wohlbefinden – Beziehung*. Hrsg. v. U. Streit & G. Jansen. Berlin, Heidelberg: Springer Spektrum.

Uvnäs-Moberg, K., Handlin, L. & Petersson, M. (2015). Self-soothing behaviors with particular reference to oxytocin release induced by non-noxious sensory stimulation. *Frontiers in Psychology, 5*, 1529. https://doi.org/10.3389/fpsyg.2014.01529.

Uvnäs-Moberg, K., Handlin, L. & Petersson M. (2020). Neuroendocrine mechanisms involved in the physiological effects caused by skin-to-skin contact. With a particular focus on the oxytocinergic system. *Infant behavior and development, 61*, 101482. https://doi.org/10.1016/j.infbeh.2020.101482

Varlamov, A. A., Portnova, G. V. & McGlone, F. F. (2020). The C-tactile system and the neurobiological mechanisms of »affective« tactile perception: The history of discoveries and the current stat of research. *Neuroscience and Behavioral Physiology, 50*(4), 418–427.

Van Puyvelde, M., Gorissen, A.-S., Pattyn, N. & McGlone, F. P. (2019). Does touch matter? The impact of stroking versus non-stroking maternal touch on cardio-respiratory processes in mothers and infants. *Physiology and Behavior, 207*, 55–63.

Vogelgesang, E. & Kirkilionis, E. (2019). Tragen im Tuch für Frühgeborene. Sinnvolles Konzept in der Neonatologie? *Zeitschrift für Geburtshilfe & Neonatologie, 223*(S01), E75. https://doi.org/10.1055/s-0039-3401238

Volker, H., Deeg, K.-H. & Hoyer, P. F. (2003). *Ultraschalldiagnostik in Pädiatrie und Kinderchirurgie.* Stuttgart: Thieme.

Von Hopffgarte, A. (2021). Im Baby-Modus. *Spektrum der Wissenschaft Kompakt – Babys, 9*, 26–32.

Walker, S. C. & McGlone, F. P. (2013). The social brain: Neurobiological basis of affiliative behaviours and psychological well-being. *Neuropeptides, 47*, 379–393.

Walker, S. C., Trotter, P. D., Swaney, W. T., Marshall, A. & Mcglone, F. P. (2017). C-tactile afferents. Cutaneous mediators of oxytocin release during affiliative tactile interactions? *Neuropeptides, 64*, 27–38.

Weber, A. (2010). Lasst sie raus. *Geo, 8*, 91–96.

Whitelaw, A. & Sleath, K. (1985). Myth of the marsupial mother. Home care of very low birth weight babies in Bogotá, Colombia. *The Lancet, 325*(8439), 1206–1208.

Wiesbauer, C. (2012). Sensorisch-Integrative Ayres Therapie – SIAT. *Praxis Physiotherapie, 2*, 24–29.

Wijaya, M., Lau, D., Horrocks, S., McGlone, F., Ling, H. & Schirmer, A. (2020). The human »feel« of touch contributes to its perceived pleasantness. *Journal of Experimental Psychology: Human Perception and Performance, 46*(2), 155–171. https://doi.org/10.1037/xhp0000705

Williams, L. R. (2020). The impact of infant carrying on adolescent mother-infant interactions during the still-face task. *Infant and Child Development, 29*(3), 1–20. https://doi.org/10.1002/icd.2169

Williams, L. R. & Turner P. R. (2020). Infant carrying as a tool to promote secure attachments in young mothers: Comparing intervention and control infants during the still-face paradigm. *Infant behavior and development, 58*, 101413. https://doi.org/10.1016/j.infbeh.2019.101413

Williams, N., Foster, B. K. & Cundy, P. J. (2012). Is swaddling damaging our babies' hips? *Medical Journal of Australia, 197*, 272. https://doi.org/10.5694/mja12.10652

Wood, B. & Harrison, T. (2001). The evolutionary context of the first hominins. *Nature, 470*, 347–352.

Wülker, N. (Hrsg.). (2005). *Orthopädie und Unfallchirurgie.* Stuttgart: Thieme.

Young, K. S., Parsons, C. E., Stein, A., Vuust, P., Craske, M. G. & Kringelbach M. L. (2017). The neural basis of responsive caregiving behaviour: Investigating temporal dynamics within the parental brain. *Behavioural brain research, 325*, 105–116.

Zimmer, C. (2005). *Smithsonian intimate guide to human origins.* New York: Smithsonian Books/HarperCollins Publisher.

Zimmer, D. E. (1989). *Experimente des Lebens*. Zürich: Haffmans Verlag.

Zimmer, K. (1993). Die Schule der Sinne. *Geo Wissen – Kindheit und Jugend*, 2, 36–39.

Zukunft, B. (1982). *Moderne Säuglingsgymnastik*. Stuttgart: Thieme.

IMPRESSUM

Bibliografische Information
der Deutschen Nationalbibliothek
Die Deutsche Nationalbibliothek
verzeichnet diese Publikation in
der Deutschen Nationalbibliografie;
detaillierte bibliografische Daten
sind im Internet über http://dnb.d-nb.de
abrufbar.

Komplett überarbeite Neuauflage
der Ausgabe von 2013 (München: Kösel)

E-Mail: info@psychosozial-verlag.de
www.psychosozial-verlag.de

Umschlagabbildung vorne:
© Bettina Attenberger
Umschlagabbildung hinten:
© Adobe Stock/Vladimir Borovic
Innenlayout nach Entwürfen von Simone
Andjelković, sim-ple.net / QART Büro für
Gestaltung, Hamburg

ISBN 978-3-8379-3143-3 (Print)
ISBN 978-3-8379-7822-3 (E-Book-PDF)
ISSN 2625-1043

BILDNACHWEISE

S. 3: Tragenetzwerk; S. 4: Adobe Stock; S. 8: Adobe Stock; S. 11: iStock; S. 12: iStock; S. 14: Pixabay; S. 16: iStock; S. 19: iStock; S. 21: iStock; S. 25 (links): Evelin Kirkilionis; S. 25 (rechts): Pixabay; S. 26: iStock; S. 27: Erlebnis-Zoo Hannover/Bettina Zeller; S. 30: n. Knußmann, 1980; S. 31 (links): Lang; S. 31 (rechts): Susanne Krauss; S. 32 (links): Susanne Krauss; S. 32 (rechts): Frans Lanting; S. 33–35: Susanne Krauss; S. 37: iStock; S. 39: n. Rohen et al. 2010; S. 41: iStock; S. 43: iStock; S. 44: iStock; S. 49: iStock; S. 50: iStock; S. 53: Tragenetzwerk; S. 55: iStock; S. 56: Bettina Attenberger; S. 59: iStock; S. 61: iStock; S. 63: iStock; S. 64: iStock; S. 66: iStock; S. 68: Adobe Stock; S. 73: iStock; S. 75: iStock; S. 77: n. Künsting (n. McGlone et al., 2017); S. 80: iStock; S. 83: iStock; S. 85: Philipp Medicus; S. 87: iStock; S. 88: Pixabay; S. 92: Tragenetzwerk; S. 97: iStock; S. 98: Pixabay; S. 101: iStock; S. 105: iStock; S. 106: iStock; S. 110: iStock; S. 111: Adobe Stock; S. 115: iStock; S. 116: iStock; S. 119: iStock; S. 121: Tragenetzwerk; S. 122: iStock; S. 124: iStock; S. 126: iStock; S. 128: Ergobaby; S. 133: Tragenetzwerk; S. 134: Tragenetzwerk; S. 136 (links): iStock; S. 136 (rechts): Tragenetzwerk; S. 137: Adobe Stock; S. 139: iStock; S. 140: iStock; S. 143: Evelin Kirkilionis; S. 144: Evelin Kirkilionis; S. 148: Adobe Stock; S. 150–153: Susanne Krauss; S. 155: iStock/Adobe Stock; S. 156–157: Susanne Krauss; S. 158: Tragenetzwerk; S. 159: Tragenetzwerk; S. 160: Ergobaby;

S. 162: Susanne Krauss; S. 165: Didymos; S. 168: Tragenetzwerk; S. 171 (links): annamobil®; S. 171 (rechts): Tragenetzwerk; S. 172: Adobe Stock; S. 173: Adobe Stock; S. 176: Tragenetzwerk; S. 177: iStock; S. 179: iStock; S. 180: iStock; S. 182: iStock; S. 183: iStock; S. 186: iStock; S. 190: iStock; S. 194: Tragenetzwerk; S. 213: Adobe Stock

IN DER REIHE »NEUE WEGE FÜR ELTERN UND KIND« ERSCHIENEN BISHER U.A.:

ISBN: 978-3-8379-2891-4

ISBN: 978-3-8379-2753-5

ISBN: 978-3-8379-2615-6

ISBN: 978-3-8379-2647-7

ISBN: 978-3-8379-2652-1

ISBN: 978-3-8379-3139-6

Neue Wege für Eltern und Kind · Band 16
Herausgegeben von Thomas Harms